영혼을 살리는 설교

유진 피터슨, 마르바 던 외 지음

이승진 옮김

좋은씨앗

영혼을 살리는 설교

The Pastor's Guide to Effective Preaching
by Billy Graham and Others
Copyright ⓒ 2003
Published by Beacon Hill Press of Kansas City
A division of Nazarene Publishing House
Kansas City, Missouri 64109 USA

Korean Copyright ⓒ 2008
by GoodSeed Publishing Company,
4F Deokseong building 2-30, Yangjae-dong, Seocho-gu,
Seoul, Korea

초판 1쇄 발행 / 2008년 3월 31일
초판 2쇄 발행 / 2008년 5월 13일

지은이 / 유진 피터슨, 마르바 던 외
옮긴이 / 이승진
책임편집 / 채대광
펴낸이 / 신은철
펴낸곳 / 좋은씨앗
출판등록 / 제4-385호(1999. 12. 21)
주소 / 서울시 서초구 양재동 2-30, 덕성빌딩4층(137-130)
영업부 / 전화 (02)2057-3041 / 팩스 (02)2057-3042
편집부 / 전화 (02)2057-3043
홈페이지 / www.gsbooks.org
이메일 / sec0117@empal.com

값 10,000원　　　　□ 잘못된 책은 바꿔드립니다.
ISBN 978-89-5874-113-8 03230

성도들의 영혼을 살찌우고 천국가는 길에 올바른 길잡이가 되어주는
저서 및 번역서가 있다면 주저없이 이메일로 문의해주십시오.
3주 이내에 답변을 드리겠습니다.

본질과 현장을 모두 만족시키는 설교준비를 위하여

차례

들어가는 말 6

제1부 하나님의 생명을 전하는 설교

1장_ 메시지의 소통: "이 책을 먹으라" _ 유진 피터슨(Eugene Peterson) 11
2장_ 성결을 설교하기: 하나님의 속성과 그리스도인의 성품 _ 제임스 얼 매시(James Earl Massey) 33
3장_ 하나님과의 만남으로서의 설교 _ 대리어스 솔터(Darius Salter) 49

제2부 하나님의 은혜를 전하는 설교

4장_ 은혜의 복음 _ 빌리 그래함(Billy Graham) 79
5장_ 성경의 권위를 선포하기 _ 엘리자베스 악트마이어(Elizabeth R. Achtemeier) 99

제3부 준비된 설교자

6장_ 설교자의 거룩 _ 맥시 더넘(Maxie Dunnam) 121

7장_ 목회에서 설교의 역할 _ 존 허프만(John A. Huffman Jr.) 149

8장_ 강해설교란 무엇인가 _ 해돈 로빈슨(Haddon W. Robinson) 169

9장_ 예배로서의 설교 _ 윌리엄 윌리몬(William Willimon) 183

제4부 어떻게 전할 것인가

10장_ 하나님의 모든 성품을 설교하기 _ 마르바 던(Marva J. Dawn) 201

11장_ 성육신적 행위로서의 설교 _ 예나 차일더스(Jana Childers) 231

12장_ 연간설교계획 세우기 _ 데이비드 뷰식(David Busic) 253

나오는 말 278

*들어가는 말

토마스 오덴(Thomas Oden)은 "설교는 사람을 구원하고 회심시키며 그들의 행위를 변화시키는 하나님의 유일한 방법이다"고 말했다.¹⁾ 하나님의 부르심에 응답한 설교자라면 신나면서도 조심스러운 이 임무에는 놀라운 특권과 함께 두려운 도전이 담겨 있다는 것을 잘 알고 있다.

목회자인 당신의 수첩이나 PDA에는 항상 빡빡한 스케줄로 도배가 되어 있을 것이다. 그 중에서 매주의 설교 사역에는 많은 헌신이 요구된다. 당신은 성경진리와 하나님의 임재로 황홀한 거룩한 세계와, 치과의사와의 약속이나 축구 동호회 모임과 같은 대여섯 개의 스케줄을 매일 헤치워야만 하는 혼잡한 일상의 삶을 연결시키는 의사소통자(communicator)이다. 당신은 스스로의 믿음을 유지하고자 거룩한 말씀을 묵상하며 그리스도와의 영적인 교제를 나누고 있을 것이다. 하지만 그럴 때에도 주일 설교 사역에 대한 부담감이 당신 마음에서 떠나지 않는다. 당신은 계속해서 말씀을 들고 강단에 올라가 설교해야 하기 때문이다. 분명하고 간단한 말로 하나님의 말씀을 전하고 그것을 명료하고 쉽게 설명하여 모든 사람들이 이를 쉽게 받아들일 수 있도록 하는 것, 그리고 거룩한 말씀의 세계를 청중에게 제시하여 현대를 살아가는 사람들과 말씀의 세계를 서로 연결시키는 것이 바로 당신의 임무다.

설교 준비 과정에서 당신은 성경 구절에 푹 빠져 본문과 씨름하면서 차근차근히 설교문을 다듬어갈 것이다. 그런데 엄밀한 의미에서 본다면 설교에는 성경과 그리스도만이 아니라 교회도 담겨 있다. 토마스 롱이 지적한 바와 같이 설교자는 교회 공동체의 일원이기 때문이다. "설교자는 교회 공동체의 일원이며 교회에 의해 따로 구별되어 세워진 존재이고 교회를 위해 성경 말씀을 찾고 연구하며 복종하는 자세로 그 말씀을 듣는 존재이다. … 설교자는 세상과 교회가 원하는 어떠한 필요가 있어 성경 속에 들어갔더라도, 일단 성경에서 하나님의 말씀을 들었으면 이제는 그 말씀을 기다리는 자들에게로 돌아서서 자신이 발견한 진리를 그대로 선포한다."[2] 이 얼마나 놀라운 소명이며 얼마나 막중한 책임인가! 과연 누가 이것을 감당하리요 (고후 2:16)?

이 책에서는 이 분야의 베테랑 지도자들이 설교라는 거룩한 사역에 관하여 각자 귀중한 조언들을 제시하고 있다. 이 책 「영혼을 살리는 설교」(The Pastor's Guide to Effective Preaching)는 당신에게 설교에 관한 통찰력 있는 지혜와 실제적인 조언을 제공하기 위해 쓰였다. 또한 이 책은 설교에 관련된 여러 주제들을 담고 있긴 해도 대체적으로 본다면 "말씀을 듣는 성도들의 영적인 변화와 성숙을 위한 설교"라는 핵심주제를 중점적으로 다룬다. 이 외에도 강해설교의 본질과 설교에서의 커뮤니케이션(의사소통)에 관한 문제, 그리고 효과적인 연간 설교 계획과 같은 세세한 부분에도 관심을 기울였다. 이 책에서 각각의 저자들이 내뿜는 독특한 개성과 경험, 목회 사역의 입장, 그리고 저술 방식을 그대로 음미해보기를 권한다. 이 책을 통해 좀 더 효과적인 설교자와 목회자로 성장하는 데 도움이 될 풍부한 통찰과 조언을 들을 수 있을 것이다. 주께서 이들의 조언과 저술을 귀하게 사용하시고 당신이 여기서 많은 영감과 도전을 받아 그리스도의 복음을 효과적으로 전하는 훌륭한 설교자로 성장할 수 있기를 기도한다.

각주

1. Thomas Oden, *Pastoral Theology; Essentials of Ministry* (New York: Harper Collins, 1983), 136.
2. Thomas G. Long, *The Witness of Preaching* (Louisville: Westminster/John Knox Press, 1989), 45.

제1부
하나님의 생명을 전하는 설교

*유진 피터슨(Eugene Peterson)

　작가이자 시인이며, 캐나다 밴쿠버에 있는 리젠트 대학(Regent College)에서 영성 신학을 가르쳤던 명예교수이다. 그는 「균형, 그 조용한 목회혁명」(*Working the Angles*), 「묵상하는 목회자」(*The Contemplative Pastor*, 개정 근간), 「성공주의 목회 신화를 포기하라」(*Under the Unpredictable Plant*), 「껍데기 목회자는 가라」(*Unnecessary Pastor*, 마르바 던 공저), 그리고 「다시 일어서는 목회」(*Five Smooth Stones for Pastoral Work*, 이상 5권은 〈좋은씨앗〉에서 펴낸 목회영성 시리즈이다)를 포함하여 20권 이상을 저술했고, 〈리더십 저널〉(*Leadership Journal*)의 편집위원으로 활동하고 있으며, 성경을 현대적인 감각에 맞게 새롭게 번역한 성경 「메시지」(*The Message*)의 저자이기도 하다. 그는 메릴랜드 주의 벨에어에 그리스도 우리 왕 장로교회(Christ Our King Presbyterian Church)를 개척하여 이곳에서 29년간 사역했다.

제1장

메시지의 소통 : "이 책을 먹으라"

유진 피터슨

그리스도인들은 성경을 먹고 살아간다. 그리스도인들은 성경을 그저 공부하거나 연구하기만 하는 것이 아니다. 우리는 성경을 섭취하고 그 내용을 삶 속에서 소화시켜서, 사랑의 행위와 행인에게 건네는 한 잔의 시원한 물, 지구촌 곳곳의 선교사역, 예수님의 이름으로 진행되는 치유와 복음전도, 그리고 정의의 시행, 또한 아버지께 경배 드리는 가운데 높이 올리는 손짓으로 구현시킨다.

목회자들은 성경 말씀을 듣는 영혼들 속으로 들어가서 이 내용을 그저 하나의 정보로 머리에 저장해두는 것이 아니라, 회개와 경배, 그리고 거룩한 삶으로 빚어질 수 있도록 성경을 설교해야 하는 책임이 있다. 그래서 '이 책을 먹으라!'는 요한계시록의 구절은 설교하는 목회자들에게 결정적으로 중요한 메시지를 전달한다.

사도 요한은 위풍당당한 인물이다. 그는 성적 방종과 쾌락, 권력과 폭력이 난무하는 로마 세계 속에서 시달리는 조그만 일곱 교회를 목양하는 목회자였다. 사도 요한은 폭풍을 만난 교회가 모든 것을 내버리고 그저 살아남기 위해 달랑 판자 하나만을 붙잡고 버티는 것으로 만족하지 않았다. 오히려 그는 교회들이 당당히 살아가면서 주변의 모든 것을 능히 헤쳐가기를 원했다. 이것이 목회자가 감당해야 할 일이지만, 이는 결코 쉽지 않다. 사도 요한의 때와 비교해 볼 때 지금이 더 쉬운 것은 결코 아니다.

사도 요한은 밧모 섬이라는 유배지에서 주일날 아침에 예배드리던 중에 여러 가지 환상과 메시지들이 가득한 광상곡을 접하게 된다. 몹시 격렬하고도 요란스러우며 축제적인 환상들이 그에게 주어진 것이다. 이 환상 중에 그는 마치 거대한 천사가 온 우주를 강단으로 삼고서 그 손에는 설교할 책을 들고 오른발은 바다를 밟고 왼발은 땅을 밟고 서 있는 모습을 보게 된다. 이 책에서 전해 오는 말씀이 요한의 귀에는 일곱 우렛소리로 들려 왔다(계 10:1-3).

감동을 받은 사도 요한은 종이와 연필을 쥐고서는 그가 방금 들었던 것을 받아 적으려고 했다. 하지만 기록하지 말라는 명령과 함께 요한더러 천사의 책을 가져다가 먹으라는 소리가 들려왔다. 책 속의 말씀들이 페이지를 떠나서 귀로 들려오는 공기 중에서 살아 움직이면서 계속 들려 왔다. 사도 요한이 방금 들었던 것들, 땅과 바다에 널리 울려 펴지는 우레와 같은 말씀들을 받아서 적으려고 했다. 그렇게 기록하는 것은 거칠게 요동치는 말씀의 기선을 제압해서 아무런 소리도 없이 종이 위에 조용히 쓰러 눕히는 것이나 마찬가지였다. 요한은 즉시로 중지당하고 말았다. 설교하는 천사는 인쇄된 종이에서 이 말씀들을 방금 떼어 내서 전했는데 이제 요한은 이것을 다시 종이로 되돌려 보내려고 한다. 그래서 하늘에서 들려오는 음성이 이를 가로 막았다. "나는 이 말씀들이 종이 밖으로 나와서 귀로 들어가고 삶 속으로 들어가기를 원하노라. 나는 이 말씀들이 설교로 전달되고 노래로 불려지고 가르쳐지고 기도로 울리면서 살아나기를 원하노라."

계속해서 하늘의 음성은 요한더러 천사의 손에 들린 책을 받아 가져가라고 말한다. 요한이 천사에게 가서 책을 달라고 하자 그 천사는 "갖다 먹어버리라"고 말한다(계 10:9). "이 책을 먹어 삼키라. 이 책의 말씀들을 먹어서 네 혈관을 따라 흐르게 하라. 이 말씀들을 꼭꼭 씹고 삼켜서 네 안에서 근육과 물렁뼈와 튼튼한 골격이 되게 하라." 그래서 사도 요한은 그 책을 집어 삼켰다." 사도 요한이 받아먹었던 책은 성경이었다.

나에게는 책을 물어뜯기를 좋아하는 5개월 된 손녀딸이 있다. 내가 다른 손자들에게 책을 읽어줄라치면 요 녀석은 다른 책 하나를 집어 들고는 질근질근 물어뜯곤 한다. 이 아이는 귀가 아니라 입을 통해서, 즉 자기가 알고 있는 가장 빠른 방법으로 책을 자기 것으로 만들어 보려고 애쓰는 것이다. 하지만 이 아이는 곧 학교에 가게 될 것이고 이렇게 책을 다뤄서는 안 된다는 것을 배우게 될 것이다. 자기 책에서 여러 해답들을 찾아내는 방법들이랑, 시험을 치르기 위해 책을 읽는 방법을 배울 것이고, 시험을 치른 다음에는 그 책들을 책장에 꽂아두고 서점에 가서 또 다른 책을 사올 것이다.

하지만 우레 같은 말씀을 전한 천사의 책은 어떤 시험을 치를 수 있는 실력을 갖춰주려는 책이 아니다. 책을 먹는다는 것은 이를 소화시켜서 우리 삶의 세포 조직 속으로 흡수하는 것이다. 독자란 자기가 읽었던 내용대로 살아가기 마련이다. 만일 성경이 하나님에 관한 이야깃거리 그 이상을 담고 있다면 이는 우리 속으로 흡수되어야 한다. 사도 요한이 받은 명령은 하나님에 관한 시험을 치르라는 것이 아니라, 하나님의 말씀을 먹고 소화시켜서, 마치 우리가 먹은 음식이 신경과 근육으로 흡수되어 말과 행동으로 표출되듯이, 말씀을 전할 때 어떤 언어적인 기교에 의해서가 아니라 말씀이 스스로 표출되도록 하라는 것이었다.[11]

책을 마치 무슨 땅콩버터 샌드위치라도 되는 것처럼 집어삼켰던 최초의 선지자는 요한이 아니었다. 에스겔도 책을 먹으라는 명령을 들었다(겔 2:8-3:3). 또 예레미야도 하나님의 계시, 즉 거룩한 말씀을 받아먹었다(렘 15:16). 에스겔과 예레미야는 사도 요한과 마찬가지로, 거룩한 하나님의 말씀을 통해 계시된 바대로 살지 못하도록 광범위한 압력들이 내리누르는 시대를 살아가고 있었다. 그렇지만 이들 모두가 받아먹은 성경 말씀은, 강력한 힘이 깃들인 문장과 불타는 듯이 선명한 은유들, 그리고 고난을 견뎌내는 선지자적 삶의 원동력이 되었다. 바벨론 포로와 로마의 박해라는 최악의 시기에 하나님 백성들의 영성훈련에 대한 책임을 지고 있던 이들 세 명의 선지자들—사도 요한과 에스겔, 그리고 예레미야—은 매주일 강단으로 나아가는 우리에게는 더할 나위 없는 동료들이다. 그렇다! 우리는 이 책의 말씀을 양식으로 삼는다.

기독교 공동체는 밧모 섬의 사도 요한과 예루살렘의 예레미야, 그리고 바벨론의 에스겔의 모범을 따라서 이 책을 먹는 방법을 배우는 데 그동안 엄청난 분량의 에너지와 학문적인 연구, 그리고 기도를 쏟아 부었다. 물론 이 말씀의 만찬을 즐기기 위해 모든 방법을 다 알 필요는 없다. 하지만 오늘날은 이러한 말씀의 만찬을 그저 아페리티

프(식욕을 돋우기 위해 식전에 마시는 술—옮긴이) 정도로 사소하게 여기고 있기 때문에 이에 관해 어느 정도 알아두는 것은 매우 유익할 것이다. 성경에 담긴 모든 말씀들은 우리 안에서 나름대로 무언가를 이뤄내려고 한다. 즉 우리 몸과 영혼에 건강과 온전함, 활력, 그리고 거룩함을 가져다주려고 움직인다.

우리는 목회자로서 이 책을 다른 사람들에게 먹이기 이전에 우리가 먼저 먹어야 한다. 우리는 무슨 조언이나 훈계를 전해 주는 강사가 아니다. 무엇보다도 우리는 만나와 메추라기로 차려진 말씀의 식탁을 준비하는 설교자이다. 그리고 우리 모두는 무려 3천 년 이상 계속해서 들려오고 꼭꼭 씹혀지고 밝히 보이며 함께 걸어온 하나님의 말씀으로 안과 밖이 다듬어져온 거룩한 공동체의 일부분에 속해 있다. 우리 몸은 주어진 계시 안에서 하나님께 접근할 수 있는 여러 가지 통로를 우리 영혼에 제공해준다. 초대교회 랍비들 중의 한 사람이었던 요한은 이 비결을 강조하기 위하여 우리 몸의 또 다른 부분을 선택한 다음, 하나님의 말씀을 받아들이는 몸의 또 다른 중요한 부분은 바로 귀가 아니라 발이라고 주장했다. 우리는 귀가 아니라 발로 하나님을 배워야 한다는 것이다.

그래서 우리는 사도 요한에게 우리의 상상력을 내맡기고, 하나님의 말씀이 우리 안에서 무엇을 이뤄가는지 더욱 분명히 이해해야 하며, 그 말씀을 책꽂이 속에 가만히 내버려 두지 말기로—마치 선반 속 깊숙이 저장해둔 구운 콩 통조림처럼— 다시금 결심해야 한다. 즉 우리 모두는 건강한 식욕을 돋우어서 사도 요한처럼 이 말씀의 책을 받아먹어야 한다.

무한한 성경의 세계

성경의 세계에 깊숙이 참여하려는 사고방식을 적극 발전시키려면 우리는 상상력을 완전히 새롭게 혁신할 필요가 있다. 우리는 성경의 세계가 오늘 우리가 사는 이 세상보다 더 작다고 곧잘 생각한다. 흔히 들리는 말을 보면 그런 생각들을 여실히 알 수 있다. 우리는 마치 이 세상이 본래 현실이고 성경은 다만 이 세상을 돕거나 교정하기로 된 보조 세계라도 되는 것처럼 '성경을 오늘날의 세상과 연관되도록 해야 한다'고 얘기한다. 또한 이미 무언가로 가득 찬 우리의 삶 속에 뭔가를 '덧붙이는' 것처럼, 성경을 우리의 삶에 '적용'시킨다거나 삶 속에 성경으로 살아갈 기회를 마련해야 한다는 말도 듣는다.

인격적인 하나님에 관해 계시하는 성경 세계에 직접 참여하면서 우리는 자신의 상상력을 개방함으로써 이 세계의 경이로운 거대함에 눈뜨게 되었다. 성경은 우리가 지리나 천문학 책에서 배웠던 모든 것들을 훨씬 넘어서서 현실에 대한 인식의 지평을 저 멀리 확장시켰다. 또 성경은 인간이 이해하고 있는 조그맣고 비좁은 세상과는 완전히 대조적인, 크고 거대한 하나님 계시의 세계로 들어가 발휘해야 할 상상력의 빗장을 부수어 열어 놓았다. 우리는 구약과 신약을 통해서 접근할 수 있는 길이 열린, 이 거대하고도 풍부할 정도로 유기적이며 상세한 세상에서 살아가고 상상하며 믿고 사랑하며 서로 대화하는 것을 배운다. '성경'은 우리가 배워온 어떤 교리나 실천사항을 증명하거나 성립시키기 위한 목적으로 끼워 맞추어진 본문들을 의미하는 게 아니다. 오히려 성경은 '눈으로 보지 못하고 귀로 듣지 못하고 사람의 마음으로 생각하지도 [못하고] … 오직 하나님이 성령으로 우리에게 보이신' 세계로 안내한다(고전 2:9-10 참조).

비록 우리 모두에게는 번번이 그랬던 기억이 있겠지만, 절대로 성경을 우리의 경험에 억지로 끼워 맞추려고 해서는 안 된다. 그렇게 하기에는 우리의 경험은 너무나도 미약하다. 그것은 마치 끝없는 대양을 한 컵에 다 담으려고 하는 것과 같다. 우리가 추구해야 할 것은 반대로 성경에 계시된 하나님의 세상에 우리 자신을 맞추는 일이다.

우리가 추구해야 할 일은, 거대한 성경의 세계가 이보다 훨씬 작은 우리의 과학과 정치 경제의 세계와 우리가 일상적인 문제들을 해결하는 데 사용하는 소위 '세계관'을 흡수하는 방법을 파악하고, 그 다음에는 여기에 함께 참여하는 것이다.[2]

이를 위해 우리는 먼저, 성경에 접근하는 모든 생색내는 해석 방법들을 내버리는 것부터 시작해야 한다. 그동안 우리 대부분은 종종 '의심의 해석학'이라는 것을 배워왔다. 사람들이 자주 거짓말을 하기 때문에 우리는 이것을 배워야 했다. 글을 쓰는 사람들도 다른 사람들 못지않게 거짓말을 늘어놓기 잘한다. 그래서 우리는 글로 기록된 모든 것들에 대해서, 특히 그 내용이 우리에게 어떤 권위를 주장할 때 먼저 의심해본다. 그리고 그렇게 하는 것이 정당하다. 우리는 본문을 점검하고 또 반대 심문까지 한다. 여기에 지금 무슨 일이 진행되고 있는가? 이 본문의 저변에 감추어진 문제는 무엇인가? 이 본문 배후에는 무엇이 놓여 있는가? 의심의 해석학을 가르친 세 명의 현대 철학자는 니체와 마르크스, 그리고 프로이드이다. 이들은 우리에게 눈에 보이는 액면 그대로를 받아들여서는 안 된다고 가르쳤다.

이들의 가르침은 어느 정도 유용하다. 우리는 똑똑한 말재주꾼에게 조종당하지 않도록 주의해야 하며, 능숙한 선전원과 광고 때문에 원하지도 않고 또 결코 사용하지도 않을 물건을 사고픈 유혹에 빠지거나, 유창한 달변가의 말에 속아서 영혼을 파멸시키는 프로그램을 받아들이는 일이 없도록 주의해야 한다. 하나님과 관련된 문제에 대해서도 성경에 관한 기록과 언급들 모두를 포함하여 모든 사람들에 대해 그리고 모든 것들에 대해 이중으로 의심을 두고서 더욱 주의해야 한다. 참으로 슬픈 사실이지만 종교적인 사람들이 다른 사람들 못지않은 거짓말을 할 수 있으며 그 중에 특히 하나님의 이름을 걸고 하는 거짓말은 최고로 악한 거짓말이라는 점을 우리는 잘 알고 있다.

하지만 우리가 의심의 눈을 계속 좁혀 가면, 우리가 바라보는 세상 역시 더욱 좁혀진다. 그리고 이러한 독서 습관을 성경 읽기에도 그대로 적용시키다보면 결국 우리 손에 쥐어지는 것은 자잘한 사실들에 관한 한 줌의 톱밥뿐이다.

폴 리꾀르(Paul Ricouer)는 이 점에 관하여 우리에게 훌륭한 조언을 해준다. 그는 이러한 의심의 해석학을 계속 간직하고 실행할 것을 권한다. 이렇게 하는 것은 나름대로 중요하다. 아니, 이것은 중요할 뿐만 아니라 매우 필요한 일이기도 하다. 책 속에는 상당수의 거짓말이 들어 있을 수 있기 때문에, 그 속에서 따로 진리를 분별하고 나머지 쓰레기는 내버려야 한다. 하지만 그 다음에는 책 속으로, 리꾀르가 말하는 '2차적 천진성'(a second naivete, 바르트나 리꾀르의 해석 전략에서 찾아볼 수 있는 견해로서 비평적이고 파괴적인 해석방법론을 극복하고 어린이와 같은 순수한 마음과 아울러 신학적 해석학의 맥락에서 성경에 접근하여 본문이 제시하는 하나님의 세계와 대면해야 할 것을 주장한다—옮긴이)의 세계로 다시금 들어가야 한다.[3)] 매 순간 저 높은 창공에 펼쳐지는 충만한 진리와 아름다움과 선으로 기뻐하며, 깜짝 놀라 뛸 준비가 되어 있는 어린아이와 같은 경이감을 갖고 성경의 세계를 바라보라. 그리고 삶이 얼마나 장엄하고 신비로우며 거대한 것인지를 보여주는 경배의 해석학(a hermeneutics of adoration)을 연마하라.

그리고 성경 읽기에 이러한 경배의 해석학을 적용시켜 보라. 성경 본문을 통해 드러나는 거대하고도 복잡한 세상을 탐구하고 그 세계의 감격을 누리는 데 당신의 남은 삶을 투자하기로 계획해 보라. 우리는 다만 "주의 계집 종이오니 말씀대로 내게 이루어지이다"는 말씀을 따라 기도할 뿐이다.

순종

우리는 성경 본문의 참여자가 되기 위해 하나님이 주인되시는 본문의 세계 속으로 들어간다. 이 세계 속에는 성령께서 우리에게 맡기셨기에 기꺼이 감당해야 할 일부분이 있다. 우리가 이 부분을 감당할 때 비로소 우리는 성경의 참여자가 된다.

성경책은 우리로 하여금 믿는 마음으로 그리고 상상을 따라 성경의 세계 속으로 들어가 예수를 따를 수 있도록 주어셨다. 이와 관련해서 성경에 관한 칼빈의 다음과 같은 설명은 인용할 만하다. "하나님에 관한 모든 올바른 지식은 순종에서 나온다."[4] 기독교 공동체 안에 널리 알려진 성경 주해 학자나 신학자들 중에서 이 점을 지적하지 않은 사람은 거의 없다.

만일 우리가 성경 본문의 세계에 참여자로 들어간 것이 아니라면 우리는 아직도 본문에서 무엇이 일어나고 있는지 이해하지 못한 셈이다. 이 본문은 외야석이나 심지어는 값비싼 귀빈석에서 멀찍이 지켜본다고 이해되는 것이 결코 아니다. 우리는 그 속으로 들어가야 한다.

    나는 성인이 된 이후로 오랫동안 달리기 주자로 살아왔다. 그런데 15년 정도가 지나 무릎이 약해지자 달리는 것을 그만두어야 했다. 하지만 그 후로도 달리기가 그리웠다. 나는 달리면서 느낄 수 있는 자유와 해방감이 좋았고, 달리는 몸이 내 주변에 있는 세상 속으로, 땅과 공기와 바람 속으로 그리고 오래 달리다보면 만나는 비와 눈 속으로 느슨하면서 리듬감 있게 빨려 들어가는 것이 좋았다. 또 나는 10킬로미터 경주와 마라톤 완주에 참가하여 다른 주자들과 함께 무리를 이루어 뛰면서 맛볼 수 있는 상쾌한 기분이 좋았다. 당시 나는 달리기에 관한 세 개의 잡지를 구독해서 달리기 주자에 관해 또는 그들이 쓴 글이란 글은 모조리 읽었다. 그러다가 가끔은 내가 참 이상한 일을 하고 있다는 생각이 들곤 했다. 달리기에 대해 도대체 얼마나 많은 말들이 필요할까? 달리는 방법이 아주 많이 있는 것도 아니다. 그저 한 발을 내딛고 그 다음 다른 발을 내딛기만 하면 될 뿐이다. 물론 마라톤 훈련과 식사조절, 정신 상태, 그리고 부상에 대한 주의사항 등등에 대한 글이 써질 수도 있다. 나는 계속해서 모든 것들을 읽었다. 예외적인 경우를 빼고는 달리기에 관한 글은 대부분 썩 좋지 못했다. 하지만 그게 무슨 상관인가? 나는 달리기 주자였고 그래서 나는 그런 글들을 계속 읽었다. 그러다가 다리를 다쳐서 낫기를 기다리는 동안 한 두어 달은 달릴 수가 없었다. 그런데 이와 동시에 이상한 일이 일어났다. 달리기에 관한 책과 잡지를 읽지 않게 된 것이다. 나는 이 습관을 천천히 줄여나간 것이 아니라 그냥 갑자기 멈추었다. 그만 두기로 결심한 것도 아니었다. 아무런 생각 없이 저절로 그만 읽게 되었다. 당시에는 그런 사실을 알아채지 못했지만, 달리기에 관한 모든 책과 잡지들을 그냥 뜯지도 않고 계속 쌓아 두었다.

치료가 끝나고 다시 매일 5마일에서 7마일 정도 달리기를 시작하자 나는 또 다시 달리기에 관한 잡지랑 책들을 읽기 시작했다. 이번에도 그러려고 결정하지도 않았고 의도적으로 생각하지도 않았다.

그제야 나는 내가 무엇을 하고 있는지를 알게 되었다. 나는 달리기에 관한 어떤 새로운 내용을 찾기 위해서도 어떤 것을 배우기 위해서도 아니라, 달리기를 경험하는 사람들과 함께 그런 경험이 얼마나 좋은지를 확신하기 위해 읽었던 것이다. 물론 그러면서 달리기에 관한 몇 가지 새로운 것을 배우기도 했지만, 대부분의 내용은 내가 그토록 사랑했던 달리기의 세계를 확장하고 깊게 하고 또 그 세계 속에서 살아가기 위한 것이었다.

내가 보기에 성경 읽기도 이와 마찬가지인 것 같다. 만일 우리가 성경에 계시된 현실 세계에 직접 참여하지 않고, 또 칼빈이 언급했던 순종에 동참하지 않을 것이라면, 우리는 아마도 성경 읽기에 그렇게 많은 관심을, 최소한 오랫동안은 기울이기 어려울 것이다.

순종이란 삶 속에서 살아계신 하나님께 능동적으로 반응하는 구체적 행위이다. 본문에 관해 우리가 물어야 할 가장 중요한 질문은 '이 본문의 의미는 무엇인가?'가 아니라 '나는 무엇을 순종해야 할까?' 이다. 순종이란 단순한 행위는 수많은 성경 공부와 사전과 성구 색인집보다 더 빠르게 우리의 삶 앞에 본문의 세계를 열어보여 줄 것이다.

성경 연구가 중요하지 않다는 말이 아니다. 함께 공부한 적이 있는 유대 랍비는 이렇게 말하곤 했다. "우리에게는 성경 연구가 순종보다 더 중요하다. 만일 성경을 올바로 이해하지 않는다면 올바로 순종하지 않을 것이고 그 순종은 결국 불순종이 되기 때문이다."

이 말도 맞는 말이다.

구스 시칼리스(Gus Sikalis)는 우리 교회에서 그리스도인이 된 35세의 트럭 운전사였다. 구스는 관례상 가톨릭을 따르는 그리스 가정에서 자라났지만 이 전통 중에 마음에 남아 있는 것은 하나도 없었다. 그는 8학년을 마치고 학교를 떠났다. 그는 책이라고는 전혀 읽어보지 않았다고 나에게 털어 놓았다. 그러던 그가 그리스도인이 되었고 작은 글씨로 인쇄된 흠정역을 가지고 다니면서 개종한 첫 해만도 이를 세 번이나 읽었다. 구스는 계속해서 자라갔다. 그의 아내 메리도 구스의 변화에 관심은 있었지만 이 모든 것들에 대해 당황해하면서 여러 가지를 물었다. 메리는 온건한 장로교 가정에서 자라났으며 성인이 될 때까지 계속해서 주일학교를 다녔고, 종교에 관한 정의나 설명에 익숙해 있었다. 구스가 해결하기에는 메리의 질문이 너무나도 어려울 때면 자기를 도와달라고 그는 나를 자기 집으로 초대하곤 했다. 어느 날 저녁의 주제는 비유에 관한 것으로 이번에도 메리는 잘 이해할 수 없었다. 나는 이런 비유를 어떻게 읽고 어떻게 이해해야 하는지 그녀에게 차근차근 설명해 주고 있었다. 내가 메리에게 잘 설명해 주지 못했는지 구스가 나섰다. "여보. 당신은 이 내용대로 살아봐야 해. 그러면 이해할 수 있을 거예요. 밖에서는 절대로 이해할 수 없어요. 그 말씀 속으로 들어가거나 아니면 그 말씀이 당신 속으로 들어오도록 해야 해요." 사실 구스는 존 칼빈의 여러 설명에 대해서는 전혀 읽어본 적이 없었다.

예전적인 목회자

이러한 관점을 이해하는 데 도움이 되는 '예전'(liturgy)이란 용어를 소개하고자 한다. 우리가 성경을 양식으로 삼아 읽으며 그 말씀에 반응·순종하고 그에 따라 기도하려고 할 때, 그리고 그 모든 내용을 받아들이며 그 본문 세계에 대한 참여자가 되려고 할 때, 우리는 주변에 있는 모든 사람들과 모든 것들의 도움을 필요로 한다. 그 이유는 본문의 세계에 참여자가 되는 과정은 우리가 혼자 진행할 수 있는 개인적인 행위가 아니기 때문이다. 우리는 분명 쇼의 스타가 아니다. 이런 때 우리가 필요로 하는 도움을 적절히 설명하기 위해 내가 사용하고 싶은 단어가 바로 '예전적인'(liturgical)이다. 한 마디로 말해 성경은 예전적으로 읽혀져야 한다.

예전이란 단어는 예식을 중시하는 성공회 고교회파(a high Anglican church)의 예배를 의미하는 것도 아니며, 예배의 순서나 예복, 촛불, 또는 제단 앞에서의 무릎 꿇기와 같은 것을 의미하지도 않는다. 물론 이 단어는 이러한 정황들 속에서도 적절히 사용될 수 있지만 내가 이 단어로 의미하려는 것은 따로 있다. 나는 이 단어를 좀 더 심층적이고 더 포괄적인 의미로 쓰고 싶다. 특히 성경을 읽고 설교하는 것과 관련해서 이 단어를 사용하고자 한다.

내가 원하는 것은 바로 우리의 성경 읽기, 즉 우리가 이 책을 섭취하는 행위를 거대한 공동체의 맥락 속에서 다시 파악하는 일이다. 우리가 이 책을 섭취하려고 할 때 염두에 둘 점은 이 책을 들고 식탁에 참가한 또 다른 사람들의 전 지구적이고 수천 년을 아우르는 공동체가 있다는 사실이다. 그래서 우리가 이 책을 소화하고 흡수할 때마다 전체 공동체, 또는 전 세계라고 말해도 결코 과장이 아닌 거대한 공동체가 이 과정에 함께 참여하여 영향을 준다. 그리고 성경 이야기는 이 거룩한 공동체를 이 이야기 속으로 끌어들여서 여기에 동참하도록 한다.

예전은, 교회가 성경을 통해 자신의 모습을 다듬어가려고 할 때 살아 있는 거룩한 공동체와의 생생한 접촉을 계속 유지하도록 하는 수단이다. 나는 예전이란 단어를 그리스도인들이 교회 안의 거룩한 장소 안팎에 있는 모든 것들을 삶 속의 예배로 끌어오고 또 과거와 현재의 모든 것들이 다시 예배 행위 속에서 온전히 표현되도록 하려는 그리스도인들의 의도와 그 실행들을 총체적으로 가리키는 뜻으로 사용하고 싶다. 예전을 그저 예배라는 제한적인 행위를 진행시키는 공동체의 몇 가지 순서에 국한시키기 보다는, 좀 더 포괄적인 관점에서 접근하여, 모든 공간과 시간까지를 다 포괄하여 성경책에 기록된 말씀들로부터 시작되고 그에 따라 형성되며 서로 연관을 맺고 있는 모든 행동들을 다 포함시키고자 한다. 그렇게 함으로써 우리는 이 거대한 공동체 안에서 우리의 전 존재를 예전적으로, 다시 말해서 아버지와 아들과 성령 삼위의 충만한 배경 속에서 서로 연결된 것으로 이해할 수 있다.

이런 맥락에서 볼 때 예전의 중요한 임무는 삼위 하나님의 세계 속에서 성경 본문을 따라가는 거룩한 공동체의 삶을 조정하여 인도하는 것이다. 그 임무는 크게는 두 가지 움직임으로 이루어져 있다. 첫째로 예전은 우리를 하나님의 말씀을 듣고 받아들이며, 믿으면서 경배하며 정성을 바치는 장소인 지성소 안으로 인도한다. 이 과정에는 여러 가지들이 개입하는데, 특히 예수 안에서 자신을 알리신 하나님의 계시의 모든 측면들을 따라 우리 삶의 모든 요소들이 조정된다. 그 다음에 예전은 다시 우리를 지성소로부터 끌어내서 다시 세상 속으로 순종과 사랑의 장소로 안내하면서, 이 세상에서 하나님의 영광을 드러내는 산 제물로 살아가도록 우리의 삶을 인도한다. 이 과정에서도 여러 가지들이 개입하며, 우리 삶의 모든 요소들이 하나님의 영광을 향한 구원 사역에 다양한 방식으로 참여하게 된다.

이것이 바로 사도 요한이 계시록에서 아주 인상적인 방식으로 진행시켰던 일들이다. 즉 하나님의 세계 속에 있는 모든 것들, 세상과 그 속에서 우리가 경험하는 것들, 그리스도와 그의 모든 천사들, 악마와 그의 모든 부하들, 천국과 지옥, 구원과 저주, 거룩한 성도들과 악한 제국들, 전쟁과 평화, 보이는 것들과 보이지 않는 모든 것들을 우리에게 보여주면서, 성도들로 하여금 그 가운데에서 하나님을 경배하도록 안내하고 있다. 그 다음 요한은 이 경배의 세계 속에 있는 모든 것들이 어떻게 이 세상 속으로 품어져 나오는지를 보여준다. 이 과정에 참여하지 않고 그저 주위에 서서 가만히 구경하고 있는 것은 아무 것도 없다.

강단에 올라가 거룩한 공동체 앞에 설 때 우리도 사도 요한이 계시록에서 아주 탁월하게 해 낸 것을 계속 진행하는 셈이다.

예전은 하나님께서 과거에 행하셨고 지금도 행하고 계시며 앞으로도 행하실 모든 것들의 중심부에 머물러 있는, 예배하고 순종하는 그리스도인들의 공동체라는 정황 속에서 성경을 간직하며 또 이를 펼쳐 보여준다. 예전은 우리가 성경책만을 옆에 끼고 혼자서 사라지거나 또는 성경 공부를 위해 몇몇 가까운 친구들만을 선택하게 내버려 두지 않는다.

교회의 예전적인 삶은 모든 것들이 개입하는 상황 속에서 함께 읽고 들으며 믿은 성경을 우리에게 제시한다. 돌과 목재와 유리를 사용하는 건물은 예전의 일부분이다. 자주색과 초록색, 빨강과 흰색의 모든 색상들 역시 예전의 일부분이다. 우리가 부르는 찬송과 성가, 오르간과 성가대도 그 일부분이다. 우리의 설교와 기도를 더욱 풍요롭게 해 준 성자들과 학자들을 포함하여 신앙의 모든 선조들도 예전의 일부분이다. 개인기도와 합심기도를 포함하여 모든 기도도 그 일부분이다. 하나님의 말씀에 대해 우리 내면 깊숙한 곳에서 우러나오는 음성도 그러하며 하나님을 찬양하고 복음을 증거하며 선교하라는 하나님의 소명에 대한 응답도 그러하다. 우리와는 전혀 다른 성향과 기질을 갖고 있으며 우리가 전혀 좋아하지 않는 남자와 여자, 그리고 어린이들을 포함하여 모든 이웃들 역시 예전의 일부이다.

그리고 시간도 예전의 일부분이다. 거룩한 성도들의 공동체가 오랜 세월 속에서도 변함없이 예수와 그리스도인의 이야기가 주기적으로 일정하게 반복되는 교회력을 따라서 계속 성경을 읽을 때, 다시 말해서 탄생부터 시작하여 삶과 죽음, 부활을 거쳐서 영과 순종, 믿음, 그리고 축복의 세계로 일정하게 반복되는 교회력이라는 거대하고도 잔잔한 리듬을 따라서 성경을 읽을 때, 예전은 그 주변으로 거룩한 공동체를 불러 모은다. 그래서 예전이 없다면 우리는 성경읽기를 안내하는 리듬감을 잃어버리고, 세속적인 홍보 운동과 학교의 개교와 방학, 월급날, 세금 정산 마감일, 재고품 목록들, 그리고 선거와 같은 변덕스럽고 영원을 향한 시기에 어울리지 않으며 영적으로 무감각한 훼방거리들에 휘말리고 만다. 그렇게 되면 대림절은 성탄절을 준비하는 것이 아니라 그저 성탄절 이전에 미리 장보는 날 속으로 파묻히고 만다. 또 사순절이라는 의미 깊은 영성훈련기간 역시 소득세 보고서를 작성해야 하는 근심어린 고행으로 뒤바뀌어 버린다. 예전은 성경이라는 문서로 형성된 공동체 안에서 그리고 보이는 공동체와 보이지 않는 공동체 속에서 우리의 시작과 끝을, 우리의 삶과 죽음, 중생과 축복 모두를 올바로 정의내리고 그것들을 형성하는 가운데 우리로 하여금 거대한 이야기와 계속 교류할 수 있도록 한다.

교회 안에서 성경이 예전적인 맥락에서 받아들여질 때 비로소 우리는 수많은 것들이 우리의 성경 읽기에 개입하고 있으며 그 속에서 수많은 사람들이 수많은 일들을 행하고 있음을 인식하게 된다. 공동체는 두 발로 굳게 서서 성경의 말씀을 듣고 반응하면서 하나님을 위한 사역을 감당하고 있다. 성경에 의하여 참 모습이 형성되어가는 과정에 있는 거룩한 공동체는, 그리스도를 따르면서 각자가 성령 안에서 고유한 역할을 감당하는 가운데 그들 앞에서 그리고 그들 가운데 드러나는 하나님의 계시를 바라보며 여기에 귀를 기울인다.

그런데 예전(liturgy)이란 단어가 원래는 교회나 예배의 상황 속에서 비롯된 것이 아니라는 사실을 떠올려보자. 고대 그리스 사회에서 이 단어는 한 시민이 공동체를 위해서 감당해야 하는 공적인 의무를 가리키는 말이었다. 그 후로 기독교 교회가 이 단어를 예배와 결부시켜 사용하면서 이 단어는 하나님을 위해 또는 하나님께서 지시하신 일련의 순서를 따라가는 공동체를 위해 수고한다는 '공적인 봉사'의 의미를 담게 되었다. 성경에서 성부와 성자, 그리고 성령으로서 인격적으로 계시된 하나님을 예배할 때, 우리는 결코 성경의 세계와 무관하거나 그 세계로부터 고립된 어떤 것을 행하지 않는다. 오히려 우리는 세상을 위하여 하나님을 예배한다. 예배시간에 모든 피조물과 모든 인류를 하나님 앞으로 인도하여 찬양과 간구 속에서 인류의 모든 무리들과 그들의 아름다움과 필요들을 하나님 앞에 제시하고, 삼위 하나님의 위대하신 이름으로 그리스도께서 목숨을 버리신 세상 속으로 꿰뚫고 들어가며 이를 섬길 때 사실 우리는 이 세상을 위하여 예배하는 셈이다.

예전은, 영성을 빚어내는 성경 본문을 따라가면서, 그리스도로 말미암아 그리고 그리스도와 함께 세상 속에서 구원 사역에 동참해왔으며 지금도 동참하고 있는 다른 사람들과 함께 일하도록 우리를 초청한다. 예전은 또 성경 본문으로부터 발생했으며 지금도 여기에서 비롯되고 있는 모든 거룩한 행동들에 우리가 지속적으로 관여할 수 있도록 안내한다. 그리고 성경의 장엄한 내러티브 형태가 개개인에 의하여 사적으로 소모되는 것을 보호하는 것도 예전이다.

이런 맥락에서 볼 때 "예전적인"(liturgical)이란 단어는 교회 안쪽의 거룩한 성단소(聖壇所, chancel)에서의 안무기술이나 숭고한 것에 관한 미학과는 별다른 관련이 없다. 오히려 이 단어는 장구한 시간(성경 말씀에 응답해 온 2천 년의 역사)과 공간(전 세계 속에서 그리스도 안에서 함께 친구된 우리들) 속에서 거룩한 공동체의 일원으로서 성경 말씀에 대해 순종적이고 참여적인 자세로 반응하는 것과 관련이 있다. 성공회의 고교회파로부터 부흥운동을 지향하는 침례교회와 손을 높이 들고 찬양하기를 좋아하는 은사운동주의자들, 그리고 빈 방에 고요히 앉아있는 퀘이커파에 이르기까지 모두는 성경을 읽는 거룩한 공동체의 일원으로 참가하여 이 본문을 예전적으로 읽고 예전적으로 삶을 꾸려갈 필요가 있다. 이러한 성경 읽기 속에서는 교회만을 중시하거나 엘리트의식에 사로잡힐 일은 하나도 없다. 다만 그 이야기 속에서 우리는 누구나 그 어떤 것도 배제하지 않는다는 것을 확신하면서 이야기 속에서 자신의 위치를 발견하며, 모든 사람들 역시 그 이야기 속에서 각자의 역할을 맡게 된다. 그것은 참으로 거대하고도 역동적인 한 편의 이야기이다. 이렇게 풍성한 예전적인 뼈대와 지원이 없으면 우리는 이 이야기를 그저 개인적인 취향과 선입견에 맞추어 조잡하게 편집해 버리기 쉽다.

거장다운 삶

프란시스 영(Frances Young)은 내가 '성경책을 양식으로 삼기'라고 부르는 삶, 즉 성경을 읽고 실행하는 삶에 관한 복잡한 세계를 이해하는 한 가지 방법을 제시하기 위해 음악과 연주의 유비를 사용한다. 「거장다운 신학」(Virtuoso Theology)이란 책에서 그녀는 "연주에서의 확실성을 추구하는 것과 관련된 복잡한 도전들"에 대해 샅샅이 추적하고 있다.[5] 음악의 가장 중요한 본질은 실제적인 연주에 있다. 연주라는 것은 작곡가가 악보에 기록한 그대로 음표를 정확하게 재현하는 것만으로 이루어지지는 않는다. 그래서 예를 들자면 모차르트의 바이올린 협주곡 1번을 정확하지만 어색하게 연주하는 것과 이작 펄만(Itzhak Perlman)과 같은 대가가 연주하는 것의 차이점은 누구나 쉽게 분간할 수 있다. 펄만의 연주의 특징은 모차르트가 작곡한 것을 그대로 재현해내는 능숙한 기교에 달려 있지 않다. 그보다는 그가 악보의 정신과 에너지, 즉 그 생명 속으로 들어가서 이를 놀라운 창조력으로 전달하기 때문에 우리는 감동하는 것이다. 의미심장한 점은 그가 악보에 일점일획이라도 덧붙이는 것은 하나도 없다는 사실이다. 비록 그가 음악과 성(sexuality)의 상호관련된 심리학적 이해를 바탕으로 모차르트가 자신을 이해한 것보다 더 잘 모차르트를 이해할 수 있다고 나름대로 설득력 있게 주장하더라도 그는 악보와 관련해서는 스스로를 자제할 뿐 임의대로 이를 수정하지 않는다.

우리가 음악 연주나 연극 공연에서 계속해서 접하는 놀라운 일 가운데 하나는 공연 현장에서 느낄 수 있는 신선한 자연스러움이다. 본문에 대해 성실하게 관심을 쏟는다고 해서 노예적인 근성으로 각자의 개성이 소멸되는 것이 결코 아니다. 오히려 본문에 신실하게 관심을 기울일 때, 마치 예술가가 공연할 때처럼, 또 "음악은 해석과 공연을 통해 실현되어야 하는 것처럼"[6] 본문 안에 내재한 것이 자연스럽게 밖으로 흘러나온다.

성경도 마찬가지다. 음악 연주와 성경책 섭취라는 두 가지 유비는 서로가 효과적으로 작용한다. 그래서 목회자가 거룩한 공동체를 성경의 세계 속으로 안내하고자 할 때, 연주 유비의 복잡한 측면은 말씀 섭취 유비에 있어 세속적인 측면을 서로 적절히 보완해 준다.

그러나 앨리스데어 맥킨타이어(Alisdair McIntyre)의 표현처럼 만일 우리에게 대본이 없다면, 우리는 말과 행동 모두 그저 근심스러운 말더듬장이처럼 살아갈 수밖에 없을 것이다.[7] 반대로 이 대본을 갖고서 이를 내면화시키는 거룩한 공동체를 따라서 악보를 연주하듯이 말씀을 섭취할 때 우리는 무한한 자유의 세계 속으로 날아갈 것이다. "주께서 내 마음을 넓히시면 내가 주의 계명들의 길로 달려가리이다"(시 119:32).

각주

1. 성경을 섭취하는 주제에 관한 추가적인 논의를 위해서는 다음을 참고하라. Eugene H. Peterson, *Working the Angles* (Grand Rapids: William B. Eerdmans, 1987), 87-148.

2. Karl Barth, "The Strange New World Within the Bible" in *The Word of God and the Word of Man* (Gloucerster: Peter Smith, 1924), 28-50.

3. Paul Ricoeur, *The Symbolism of Evil* (Boston: Beacon Press, 1969), 351-52.

4. John Calvin, *Institutes of the Christian Religion*, trans. F. L. Battles (Philadelphia; Westminster Press, 1960), 1.6.2.

5. Frances Young, *Virtuoso Theology* (Cleveland: Pilgrim Press, 1993), 21.

6. Ibid., 22. 연주의 유비는 니콜라스 라쉬(Nicholas Lash)와 브라이언 제너(Brian Jenner)에 의해 효과적으로 활용되기도 했다. Nicholas Lash, "Performing the Scriptures" in *Theology on the Way to Emmaus* (SCM Press, 1986), Brian Jenner, "Music to the Sinner's Ear?" *Epworth Review*, xvi (1989), 35-38.

7. Alisdair McIntyre, *After Virtue* (Notre Dame, Ind.: U of Notre Dame Press, 1981), 216.

추천도서

Barth, Karl, *The Word of God and the Word of Man*, tran. Douglas Horton. Gloucester, Mass.: Peter Smith, 1978 [original German publication, 1924].

Ellul, Jacques, *The Humiliation of the Word*, Grand Rapids: William B. Eerdmans, 1985.

Farrer, Austin, *The Glass of Vision*, Westminster: Dacre Press, 1948.

Fee, Gordon, *Listening to the Spirit in the Text*, Grand Rapids: William B. Eerdmans, 2000.

Frye, Northrop. *The Great Code*, New York: Harcourt Brace Jovanovich, 1982.

Illich, Ivan, *In the Vineyard of the Text*, Chicago: University of Chicago Press, 1993.

Young, Francis, *Virtuoso Theology*, Cleveland: Pilgrim Press, 1993.

*제임스 얼 매시(James Earl Massey)

　인디아나 주의 앤더슨에 소재한 앤더슨 대학교의 신학부 소속 명예 교수이자 저명한 학자로 잘 알려져 있다. 매시 박사는 지난 40년 동안 복음을 전하는 탁월한 설교자이자 교사로 그리고 커뮤니케이터로 활약해 왔다. 그는 미시간의 디트로이트에 있는 메트로폴리탄 교회의 담임목사로(1954-76), 인디아나주의 앤더슨에 있는 앤더슨 대학교의 교목으로(1969-77), 〈크리스천 브라더후드 아우어〉 라디오 방송의 연사로(1977-82), 앨라배마의 터스키기에 소재한 터스키기 대학의 교목으로(1984-90), 인디아나주의 앤더슨에 있는 파크 플레이스 교회의 설교목사로(1994-95) 각각 활동해 왔다. 또 미국과 전 세계의 백여 개가 넘는 대학교와 신학교 등지에서 가르치는 일과 설교하는 일을 계속 해왔다. 현재 그는 에즈베리 신학대학원의 종신 이사위원이며 <Christianity Today>와 <Leadership>, <Preaching>, 그리고 <The New Interpreter's Bible>의 편집위원으로 활동하고 있으며, 「책임지는 강단」(The Responsible Pulpit)과 「설교 준비」(Designing the Sermon)를 포함하여 여러 권의 책을 저술했고, 그의 업적을 기념하는 뜻으로 그의 동료들이 함께 저술하여 묶어낸 「천국의 음악 나누기」(Sharing Heaven's Music)라는 논문집이 있다.

제2장

성결을 설교하기 :
하나님의 속성과 그리스도인의 성품

제임스 얼 매시

신약성경의 많은 부분은 최초의 기독교 설교자들이 청중들로 하여금 각자 개인의 삶 속에서 어떻게 "거룩하신 자"인 하나님의 뜻과 성품을 배우고 이를 현실에 잘 적용시킬 수 있는지를 알려주기 위해 많은 노력을 기울였음을 보여준다. 당시 설교자들의 관심은 성도들이 철저히 하나님과의 긴밀한 관계 속에서 자기 삶을 꾸려가도록 도와, 하나님의 형상인 그리스도를 닮아가는 일이 관찰 가능한 결과로 나타나게 하는 것이었다. 일련의 성경 본문들은 대부분이 이런 관심사를 다루고 있다. 이런 의도를 분명히 보여주는 구절을 사도 바울에게 들을 수 있는데 설교와 목회에서 그가 추구했던 목표는 "각 사람을 그리스도 안에서 완전한 자로 세우는 것"이었다(골 1:28). 이와 동일한 목표를 보여주는 또 다른 사례는 베드로후서 1장 4절에 기록된 베드로 자신의 고백이다. "이로써 그 보배롭고 지극히 큰 약속을 우리에게 주사 이 약속으로 말미암아 너희가 정욕 때문에 세상에서 썩어질 것을 피하여 신성한 성품에 참여하는 자가 되게 하려 하셨느니라." 이런 구절들은 최초의 기독교 설교자들이 추구했던 가장 적극적이면서도 긴급한 목표가 무엇이었는지를 잘 보여준다. 그것은 바로 하나님께서 자신의 사랑에 모든 것을 내어 맡긴 자들이 결국은 그분의 형상을 공유할 수 있게 하셨다는 사실이다. 당시 설교자들은 그리스도인이 된다는 것에는 인생에 대한 경험의 변화뿐 아니라 그의 본질적인 존재의 변화 과정도 포함된다는 것을 잘 알았다. 그래서 이들은 복음의 목표로 이 진리를 선포했다. 대부분의 신약성경 본문은 이 위대한 진리를 계속해서 우리에게 전하고 있다.

거룩하심 : 하나님의 속성

성경을 주의 깊게 연구하는 학생이라면 성경에 기록된 하나님에 관한 수많은 구절들 가운데 핵심 개념이 바로 하나님의 거룩하심임을 잘 알 것이다. 하나님은 자신을 "거룩하신 자"로 계시하셨다. 하나님의 속성에 관한 이러한 표현은 특히 구약성경에서는 너무도 자주 강조되고 있어 이를 놓치거나 간과하는 일은 있을 수 없다.

거룩하신 자로서 하나님은 철저히 타자(Other)로 존재하신다. 자연계에 있는 평범하고 일상적이며 인간적인 모든 것들과는 철저히 구분되어 따로 떨어진 존재이다. 그분은 너무나도 특별하시고 독특하시며 온전함과 순결에 있어 완전하시고 철저하게 구별된 타자로 존재하셔서 그의 임재를 깨닫게 되면 참으로 철저한 경외감을 체험할 수밖에 없다. 신구약 성경은 공히 누구든지 하나님의 임재 앞에 직면했을 때 그 앞에서 파격적인 반응을 보였던 여러 사례들을 제시한다.

하나님의 타자성(Otherness)은 인간에게 단지 파격적인 경외감만 불러일으키는 것은 아니다. 이 타자성은 영적 친교로 안내하는 절대적인 매혹으로 우리를 끌어당기기도 한다. 신구약이 증거하는 하나님, 예수 그리스도의 하나님은 인간과 철저히 분리되어 존재하시지만 저 멀리 어디엔가 완전히 떨어진 채 계시지만도 않다. 그분은 항상 인간과 함께 관계를 맺고 그의 생명을 공유하려 하신다.

이 점은 성경에서 강조하는 진리이기 때문에 하나님께서 자신의 거룩을 성도들과 어떤 방식으로 그리고 어느 정도 공유하려 하시는지를 정확히 이해해야 한다. 이 주제는 신학계 안에서 오랫동안 논의해 온 질문거리로, 어떤 진영에서는 하나님께서 인류에게 자신의 권능을 그대로 활용하도록 배려하셨다고 주장하는가 하면, 또 다른 진영에서는 그것은 타락 이전에만 가능하다고 주장하기도 한다. 과연 하나님은 자신의 성결을 우리에게 전가시키기만 하시는가 아니면 자신의 성결을 성도들에게 실제 그대로 주입하시는가? 웨슬리교파의 전통에서는 성도들에게 하나님의 속성 그 자체를 추구하라고 격려하는 신약 성경의 여러 구절에 근거하여, 삶 속에서의 거룩은 수사적인 표현 이상의 실제적인 의미를 담고 있기 때문에 모든 성도들은 수사적인 방식 이상의 실제적인 차원에서 하나님의 거룩하심을 마땅히 주장할 수 있다고 가르쳐왔다.

하나님께서는 그의 아들 예수 그리스도를 통해 우리 인간 차원에서 자신의 거룩을 계시하셨다. 하나님의 아들인 예수는 계시의 핵심인 동시에 현실이시다. 복음서에 기록된 내용을 통해 알 수 있는 그분 삶의 핵심은, 육신을 통해 하나님의 거룩하심을 현시하는 것이다. 히브리서의 저자는 하나님의 아들 예수께서 "하나님의 영광의 광채시요 그 본체의 형상이시라"고 기록하고 있다(히 1:3). 예수님께서도 친히 "나를 보는 자는 나를 보내신 이를 보는 것이니라"고 말씀하셨고(요 12:45), "나를 본 자는 아버지를 보았다"고 하셨다(요 14:9). 하나님께서는 그의 거룩을 예수의 독특한 아들된 신분을 통해 우리 인간의 차원에 분명히 계시하셨다. 그 방식이나 모양에 있어 하나님은 예수의 아버지이신데 이를 인간인 우리가 완전히 이해하거나 설명할 수는 없다. 신약성경은 예수의 지상 생활을 증거하고 있지만, 예수의 기원이나 하나님의 아들의 신분으로 이 땅에 오신 것에 대해 여러 형이상학적인 질문들로 그 핵심을 회피하는 일은 하지 않았다. 또 신약의 저자들은 구세주 예수를 적절하고 지혜롭게 찬양하며 그를 이 땅에 보내신 성부 하나님께 합당한 경배를 돌린다. 그래서 요한복음 1장 18절은 "본래 하나님을 본 사람이 없으되 아버지 품 속에 있는 독생하신 하나님이 나타내셨느니라"고 선포하고 있다.

하나님의 아들로서 계시된 예수는 설교자가 늘 염두에 두어야 할 진리의 핵심이다. 왜냐하면 하나님의 거룩에 동참하는 것에 관해 설교하려 할 때 예수 안에서 그 모범이 가장 선명하게 예시되기 때문이다. 그의 이름을 믿는 성도로서 우리는 "하나님의 자녀가 되는 권세를 주신" 예수와 긴밀히 연결되어 있다(요 1:12). 그리스도를 통해 우리가 하나님의 가정에 입양되는 일은 예수와 하나님과의 관계를 통해 진행된다. 그래서 우리는 이에 관한 사도 바울의 찬양에 귀를 기울일 수밖에 없다. "찬송하리로다 하나님 곧 우리 주 예수 그리스도의 아버지께서 그리스도 안에서 하늘에 속한 모든 신령한 복을 우리에게 주시되 곧 창세 전에 그리스도 안에서 우리를 택하사 우리로 사랑 안에서 그 앞에 거룩하고 흠이 없게 하시려고 그 기쁘신 뜻대로 우리를 예정하사 예수 그리스도로 말미암아 자기의 아들들이 되게 하셨으니 이는 그의 사랑하시는 자 안에서 우리에게 거저 주시는 바 그의 은혜의 영광을 찬송하게 하려는 것이라"(엡 1:3-6). 만물의 배후에는 예수 그리스도 안에서 그의 영광을 위하여 우리를 향한 자신의 선한 의지를 실행하시는 거룩하신 하나님이 계신다. 예수는 하나님의 모범적인 아들이실 뿐만 아니라 성부 하나님의 거룩한 형상을 닮아가기 위한 우리의 수단이자 모범이기도 하다.

그리스도 안에 있는 영생을 통한 기독교적 성결

기독교적인 설교란 마땅히 청중을 기독교적인 성결로 안내하는 것, 다시 말해 우리 안에 내주하시는 그리스도의 영을 향해 자신을 개방함으로써 가능해진 독특하고도 풍성한 삶으로 안내하는 것이어야 한다. 이러한 성결은 어떤 종교적이고 국가적인 또는 교파적인 영향으로 인한 산물도 아니고, 수세에 몰린 집단에게 찾아볼 수 있는 특정한 행동 양식도 아니다. 기독교적 성결은 "하나님을 따라 의와 진리의 거룩함으로 지으심을 받은 새 사람을 입는" 것이다(엡 4:24). 다시 말해 기독교적 성결은 파생된 결과이며 명확하고 독특하다.

1. 하나님의 거룩하심으로 말미암은 거룩은 첫째로 개인적인 거룩이다. 각각의 성도들은 하나님을 개인적으로 직접 체험할 수 있기 때문이다. 회심 사건을 계기로 전인이 하나님과의 언약 관계 속으로

부름을 받는다.

  죄로 얼룩진 우리의 인간 본성은 원래는 육체의 자연적인 속성만을 드러낼 뿐이다. 하지만 위로부터 거듭나 회심을 통해 영적으로 중생함에 따라 우리는 우리를 향한 하나님의 선하신 뜻과 의미 있는 상호작용을 나눌 수 있으며 하나님의 가정에 입양된 가족의 한 일원으로서 새로운 삶을 살아갈 수 있다. 그런데 이 단계는 일종의 예기적인 단계로, 우리 안에서 하나님의 성품을 깊이 경험하며 헌신적인 삶과 집중적인 예배로 하나님께 영광을 돌리면서 하나님과 한 가족으로 좀 더 풍성한 삶을 나누는 단계로 우리를 안내하려는 의도를 갖고 있다. 그래서 기독교적 성결에 관한 설교는 청중 앞에 좀 더 충만하고 풍성한 경험에 관한 가능성과 필요성, 탁월성, 그리고 그 유효성들을 제시해야 한다.

  2. 하나님의 거룩하심으로 말미암은 우리의 거룩은 또한 확인 가능한 것이기도 하다. 하나님께서는 그의 성령을 통해서 우리 안에 새로운 성품을 빚어낸다. 마이스터 엑카르트(Meister Eckhart, c. 1260-1327)는 기독교적인 성품을 "습관적인 의지"와 동일시했는데, 이는 하나님의 뜻에 본능적인 관심을 갖는 통일성 있는 완벽한 자아이며, 변화한 의지를 의미한다. 우리가 우리를 향한 하나님의 요구에 온전히 복종할 때 성령은 직접 우리 안에서 큰 능력으로 역사한다.

  기독교적인 성품은 "그리스도 닮기"로 가장 잘 설명된다. 그리고 그 결과는 "성령의 열매"를 통해 쉽게 드러난다(갈 5:22-23). 그리스도를 닮아가는 이 열매들은 하나님의 성령께서 그의 결정적이고도 창조적인 능력으로 우리 안에서 역사하신 결과로 맺어진다. 성령은 여러 가지 성품들에 초점을 맞추면서 예전에 느슨했던 삶의 닻줄에 탄력을 가하여 하나님을 굳건히 붙잡도록 안내한다. 사도들의 전통을 신실하게 따랐던 이레니우스(c. 175-195)가 성령께서 "우리를 하나님께로 조정하신다"[1]고 할 때 그는 바로 이러한 성령의 내적 사역에 대해 말했던 것이다. 성령 이외의 다른 관계나 영향은 인간의 자아를 위축시키거나 삶을 어지럽히고 흩트릴 뿐이다. 하지만 우리가 "하나님을 두려워하는 가운데서 거룩함을 온전히 이루어 육과 영의 온갖 더러운 것에서 자신을 깨끗하게" 할 때(고후 7:1), 우리 안에서 역사하시는 성령은 거룩하고 새로운 부르심에 순종하도록 우리를 다듬어 가신다. 그리고 이러한 작업의 결과는 쉽게 확인된다.

3. 하나님의 거룩하심으로 말미암은 우리의 거룩은 쉽게 이해할 수 있다. 이러한 유형의 경험과 일련의 결과들은 뚜렷한 교리의 형태로 그리고 일련의 확신들로 표현된다. 그런 고귀한 삶의 특징들은 쉽게 이해되는 것들이다. 우리는 우리 안에서 이미 발생했고 지금도 진행되는 것들에 대해 주의를 기울이며, 그것들이 우리에게 무슨 의미인지에 관하여 다른 사람들에게도 설명할 수 있다. 이렇게 하나님을 영화롭게 하는 삶을 살아가는 사람은 쉽게 구분된다.

4. 하나님의 거룩하심으로 말미암은 우리의 거룩은 또한 우리에게도 유익을 가져다준다. 하나님의 거룩하심을 공유하는 삶은 하나님의 뜻으로 우리의 운명을 미리 준비할 수 있게 하며, 우리로 하여금 "율법의 완성인 사랑과 더불어" 율법의 요구를 성취할 수 있도록 한다(롬 13:10). 그리고 "우리에게 주신 성령으로 말미암아 하나님의 사랑이 우리 마음에 부은 바" 되었기 때문에(롬 5:5) 그 사랑은 결국 하나님에게서 비롯된 거룩한 사랑이다.

하나님의 거룩에 동참하는 삶은 성도로 하여금 결정적으로 중요하고 거룩하며 필요한 일에 더욱 전념할 수 있게 한다. 거룩한 삶이란 차원 높고도 고귀한 삶의 표준과 가치에 헌신했으며, 그러한 독특한 자질들을 모두 하나님의 영광에 대한 관심에 지속적으로 집중시킨 삶이다. 하지만 하나님의 거룩을 향한 열망은 우리로 하여금 이웃의 복지에도 관심을 기울일 수 있도록 한다. 거룩한 삶 속에는 거룩한 인격적 속성들이 배어 있을 뿐 아니라 긍휼의 마음에서 우러나오는 섬김으로 표현되는 사회적인 책무도 깃들어 있다. 그래서 존 웨슬리(John Wesley, 1703-91)는 다음과 같이 적고 있었다. "그리스도의 복음은 종교 그 자체보다는 사회적인 종교를 말하고 있으며, 개인적인 성결이 아닌 사회적인 성결을 강조한다. 사랑으로 역사하는 믿음이야말로 그리스도인의 완전을 설명하는 길이와 넓이, 깊이, 그리고 높이이다."[2]

성결에 관한 설교의 몇 가지 원리들

성결은 하나님의 속성인 동시에 삶의 한 가지 차원이기 때문에 연구와 설교를 위해 참으로 중요한 주제이다. 열심 있는 설교자라면 성경적인 주제와 강조점을 잘 이해하고 그에 따라 살며 이를 지혜롭게 활용하려고 할 것이다. 이를 위해 계속 성경을 연구하고 묵상하며 그 핵심 메시지가 던지는 온전한 파급 효과를 확인하려고 노력하면서 말씀을 따라 살고자 할 것이다.

1. 성결운동에 관한 영향력 있는 지도자들의 강단 사역에 대해 연구하라.

이들로부터 적합한 설교 스타일에 관하여 유용한 정보를 얻을 수 있을 뿐만 아니라 성결에 관한 성경 본문을 다루는 모범적인 방법에 대해서도 도움을 받을 수 있다. 성결이라는 참으로 중요한 주제를 설교하는 문제에 관심을 기울이면서 필자는 A. W. 토저(Aiden Wilson Tozer, 1897-1963)의 글에서 많은 도움을 받았다. 그의 영향력 있는 어휘들은 특별히 성결에 관한 성경적 관점을 명료하고도 간결하며 호소력 있게 전달하기 위하여 세심하게 선별된 것들이다. 「하나님을 추구함」(*Pursuit of God*, 1948)과 「거룩한 자를 아는 지혜」(*Knowledge of the Holy*, 1961)는 성경적인 기초와 영적 깊이, 그리고 심미적인 호소력이 한데 어우러져서 독자들에게 영감을 주며 매우 유익한 기독교 고전들이다.

매우 성경적이며 논리정연하게 전개되는 폴 스트롬버그 리스(Paul Stromberg Rees, 1900-1991)의 설교집에 대해서도 동일한 평가를 내릴 수 있다. 「헌신된 그리스도인」(*Christian: Commit Yourself*, 1957)과 데살로니가서 강해설교집인 「하나님 안에 있는 교회」(*Church in God*)는 설교에서 성결을 강조할 때 필요로 하는 적절한 지침들을 제공한다.

윌리엄 그레이트하우스(William M. Greathouse)의 설교집 역시 추천할 만하다. 의미를 직접 성경 본문에서 끌어오며, 설교의 형태를 빚어감에 있어 성경 본문의 움직임을 그대로 따라가는 데에 탁월한 그의 설교는 주해적으로도 적절하고 설교학적으로도 호소력이 강하다. 「그리스도 안에서의 온전함: 성결에 관한 성경신학을 향하여」(*Wholeness in Christ; Toward a Biblical Theology of Holiness*, 1998)라는 책에서 그레이트하우스는 평생에 걸쳐 성경적인 성결이란 주제에 관하여 연구하며 당대의 여러 자료들을 섭렵한 다음 이 주제에 관한 연구자료들을 자세하게 제시해 놓았다.

20세기 후반기에 들어서 캔자스에 소재한 비콘 힐 출판사(Beacon Hill Press)는 「성결에 관한 위대한 고전들」(Great Holiness Classics)이란 제목으로 6권으로 된 전집을 출간했다. 최근에 비콘 힐 출판사는 성결에 관한 최고의 문학작품들 중에 대표적인 편찬물들을 목회자들도 쉽게 접근할 수 있는 형태로 제공하는 프로젝트를 시작했는데, 이를 통해서 "(1) 성결에 관한 과거 전통의 핵심적인 요소들을 보존하고, (2) 성결에 관한 다양하고 폭넓은 메시지들을 개괄하며, (3) 성결에 관한 신학과 선포, 그리고 실제 사역의 기준을 제공하며, (4) 성결에 관한 간결한 참고자료를 제시하며, (5) 이에 관한 탁월한 고전들 중에서 절판된 것들을 다시 복간하려고" 하고 있다.[3]

이 중에 다섯 번째 책은 성결에 관한 설교 모음집으로서 멀리는 요한 웨슬리(1703-91)부터 20세기 후반부까지 전해졌던 성결에 관한 대표적인 설교들을 담고 있다. 여기에는 44편의 설교가 실려 있는데, 어떤 설교는 이 주제에 관한 교리적인 이해를 다루거나 성결을 강조하는가 하면, 또 다른 설교는 삶 속에서 어떻게 성결(성화)을 추구하며 경험할 수 있는지를 다루며, 또 어떤 설교는 성도들이 거룩한 삶을 살도록 돕는 성령의 사역이나, 거룩한 삶의 사회적인 함축적 의미에 대해서 또는 성결을 선포하는 문제를 각각 다양하게 다루고 있다. 이 전집에 실린 설교자들과 설교문 모두는 그 시대에 가장 대표적인 것들로 인정할 만하며, 대부분이 역사적으로 정통적인 교회에서 선포되었던 것들이다. 교리적으로도 매우 깊은 통찰을 던져주며 그와 동시에 단순히 교조주의에 빠지지 않고 매우 실제적인 성결에 관한 주제들을 포괄적으로 다루고 있다. 전집 전체에서 각각의 설교자들은 성결에 관한 주제를 명료하면서도 포용력을 가지고 다루었다. 이 전집의 의도는 성결이란 주제에 집중하면서 이 주제와 관련된 다양한 관점과 강조점을 소개하며, 기독교 성결을 전파한 저명한 설교자들의 설교문과 연구에 대한 문서를 제시하려는 것이다. 그 전집 중에서 본인이 「성결에 관한 설교와 설교자」(*Holiness Preachers and Preaching*)를 특히 강조하는 이유가 있다. 이 책에는 성결을 주장하는 여러 교파의 영향력 있는 설교자들의 글이 함께 실려 있으며, 성결에 관한 성경 본문들이 수세기 동안 선포된 설교 속에서 어떻게 이해되고 증거되었는지에 관한 풍부한 사례들을 제공하고 있기 때문이다.

2. 성결에 관한 설교를 계획할 때는 당신이 선택한 성결에 관한 본문이 실제로 영향력을 발휘하도록 하라.

이를 위해 우리는 특정 본문 속에 나타난 어법과 성경 저자가 그러한 어법을 사용하는 독특한 방식을 주의깊게 살펴봐야 한다. 어떤 성경 구절에 익숙하다는 이유로 우리는 종종 저자들이 사용했던 경건한 언어 속에 흐르는 역동성을 간과하는 경우가 허다하다. 하지만 충분한 시간을 들여 성경 저자들이 달성하려는 특정 의도를 이해하고 동원된 문장 형태와 각각의 기능들을 탐구하고 살피다보면, 그 본문의 의미와 함께 오늘 우리를 향한 함축적 의의가 생생한 사건으로 더욱 분명하게 다가올 것이다.

1970년대 초에 나는 신학생들과 목회자들에게 성경 본문의 핵심이 설교를 작성하는 과정에도 영향을 줄 수 있도록 돕고자 신약성경을 새롭게 연구하기 시작했다. 그러면서 신약성경 저자들이 역동적인 언어를 사용하면서 의도했던 문학적인 기능들에 집중하기에 이르렀다. 나는 먼저 에베소서에서 시작하여 성경 본문 속의 문장 단위들에 세심한 주의를 기울이며 살펴보았다. 그 결과 본문의 실제 의미와 적용적 의의에 대해 만족할 만한 결과를 얻을 수 있었다. 그 후 나는 그동안 연구했던 내용을 정리한 논문 하나를 웨슬리신학협회에서 발표했다. 여기에서 나는 에베소서에 담긴 기독교적인 성결에 관한 본문들을 성결에 관한 진술문과, 성결에 관한 표현들, 그리고 성결한 삶에 관한 실천적인 규정들이라는 세 가지 제목으로 범주화했다.[4] 이상의 세 가지 기능적인 제목들과 그에 따른 세부 사항들이 나름대로 유용한 이유는, 성결에 관한 주제를 다루는 설교자들에게 성실성과 예리함, 그리고 깊은 통찰을 제공하기 때문이다.

의미론학자들이 지적하는 바와 같이, 우리는 매일 일상적인 삶 속에서 여러 말을 쏟아내면서 다음 네 가지 중의 하나 이상을 실행한다. (1) 우리는 어떤 사실을 진술한다. 다시 말해 어떤 사실에 관하여 주장하거나 단언한다. (2) 우리는 표현한다. 즉 말을 통해 마음속의 감정과 느낌을 밖으로 보여준다. (3) 우리는 규범을 제시한다. 무엇을 행해야 하는지에 관해 누군가에게 지시하고 어떤 것을 말한다. (4) 우리는 새로운 사태를 초래하기 위해 언어 행위를 한다. 의미론학자들은 이것을 언어의 실행성이라고 설명했다.[5]

이상의 네 가지 언어에 관한 범주 중에 처음 세 가지, 즉 진술문, 표현문, 그리고 규범문 형태는 신약에서 찾아볼 수 있는 성결에 관한 여러 본문들의 기능적인 차원을 파악하는 데 특히 유익하다. 여기에서 "성결에 관한 본문"이란 *hag*라는 헬라어 어근에서 파생되었으며, 그리스도인의 성결에 관해 직접 관계된 맥락에서 나타나는 단어들을 사용한 문장 단위를 가리킨다. 진술문과 규범문의 범주에 속한 문장들은 성결에 관한 여러 본문들 중에서 가장 흔히 발견되는 형태이다. 이는 서신서에 등장하는 문장들이 누구보다도 성도들을 향해 전해졌고, 믿음으로 말미암은 의와 순종 가운데 이들을 양육하려는 의도로 기록되었기 때문이다. 여러 서신서들의 저자는 무엇을 행해야 하는지 언급하는 가운데 수많은 규범적인 문장들을 사용했다. 그래서 진술문장(직설법)과 규범문장(명령법)을 연구하다보면 이 두 가지 범주의 언어가 기독교적인 삶과 어떻게 밀접한 관련을 맺고 있는지를 잘 알 수 있다.

기독교적인 성결에 관한 신약성경의 입장에는 진술문과 표현문, 그리고 규범문이 포함되어 있기 때문에, 이를 통해 우리는 하나님께서 의도하시는 인간적인 삶이 무엇인지를 분명히 이해할 수 있다. 성결에 관한 신약성경의 표현들은 성결에 관한 분명한 확신과 아울러 우리의 관심을 끌고 행동으로 옮길 것을 도전한다. 또 이런 문장들은 실제적이며 고귀하고 매력적이며 뛰어난 삶의 질에 관해 그 감동을 전달한다. 성결에 관한 신약성경의 규범문들은 우리에게서 무언가를 요구함에 있어 조금도 주저함이 없다. 그래서 성결에 관한 본문들을 다양한 각도에서 연구한 설교자라면 하나님께서 우리를 위해 마련하신 고결한 삶에 관한 본문들을 온전히 이해하는 데 결코 실패하지 않는다. 하나님은 우리의 실제적인 성결과 아울러 우리 삶이 고양되고 하나님의 영과 그 거룩한 속성을 담지하여 세상을 섬길 준비가 되어 있기를 원하신다.

3. 성결에 관한 설교에서 동원되는 방법 자체는 성경 본문에 의해 지시를 받아야 한다.

예를 들어 성결에 관한 진술문을 담고 있는 구절들은 설교에서도 교리적인 접근방법을 제시한다. 반면에 성결에 관한 다양한 체험에 대해 표현하는 구절은 구체적인 사례로 사용될 수도 있다. 성결에 관한 규범을 담고 있는 본문은 본래 성격상 보통은 지시적이기 마련이어서 메시지를 듣는 청중에게도 거룩한 삶 속으로 온전히 들어갈 것을 명확하게 요청하는 형태로 설교가 펼쳐져야 한다.

이런 이유로 나는 성결에 관한 본문을 가리켜, 하나님께서 성도들에게 부과하신 윤리적 또는 행동 규범상의 요청들을 담고 있는 문장이라고 설명한다. 성결에 관한 주목할 만한 학자인 리처드 테일러(Richard S. Taylor)는 성결 본문에 관한 좀 더 포괄적인 관점을 제시했다. 「성결을 설교하기」(Preaching Holiness Today)라는 책에서 그는 이렇게 적고 있다. "성결에 관한 본문은 어느 구절이든 그 자체로는 문맥과 연관되어 있으며, 내적인 의미와 관련해서는 인간은 거룩해야 한다는 하나님의 의지를 담고 있다."[6]

테일러는 또 이런 본문의 세 가지 차원을 다음과 같이 소개하고 있다. (1) 성결에 관한 강조점이 선명하게 나타나는 본문은 그만큼 교리적인 진술과 분석이 함께 소개되거나, (2) 성결에 관한 강조점이 다소 암시적으로 전제되어 있는 본문도 있으며, (3) 성결에 관한 경험을 묘사하되 그림이나 예화 또는 그런 경험에 관한 진리의 적용으로 이 주제를 다루는 본문도 있다. 또 테일러는 충고하기를 성결에 관하여 가르치거나 설명하려는 목적으로 설교할 때 분명한 어조로 성결을 언급하는 구절을 사용해야 할 것과, 비교적 암시적으로 성결을 다루고 있는 본문은 추론적인 맥락에서 사용해야 하며, 성결을 그저 예증하고 있는 본문은 그 역시 예증적인 맥락에서만 사용해야 한다고 말한다. 결국 여기서 제안하는 원리는 기독교적인 성결을 설교할 때 동원하는 방법은 해당 본문이 본문 속에서 사용한 방식과 긴밀한 관련을 맺고 있어야 한다는 것이다.

각주

1. F. W. Dillistone, *The Holy Spirit in the Life of Today* (London: Canterbury Press, 1946), 10.
2. *The Work of the Rev. John Wesley*, A. M. (London: John Mason, 1856), Vol. XIV, 305.
3. A. F. Harper, "Understanding the Great Holiness Classics," in Vol. 5, *Holiness Preachers and Preaching*, ed. W. E. McCumber (Kansas City: Beacon Hill Press of Kansas City, 1989), 11-12.
4. James Earl Massey, "Semantics and Holiness: A Study in Holiness Text Functions," *Wesleyan Theological Journal* 10 (Spring 1975): 60-69.
5. 이러한 범주에 관한 설명을 위해서는 다음을 보라. Anders Jeffner, *The Study of Religious Language* (London: SCM Press Ltd., 1972), esp. 11-12, 68-104; J. L. Austin, *How to Do Things with Words*, ed. J. O. Urmson (New York: Oxford University Press, Calaxy Book, 1965); John Wilson, *Language and the Pursuit of Truth* (Cambridge: University Press, 1960), esp. 47-74.
6. Richard S. Taylor, Preaching Holiness Today (Kansas City: Beacon Hill Press of Kansas City, 1968), 특히 7장의 "해석의 원리들", p. 90-108을 보라.

추천도서

Abbey, Merrill R. *Living Doctrine in a Vital Pulpit*. Nashville; Abingdon Press, 1964.

Cox, James W. *A Guide to Biblical Preaching*. Nashville: Abingdon Press, 1976.

Greathouse, William M. *Wholeness in Christ; Toward a Biblical Theology of Holiness*. Kansas City: Beacon Hill Press of Kansas City, 1998.

Massey, James Earl. *The Sermon in Perspective: A Study of Communication and Charisma*. Grand Rapdis: Baker Book House, 1976.

-----. *Designing the Sermon: Order and Movement in Preaching*. Nashville: Abingdon Press. 1980.

McCumber, William E., ed. *Holiness Preachers and Preaching* in *Great Holiness Classics*, Vol. 5. Kansas City: Beacon Hill Press of Kansas City, 1989.

McGraw, James, comp. *The Holiness Pulpit*. Kansas City: Beacon Hill Press, 1957.

-----. *The Holiness Pulpit*, No. 2. Kansas City: Beacon Hill Press of Kansas City, 1974.

Turner George Allen, *The Vision Which Transforms*. Kansas City: Beacon Hill Press, 1964.

*대리어스 솔터(Darius Salter)

현재 캔자스시티에 소재한 나사렛 신학대학원에서 기독교 설교와 목회 신학을 담당하는 교수이다. 그 전에는 오리건의 포틀랜드에 소재한 웨스턴 복음주의 신학교에서 8년간 목회신학부의 학과장으로 봉직했다. 1979년부터 86년까지는 17개의 교단과 50개의 대학교, 그리고 두 개의 선교회로 구성된 국제적인 단체인 기독교 성결 협회의 집행 이사로도 활동했다. 이후 1991년부터 96년까지는 나사렛 신학대학원에서 목회학 박사 프로그램을 감독했으며 1991년부터 2001년까지는 목회자들을 위한 프로그램도 감독했다.

안수 받은 목회자였던 솔터 박사는 1976년부터 1979년까지 오하이오의 캔턴에 소재한 First Friends Church에서 담임 목사로 사역했으며, 그 전에는 연합감리교회(the United Methodist Church)에서 6년간 장로로서 교회를 섬기기도 했다. 솔터 박사는 1988년에 나사렛 교회에서 안수를 받았다.

교육 배경으로는 먼저 에즈베리 신학대학원에서 신학석사(M. Div)학위를 받았으며, 이후 드류 대학교로부터 박사학위를 취득했다. 그가 저술한 여러 책들 중에는 「성령과 지성: 토마스 업햄의 성결 신학」(Spirit and Intellect: Thomas Upham's Holiness Theology), 「목회의 실제 문제점: 부흥하는 교회에서의 목회적 성공에 관하여」(What Really Matters in Ministry: Profiling Pastoral Success in Flourishing Churches), 「미국적 복음주의의 신학과 실제」(American Evangelism: Its Theology and Practice), 그리고 「선지자적이며 제사장적인 말씀: 성경적인 21세기 목회자상」(Prophetical-Priestly Words: Biblical Identity for the 21st Century Pastor) 등등이 있다.

솔터 박사는 브랜다와 결혼했으며 이들 사이에는 네 딸 헤더(Heather)와 하이디(Heidi), 다비타(Tabitha), 그리고 애슐리(Ashley)가 있고 이들 가족은 미주리의 위네베이고 호수(Lake Winnebago) 근처에서 살고 있다.

제3장

하나님과의 만남으로서의 설교

대리어스 솔터

성경의 모든 내용은 하나님에 관한 것이다. 그리고 모든 설교는 성경을 강해하는 것이기 때문에(나는 설교의 다양한 형태를 포함하는 입장에서 강해라는 용어를 사용하겠다) 그 설교 역시 하나님에 관한 것이어야 한다. 그렇지만 성경에서는 하나님을 더욱 친밀하게 맛볼 수 있는 특정 본문이 있다. 예를 들어 아사랴가 왕이 되었을 때 나이가 16세였으며 52년간 통치했음을 언급하는 열왕기하 15:1-2절과 같은 진술들은 강해 설교를 위한 본문으로 적합하지 않으며, 특히 우화적 해석이나 숫자에 대한 신학적 접근이 뒤따르는 경우에는 더더욱 문제를 야기할 수 있다. 설교자는 무엇보다도 하나님께서 섭리하시는 역사적인 사건들에 관해 설교해야 한다. 하지만 설교자는 "때로는 궐련담배(시가, cigar)는 단순히 궐련담배일 뿐이다"라고 말한 지그문드 프로이드의 교훈을 가끔 명심할 필요가 있다(프로이드는 궐련담배는 남성의 상징이라고 가르치면서 자신도 이 담배를 즐겨 피웠는데, 맹목적인 제자 하나가 프로이드에게 혹시 무슨 콤플렉스 때문에 그렇게 궐련담배를 자주 피우느냐고 질문하자 역정을 내면서 이렇게 대답했다고 한다. 설교자 역시 성경의 모든 본문을 무조건 하나님 중심적인 입장에서만 해석하려고 할 때 자연히 무리가 뒤따른다는 의미이다 — 옮긴이).

설교를 염두에 두는 본문이라면 어느 본문이든 설교자는 이 본문에서 하나님은 무슨 일을 하고 계시는지 살펴보아야 한다. 모든 가치 있는 설교는 인간의 실존 속에서 하나님의 역할을 분명히 확인하기 때문이다. 나는 이러한 하나님의 역할을 가리켜 본문의 신학(the theology of the text)이라 부른다. 설교 메시지의 신학적 핵심은 간단하고 전문적이지 않으며 대부분 간결하다. "인생은 짧고 영원은 길다. 하나님은 사랑이시며 그리스도는 살아계시고, 은혜는 거저 주는 것이고 죄는 파멸적이다. 모든 것들은 빠르게 지나가고 소망은 진짜이며 상호 관계가 중요하다." 그래서 설교가 '하나님과의 만남이라는 사건'이라면, 이런 핵심 주제들 역시 계속 반복되어야 한다. 하나님과의 만남은 영생을 위한 진짜 소유물을 안겨다 준다. 하나님과의 만남을 통해 우리는 세상이 축복에 대해 정의(定義)한 것을 내버리고 그에 대한 하나님의 정의를 받아들인다.

폴 스캇 윌슨(Paul Scott Wilson)은 "성경 본문으로부터 하나님은 누구이신지에 관해, 또는 하나님께서 무슨 일을 하셨고, 또 지금도 무엇을 하고 계시며 무슨 약속을 하셨는지를 선포하여 이를 성도들에게 확신을 심어주는 일을 결코 멈추지 말라"고 다그친다.[1] 어떤 성경 본문이든 그리고 어떤 설교에서든 우리는 "하나님에 관하여 무엇을 말하고 있는가?"를 항상 의식해야 한다.[2] 설교의 목적은 하나님을 올바로 선포하는 것이다. "하나님은 성경을 통해 자신을 계시하셨기 때문에, 우리는 그 성경을 통해 하나님을 올바로 만날 수 있다. 그리고 성경 본문에 대해 '하나님은 누구시고 뭐라고 말씀하시며, 또 지금 무엇을 행하고 계시는가'라는 질문에 대한 해답을 얻어내는 것이 본문에 합당한 문자적 의미, 즉 성경에 기록된 대로 읽었을 때의 문자적 의미에 도달하는 한 가지 방법이다.[3]

나는 신약성경의 두 구절을 통해 '하나님과 만나는 성경 읽기'의 사례를 소개하고자 한다. 이 두 구절은 최소한 두 가지 방식으로 해석해 볼 수 있다. 먼저 요한복음 21장은 예수께서 부활 이후에 제자들에게 나타나신 장면을 담고 있다. 당시 제자들은 밤새도록 그물을 던졌지만 한 마리도 잡지 못했다. 그 때 예수께서 이들에게 나타나셔서 "그물을 배 오른편에 던지라 그리하면 얻으리라"고 말씀하셨다(요 21:6). 제자들이 예수의 말씀에 순종하여 "그물을 던졌더니 고기가 많아 그물을 들 수 없게 되었다"(6절). 이 본문을 가지고 어떤 설교자들은 제자들에게는 무언가 전혀 다른 것을 시도해보려는 의지가 있었음을 강조하기도 한다. 하지만 이렇게 되면 설교자와 교회 모두는 자신들이 틀에 박힌 입장을 여전히 고수하고 있음을 깨닫지도 못하고 "지금까지 그들이 계속해왔던 그대로" 반복할 뿐이다. 또 다른 설교는 제자들은 예수의 명령이 이해되지 않았지만 그대로 순종해볼 때 그분을 알게 되었다는 명제를 담는 경우도 있다. 하지만 목수가 어떻게 고기잡이에 대해 알 수 있을까?

하지만 나는 이 본문에서 초자연적인 하나님께서 우리의 일상적인 삶의 활동들 속으로 개입해 들어오셨음에 초점을 맞추고자 한다. 실상을 들여다보면 삶이란 판에 박은 듯이 똑같은 것들로 가득 차 있다. 도로시 세이어(Dorothy Sayer)의 말처럼 "인생의 문제는 이것이

날마다 한결같다"는 것이다. 우리는 계속해서 같은 일을 반복한다. 당시 제자들은 전혀 다른 곳에는 그물을 던져보지 않았다. 그들은 십 중팔구 방금 내렸던 그 자리에서 계속 그물을 내렸다. 그물을 배의 오른쪽에 던졌든 왼쪽에 던졌든 던졌던 그 장소는 여전히 동일했다.

우리 역시 매 주일에 같은 자리에 서서 같은 메시지를 전해왔다. 눈에 확 드러나는 결과가 전혀 없어도, 스스로 그 자리에 서기에 합당치 못한 것 같더라도 다음 주가 되면 다시 설교해야 했다. 당연한 일이지만 '지금까지 전해보지 않았던 가장 위대한 이야기'를 전해보려는 시도는 번번이 실패해왔지만, 우리는 이 일을 계속 반복한다. 하지만 이번 설교는 예전과는 다르리라는 기대감 없이는 우리는 설교하지 말아야 한다. 하나님께서 설교를 전하는 지금, 우리 가운데 임재하심으로 자리에 참석한 모든 사람들이 이 예배와 설교를 영원토록 기억하리라는 확신에 찬 기대가 없이는 설교하지 말아야 한다. 물고기를 153마리나 잡았던 그 날 아침의 사건, 너무나 많아 그물을 들 수 없을 정도였던 그 날 아침의 사건을 잊어버릴 제자는 한 사람도 없었다. 그들은 이 사건을 평생토록 두고두고 말했을 것이다.

그리스도의 공생애 중에서 매우 당혹스런 사건이 바로 '무화과나무 저주 사건'(마 21:18-22; 막 11:12-14)이다. 이 사건은 그리스도께서 파괴적인 목적을 위해 기적을 발휘하신 유일한 사례이다. 이 사건은 그리스도의 생애와 너무도 조화되지 않아 일부 학자들은 이 사건이 실재로 발생한 것이 아니라고 주장하기도 한다. 또 일부 성경 주석가들은 예수께서 들려준 무화과나무 비유를 복음서 기자들이 실제 사건으로 꾸며낸 것으로 간주하기도 한다. 다시 말해 이 본문을 이해함에 있어 그 저변에 깔린 해석적 관점은 만일 성경 본문이 '내가 생각하는 복음'에 어울리지 않으면, 그래서 하나님에 대한 나의 관점과 조화하지 않으면 그 구절을 내버리는 것이다. 하지만 나는 이 사건이 전화위복이 되어 오히려 나와 다른 많은 사람들에게 흥미를 불러일으킨다고 확신한다. 무화과나무 저주 사건은 그 이전의 성전 청결 사건(마 21:12-17)에 이어 등장하기 때문에 이스라엘의 결실하지 못하는 영적 실상을 부각시키면서 오늘날의 열매 없는 교회들에 그대로 적용시킬 수도 있다. 이런 의미가 본문에 내재해 있을 수도 있다. 하지만 내 판단으로는 이것도 본문의 중심사상은 아니다.

이 본문을 이해하는 열쇠는 무화과나무를 자세히 살펴보는 데 있다. 이 무화과나무는 과수원 속에 있는 것이 아니라 혼자서 우연히 그 자리에서 자랐다. 그리고 다른 무화과나무랑 어울리는 것도 아니고 메마른 모래땅 언덕길에 그렇게 혼자 서서 온갖 바람과 추위와 뜨거운 열기, 그리고 기생충의 학대 속에서 홀로 자라고 있었다. 심지어 누군가가 이 나무를 경작했다거나 비료나 양분을 주었다는 증거도 보이지 않는다. 이 나무가 처한 상황을 볼 때 아무런 열매도 없이 그냥 죽을 수밖에 없는 운명에 있었다. 그래서 "무화과의 때가 아님이라"는 결정적인 선언이 뒤따른다. 그렇다면 왜 예수는 때에 어울리지 않는 것을 요구하면서 나무를 저주했을까? 그 특별한 날 이 나무가 열매를 맺을 수 없다는 것은 모두가 다 알고 있었을 것이다. 그렇다면 본문은 정확히 '하나님은 불가능한 것을 기대하신다'는 것을 뜻하는 셈이다.

자기 삶에는 왜 신령한 열매가 잘 열리지 않는지 얘기할 여러 정황들(변명들)이 있을 것이다. 하지만 열매를 맺고 못 맺고의 여부는 그런 정황들에 달려 있지 않다. 열매는 내 삶이 하나님의 은혜에 깊숙이 뿌리 내릴 때 맺혀지는 것이다. 또 우리는 자기 삶이 왜 '아직 때가 안 되었는지' 이런저런 이유를 댈 수 있다. 하지만 하나님의 능력과 약속의 관점에서 볼 때 삶은 항상 '당연한' 때를 보내고 있다. 하나님의 최종 판결을 듣기 위해 그분 앞에 설 때, 우리는 결국 이렇게 말하고 싶을 것이다. "그렇지만 하나님! 주님은 잘 모르세요. 그때는 정말 제가 그럴 만한 때가 아니었습니다." 무화과나무의 저주 사건에 담긴 복된 소식은, 상황이 어떠하든 "나는 포도나무요 너희는 가지라 그가 내 안에, 내가 그 안에 거하면 사람이 열매를 많이 맺나니 나를 떠나서는 너희가 아무 것도 할 수 없음이라"(요 15:5)고 말씀하신 예수의 무조건적인 약속을 떠올리게 해준다.

어떤 사람들은 내가 임의로 본문의 중심사상을 선택해서 이를 설교의 핵심 메시지로 삼는다고 비판할지도 모른다. 나는 신학적인 틀을 특정 본문으로 가져오는 것의 필요성을 부인하지 않는다. 본문 해석의 관건은 이러한 주관적 해석(eisegesis)에 대해 죄책감을 느끼는가의 여부가 아니다. 핵심은 "나의 해석이 성경 전체의 취지와 일관성을 유지하는가"에 있다. 나는 성경 안에서, 피조물에게 풍성한 은혜를 골고루 베푸시며 모든 사람들로 하여금 그리스도 안에서 자신의 잠재력을 온전히 발휘하고픈 열망을 심어주는 하나님을 알리기 위해 오랫동안 신학적인 틀을 발전시켜 왔다. 다시 말해서 성경 이야기의 핵심 주제는 하나님의 구속이다. 그래서 나는 성경의 모든 본문에 이 구속이란 주제를 적용시키고, 모든 설교에서 핵심 요점으로 선포한다. 결국 좋은 설교란 인간 중심이 아니라 하나님 중심(그리스도 중심)의 설교이기 때문이다.

이런 이유에서 어떤 설교든지 염두에 두어야 할 가장 바람직한 질문은 '하나님은 어떤 분인가?' '그가 무슨 일을 하고 계시는가?' 그리고 '하나님께서 무엇을 베풀고 계시는가?' 이다. 폴 스캇 윌슨은 성경의 '하나님 이해'를 가리켜 '하나님의 본성과 행위, 그리고 인간과 피조물과의 관계를 말하는 성경의 독보적 차원'으로 규정하면서 '이것이야말로 성경을 성경답게 그리고 교회의 정경으로 읽을 수 있도록 해 준다'고 말한다.[4] 모든 설교에서 하나님이 창조적인 능력으로 역사할 수 있게 하는 실마리는 성경 본문에서 하나님이 자신을 어떻게 계시하시는지에 세심한 주의를 기울이는 것이다. 하나님은 의사소통의 전문가이다. 그분이 활용하는 세 가지 방법을 좀 더 자세히 살펴보자.

A. 말씀을 보여주기

주의 깊은 성경 읽기는 시각 예술에 관한 수업 과정과 같다. 또한 하나님은 그 수업에서 방법론을 소개하는 게 아니라 영화 촬영술(cinematography)을 가르치신다. 그래서 모든 설교 준비 과정에는 밋밋한 이미지들을 펄떡거리며 움직이게 할 입체안경 같은 것이 필요하다. 설교자와 청중 모두는 적어도 한 번 정도 그 내용에 흠뻑 젖어볼 필요가 있다. 성경은 독자들에게 무슨 이론적 내용을 설명하려고 들지 않는다. 오히려 구름과 불, 돌, 검, 신부들, 창녀, 정원, 문, 뱀, 그리고 뼈 등을 동원하면서 독자들에게 충격을 안겨 주고, 이들을 위협하며 결박하고 각성시킨다. 또 이런 이미지들은 설교가 애정문제와 전쟁터, 또는 법정의 드라마가 되도록 유도한다. 아브라함 헤셀

은 "하나님의 이미지는 반짝이는 것이 아니라 불타야 한다"는 말을 했다.[5]

누가복음 22장 29절에서 예수는 "내 아버지께서 나라를 내게 맡기신 것 같이 나도 너희에게 맡기노라"고 말씀하신다. 그로부터 잠시 후 빌라도의 법정(영화 무대 장치라면 이곳은 어떻게 보일까?)에 모여든 군중들은 두 나라 중에 하나를 선택해야만 했다. 그들은 과연 비천한 나사렛 사람의 나라를 선택했을까 아니면 폭동과 살인자인 바라바의 나라를 선택했을까? 나는 내 청중들이 바라바를 직접 바라보며 그의 냄새를 맡으며 그 목소리를 직접 듣기를 원한다. 바라바의 온 몸은 땀으로 뒤범벅이고 퀴퀴한 몸 냄새를 피우며 그 입에서 거품을 뿜으면서 역겨운 말들을 내뱉고 있다. 바라바의 얼굴은 수염으로 덥수룩 덮여 있고 상스러우며 단단한 근육질에 팔다리는 쇠사슬과 수갑으로 채워져 있다. 이렇게 바라바의 모습을 묘사한 후 나는 하나님 나라에 대한 예수의 선언을 다루기 시작한다. 예수는 당시 어떤 나라에 관하여 말씀하고 있었을까? 넉넉한 정원에 방 넷 딸린 집에 관해서일까? 아니면 부가급여(fringe benefit, 기업이 노동자에게 화폐가 아닌 형태로 지불하는 모든 형태의 보상을 의미하는 것으로 유급휴가나 의료보험과 무료급식 등등의 현물형태의 보상과 퇴직금이나 연금, 실업보험과 같은 후불급여로 나뉜다 — 옮긴이)와 안전한 노후 대책이 마련된 직장을 뜻하는 것일까?

이 질문에 답하기 전에 우리가 방금 언급했던 바라바를 다시 살펴보자. 내 생각으로는 바라바 역에는 〈007시리즈〉의 숀 코네리가 어울린다고 생각한다. 당시 바라바는 이목구비가 뚜렷한 얼굴에 강인한 눈매와 네모진 턱을 지녔고 단정하게 주름잡힌 옷을 입고 있었다. 또 그는 폭도였지만 사람들을 위한 전사였으며 정의로운 보복자이고 로마 당국에 노예로 사로잡힌 유대인들을 해방시켜줄 희망의 사도였다. 바라바에게는 나눠줄 것이 많아 보였다. 안전을 보장하고 이스라엘 사람들에게 파이를 공정하게 나누어줄 자격도 갖추었다. 하지만 예수가 주는 것은 십자가뿐이었다. 예수님에게는 부가급여를 전혀 찾아볼 수 없었다. 그리고 그날 두 나라 사이에서 군중들이 선택한 나라는 예수가 제자들에게 제공한 나라와는 정확히 대조를 이룬다. 바로 그 나라가 주께서 당신과 나에게도 제공하신 나라이다. "십자가로 그어진 경계라면 당신은 원하는 모든 장소를 다 소유할 수 있다."

설교 예화에 관해서라면 예레미야는 A학점을 받을 만하다. 그는 '만질 수 있는' 예화를 사용했으며, 심지어 사람들이 구경할 수 있도록 연기로도 말씀을 표현해 냈다. 하나님은 예레미야에게 말씀을 주셨을 뿐 아니라 그 말씀을 구현할 지침까지도 주셨다. "너는 사서 네 허리에 띤 띠를 가지고 일어나 유브라데로 가서 거기서 그것을 바위 틈에 감추라"(렘 13:4). "너는 일어나 토기장이의 집으로 내려가라 내가 거기에서 내 말을 네게 들려 주리라"(렘 18:2). "가서 토기장이의 옹기를 사라"(19:1). "여호와께서 여호와의 성전 앞에 놓인 무화과 두 광주리를 내게 보이셨는데"(24:1). "너는 아나돗에 있는 내 밭을 사라 이 기업을 무를 권리가 네게 있느니라"(32:7). "너는 레갑 사람들의 집에 가서 그들에게 말하고 그들을 여호와의 집한 방으로 데려다가 포도주를 마시게 하라"(35:2). 이 모든 이상한 행동들은 유다와 하나님과의 관계와 아울러 유다의 완악한 패역에 대해 하나님이 공의롭게 통치하시며, 이를 성실하게 집행하실 것임을 나타낸다.

　의사소통 전문가인 하나님은 청중의 상황과 어울리는 의사소통을 위해 그 과정을 알맞게 바꾸신다. 하나님의 전령들 역시 이렇게 해야 한다. 말씀이 그릇에 담겨 전달되는데, 의사소통의 상황이 바뀌면 그 그릇 역시 바뀌어야 한다. 때로는 질그릇 비유가 시골에 사는 청중의 관심을 사로잡지 못할 수도 있는 것이다. 어떤 상황이든 항상 설교는 청중에게 가장 의미심장한 매체들을 통해 전달되어야 한다. 그렇다고 해서 성령께서 기름 부으신 인격을 통해 선포되고 구현되는 성령 충만한 설교 대신에 영화 촬영술을 배워야 한다는 뜻은 아니다. 하지만 이 말은 설교에 성령의 기름부음을 받은 영화 촬영기법이 동원될 수도 있음을 말해준다. 삼단논법의 논리와 명제적인 설득으로 이루어진 설교가 포스트 모던시대를 살아가는 '귀머거리'의 귀에 떨어진다면 아무런 열매를 거두지 못한다. 계몽주의라는 열차의 기름이 떨어진 상황이라면, 이제 강단에는 좀 더 시각적이고 상상력이 동원되는 만남의 사건이 필요할 것이다. 그리고 설교는 플롯과 장면들, 그리고 등장인물로 이루어질 것이고, 그 속에는 고난과 해결의 상호관계가 들어 있기 때문에 청중은 이들 속에서 자신들의 모습을 발견하게 될 것이다.

　성경은 인간의 고난에 대해 수많은 빛을 비춰주고 있다. 성경은 우리로 하여금 하나님의 은혜의 강물 속에서 자신을 제대로 바라볼 수 있도록 빛을 비추신다. 각자 살아가는 삶의 정황은 다르지만 본질적인 성품은 동일하다. 그래서 야곱은 모든 남자들의 전형이며 막달라 마리아 역시 모든 여자들의 전형이다.

　성경 이야기는 제대로 전달되어야 한다. 이야기를 들려주고 또 여기에 귀를 기울이는 것은 매우 보편적인 현상이기 때문에 어떤 이야기는 아주 자연스럽게 전해진다. 월퍼 피셔(Walter Fisher)에 따르면, 공동체 안에서는 인간의 경험에 질서를 부여하고 다른 사람들도 이야기의 내용을 함께 공유할 수 있도록 여러 상징들이 만들어지고 또 계속 전달된다고 한다.[6] 말이란 결국 이미지이다. 마찬가지로 앞으로의 설교도 결국은 이마골로기(또는 이미지학, imagology, 체코의 작가 밀란 쿤데라[Milan Kundera]가 현대인은 더 이상 논리적인 사상체계[이데올로기]를 따르지 않고 일련의 감성적인 이미지의 지배를 강하게 받는다는 것을 강조하기 위하여 이데올로기라는 단어를 패러디하여 이 신조어를 만들어 냈다 - 옮긴이)가 되어야만 할 것이다. 마크 테일러의 설명에 의하면 "이마골로기는 결코 단순한 단어에 머무르지 않고 항상 이미지로 작용한다."[7] 이마골로기는 오랜 세월을 초월하고 전 세계를 관통하면서 시공의 한계를 극복한다.

설교가 이마골로기가 될 때 그 설교는 사이버공간으로도 침투하여 지구촌 어느 곳에 살든지에 관계없이 모든 세대의 사람들이 쉽게 접근할 수 있는 메시지가 될 것이다. 하지만 이런 설교는 사이버 공간의 비인격적이고 추상적이며 다소 초연한 특징들을 그대로 전달해서는 안 된다. 이곳에서의 설교는 잠재되어 있는 감정을 다시 일깨우고, 마음의 흉터를 드러내며 무엇보다도 우리 내면에 다시금 희망을 불어넣어 주어야 한다. 라합은 담장을 무너뜨리는 두더지였으나 그 자리를 연회장으로 만든 여걸이다. 유다 역시 며느리를 통해 부끄럽게도 사생아 둘을 낳았으나, 결국은 그리스도로 계보가 이어지는 직계 조상의 반열에 오르게 되었다. 비누가 나타나기도 전에도 연속극(soap operas, 방송 초기에 비누회사가 연속극의 스폰서 역할을 맡았던 데서 나온 말이다―옮긴이)은 이미 현실을 다루었다.

호세아서에는 그러한 그림 언어들이 눈앞에 펼쳐진다. 이스라엘은 거짓 신들의 유혹에 이끌려 그들과 결혼함으로써 '연기된 파멸'과 '종료된 자비', 그리고 '사생아'를 낳았다. 그 가족은 그렇게 행복하지 못했다. 가정의 역기능 현상은 최악이었다. 엄마는 또 다시 거리로 나가기 시작했다. 학교에 가서 동급생들의 조롱거리를 들어야만 하는 자녀들은 어떤 희망도 찾지 못했다. "네 엄마는 창녀야!" 이 이야기에는 분노와 정욕, 탐욕, 죄책감, 슬픔, 그리고 구원을 향한 간절한 열망으로 가득 차 있다. 이 이야기는 바로 우리의 삶이다. 이 이야기는 우리가 출석하는 교회 성도들과 똑같다. 이 이야기는 또 우리의 설교에 등장하는 사람들의 이야기와도 똑같다.

풍부한 상상력으로 성경의 드라마를 마음에 깊이 꽂히는 언어로 옮겨 표현해 줄 사람을 찾기는 쉽지 않다. 멤피스에 있는 벨뷰침례교회(Bellevue Baptist Church)의 담임목사 로버트 리(Robert G. Lee)는 이 일을 탁월하게 해내는 몇 안 되는 사람이다. 탐나는 포도원의 주인이었던 나봇을 살해할 계략을 남편에게 알려주었던 이세벨에 관해 그는 이렇게 묘사한다.

그녀의 조롱하는 웃음소리를 들어보십시오! 둥지로 돌아왔더니 그곳에서 작은 뱀 한 마리를 발견하고서 미친 듯이 날뛰는 올빼미의 찢어지는 울음소리처럼 그녀의 웃는 소리가 온 궁전에 울려 퍼지고 있습니다. 멍에를 매기 싫어하는 소를 뾰족한 막대기로 콕콕 찌르는 소몰이꾼처럼, 또는 생가죽 채찍으로 고집스런 노새에게 채찍질해대는 사람처럼 그녀는 면도날처럼 날카로운 혀를 놀리면서 아합을 다그치고 있습니다. 이 늙고 뻔뻔스러운 사탄의 졸개는 요란스럽고도 크게 웃어가면서 겁 많고 탐욕스런 광대를 놀리고 있습니다. 그녀의 빈정거리는 웃음소리가 이 얼마나 사람을 성가시게 만들고 있습니까? 그나마 양심적인 소심한 마음에다가 그녀는 지금 대놓고 늑대같은 비웃음소리를 터뜨립니다. 분노로 가득한 그녀의 마음이 한껏 부풀어 오르고 있습니다. 그녀를 사로잡은 뜨거운 분노가 마음속에 요동치면서 그 눈은 광기로 이글거리고 있습니다.[8]

로버트 리 목사와 그의 설교를 들었던 성도들은 성경 본문을 직접 보고 느끼고자 했다. 이 장면을 묘사하는 카메라는 기이한 인물묘사를 통해 드러나는 이세벨의 질투심에 초점을 맞추고 있다. 이것을 지켜보는 사람들은 분명 그녀와 잠시도 함께 하고 싶지 않을 것이고 그것이 이 부분의 요점이기도 하다. 그 다음 단계에서는 "우리는 어떠한가?"라는 질문이 적절하게 떠오른다. 본문이 그 임무를 충분히 감당한다면 이런 질문이 나오게 되어 있다. 그렇지 않다면 우리는 그저 '질투하지 말라'는 식의 도덕주의 설교에 머물고 말 뿐이다.

그렇다면 과연 모든 설교에서 우리는 인생의 탐욕스러운 속성들을 기이한 풍자만화 식으로 묘사해야 하는가? 시청자들(또는 청중)의 관심을 사로잡기 위해 매우 자극적인 묘사를 사용하는 현재의 영화 촬영술을 그대로 따라가야 한단 말인가? 모든 설교가 살인자와 도둑, 그리고 하나님의 보복에 관한 이야기로 채워져야 한단 말인가? 사실 모든 영화 촬영술이 이세벨의 사망사건을 그대로 담아낼 필요는 없을 것이다. "주위에 선 힘센 남자들이 손을 뻗어 보들보들한 여자의 몸을 번쩍 들어 올렸다. 축 늘어진 머리와 화장한 얼굴, 그리고 보석으로 장식한 손가락이 보였고 뒤이어 저 아래로 내동댕

이쳐졌다. 그녀의 몸뚱이는 바닥에 부딪혀 완전히 바스라지고 말았다."[9]

예레미야서에서도 이와 관련이 있는 장면을 찾아볼 수 있다. "그 때에 내가 유다 성읍들과 예루살렘 거리에 기뻐하는 소리, 즐거워하는 소리, 신랑의 소리, 신부의 소리가 끊어지게 하리니 땅이 황폐하리라"(렘 7:34). "신랑의 소리와 신부의 소리"라는 구절은 예레미야 선지자에게만 찾아볼 수 있다. 그는 이 구절을 7:34, 16:9, 25:10, 33:11절에서 네 차례 사용한다. 이 구절은 신혼부부를 염두에 둔 표현이다. 이 둘에게는 기쁨이 가득하고 웃음소리가 끊이지 않으며, 몸짓 언어에는 흥분이 가득하고 얼굴 표정은 기쁨으로 상기되고 상대방과 함께 있는 것만으로 그들은 즐거움을 만끽한다. 서로간의 만남은 황홀하고도 넋을 잃게 만들 정도이다. 우리 대부분도 그런 순간을 경험해 보았을 것이다. 영원히 지속되기를 바랐던 그러한 활기찬 순간들을 경험해 보았을 것이다.

하지만 그토록 기운을 돋우는 상호 관계와 서로간의 헌신은 영원히 지속되지 않았다. 그리고 장면이 바뀌어, 즐겁게 살아왔던 방도 어두워지고 불길한 느낌이 감돈다. 분위기도 음침하고 심지어는 비통하기까지 하다. 친절 대신 거칠고 무뚝뚝한 분위기가 팽배하고, 웃음 대신 찌푸린 얼굴이, 애정 대신 미움이 가득하다. 도대체 어떻게 해서 이렇게 뒤바뀌었을까? 그것은 우리가 입장이 바뀌었기 때문이다. 관계보다는 사물이 더 중요해졌기 때문이다. 주는 것은 받는 것으로 바뀌고 사랑 대신에 욕망이 들어섰으며, 조급함과 걱정 때문에 더 이상 선한 것, 아름다운 것, 그리고 참된 보상을 가져오는 것들이 잘 보이지 않게 되었다. 신뢰와 정절의 서약은 문화적인 관습과 불신, 그리고 부정으로 대체되어 버렸다. 이제 우리는 이 사태를 어떻게 만회할 수 있을까? 그것은 결코 쉽지 않다. 악의가 가득하고 사나운 영혼들은 쉽게 변화되지 않기 때문이다. 하지만 기쁜 소식이 하나 있다. 그것은 바로 하나님께서 우리를 고쳐주실 수 있다는 것이다. "여호와여 주는 나의 찬송이시오니 나를 고치소서 그리하시면 내가 낫겠나이다 나를 구원하소서 그리하시면 내가 구원을 얻으리이다"(렘 17:14).

영화 촬영술같은 설교에 등장하는 인물들은 명제적인 개념들이 아니라 골육을 가진 실제 인간이다. 성경은 이러한 등장인물들을 매개로 하여 인간의 속성과 태도, 덕목들, 야망과 욕망, 그리고 죄악들을 우리 앞에 적나라하게 펼쳐 보여준다. 이들은 우리가 사는 이 땅 위에서 실제로 살았던 사람들이다. 때로 이들은 단순히 전형적인 인물로 등장하여 저자가 부각시키고 싶은 특징들을 자세히 묘사하는 역할을 감당하기도 한다. '거지 나사로와 부자' 이야기의 경우 그런 사람들이 실제로 존재했는지는 그렇게 중대한 질문은 아니다. 중요한 사실은 이들이 후대 독자들에게도 상징적인 의미를 담고 있다는 것이며, 시간과 공간을 초월하여 모든 인간이 보편적으로 지니고 있는 전형적인 속성과 자질들을 상상력이 동원된 묘사와 함께 탁월하게 제시하고 있다는 점이다. 바벨론의 매춘부는 예나 지금이나 항상 존재해 왔으며 파멸의 순간까지 앞으로도 계속 존재할 것이다. 의심의 여지없이 지금 그녀의 모습은 다른 시대 못지않게 매혹적이다. "그 음행의 진노의 포도주로 말미암아 만국이 무너졌으며 또 땅의 왕들이 그와 더불어 음행하였으며 땅의 상인들도 그 사치의 세력으로 치부하였도다 … 화 있도다 큰 성이여 세마포 옷과 자주 옷과 붉은 옷을 입고 금과 보석과 진주로 꾸민 것인데"(계 18:3, 16).

영화 카메라로는 결코 성경을 제대로 다룰 수 없다. 성경의 이미지들은 너무도 생생하고 강렬하고 파노라마처럼 이어지기 때문에 영화 필름에 이것들을 온전히 담아내기란 거의 불가능하다. 이를 제대로 담아낼 수 있는 유일한 길은 바로 언어를 통한 영화 촬영술이다.

찰스 바토우(Charles Bartow)가 자기 책의 "잉크를 피로 바꾸기"라는 장에서 언급한 바와 같이, "감각적인 경험은 생각의 잉여물이 아니라 생각 자체를 구성하는 요소이다."[10] 오직 말만이 무제한적인 상상력을 자극하고 이를 전달할 수 있다. 그림이나 영상은 이 점에 실패한다. 그 이유는 그림은 눈에 의해 상상력의 제약을 받기 때문이다. 이와는 대조적으로 성경의 이미지들은 무제한적이다. 즉 무제한적인 죄와 무제한적인 사랑, 그리고 무제한적인 은혜를 전달하고 있다. 그래서 설교자들은 이렇게 기도해야 한다. "주여 저의 제한적이고 편견 가득하며, 밋밋하고 무덤덤한 말로 주께서 인간의 고난 속에서 실현하시려는 것을 방해하지 않도록 도우소서." 최소한 예레미야는 오늘날과 같은 정중한 연설 정도로 설교를 변질시키지는 않았다.

B. 말씀의 감정이입

하나님은 인간과 교감을 나누신다. 하나님의 성품은 항상 변하지 않지만 감정도 그런 것은 아니다. 하나님의 감정은 그분이 지으신 피조계의 상황과 늘 관련을 맺고 있다. 두 살 난 내 딸아이의 입술을 의사가 바늘로 잘 꿰맬 수 있도록 아이를 붙잡고 있을 때 만일 내가 그 모습을 보면서 웃었더라면 내 감정 상태는 참으로 비정상일 것이다. 그리고 이런 일이 벌어지는데도 아내가 아주 평온한 상태를 보인다면 그것은 나나 아내의 성격에 심각한 결함이 있는 것은 아닌지 의심해볼만 하다. 이런 이유로 설교에서 열정의 부족은 감정적인 문제라기보다는 오히려 신학적인 문제이다. 맥 빠지고 지루한 설교는 인생을 바라보는 하나님의 관점이 부족함을 드러낸다. 설교에 파토스가 부족하다면 이는 굶주린 영혼들 앞에 말씀을 들고 섰을 때 무엇이 가장 중요한지를 인식하지 못했기 때문이다. 헤셸은 이렇게 말했다. "선지자들의 메시지를 분석해 보면 이들에게 있어 가장 중요한 체험은 하나님의 느낌과 하나되는 것임을 알 수 있다. 하나님의 정념(또는 파토스, pathos)에 공감하는 것, 그리고 그것을 묵상하고 참여할 때 발생하는 하나님과의 연합이 이들에게는 가장 중요한 체험이었다."[11]

하나님에 대한 인식은 설교자의 마음속에 사랑과 분노, 질투, 실망, 그리고 기쁨과 같은 하나님의 감정들을 촉발시킨다. 물론 설교자에 의해 야기되는 감정들은 때로는 기만적이고 조작적인 경우도 있다.

감정의 문제와 관련해서 구약에서 가장 위대한 설교자 가운데 한 명인 예레미야는 이에 대한 적절한 모델이다. 예레미야의 메시지는 듣는 이로 하여금 감정이입(empathy)을 유도하기에 충분하다. 웹스터 사전은 감정이입을 가리켜 "어떤 사람을 더욱 잘 이해하기 위해 자신의 개성을 그 사람의 개성 속으로 투영하는 것"이라고 정의한다. 감정이입식의 언어는 중립적이지 않으며 "듣거나 말거나"식으로 청중에 대해 초연한 것도 아니다. 하나님의 선지자들이 선포한 연설은 격렬할 정도로 감정적이며, 말하는 자와 듣는 자 모두에게 필연적인 효과를 초래한다. 또 이런 연설에서는 말하는 자의 고난이 듣는 자의 고난과 긴밀히 연결되어 있기 때문에 양쪽에는 강한 공감대가 형성된다. 선지자적인 메시지 저변에는 "여러분의 미래는 나의 미래와 결코 떼지지 않게 묶여 있습니다"라는 전제가 깔려 있다.

예레미야보다 강렬한 파토스를 보여준 선지자는 찾아보기 어렵다. 이스라엘 청중에 대한 비통한 마음이 여러 차례 그를 압도했고, 내리누르던 정신적 압박은 참으로 견뎌내기 힘든 것이었다. "슬프다 나의 근심이여 어떻게 위로를 받을 수 있을까 내 마음이 병들었도다"(렘 8:18). 심령으로나 육체적으로나 고통이 너무나도 강렬해서 예레미야는 이 짐을 던져버리기를 간절히 바랬다. "어찌하면 내 머리는 물이 되고 내 눈은 눈물 근원이 될꼬 죽임을 당한 딸 내 백성을 위하여 주야로 울리로다"(9:1). 유족들은 가족이 죽었거나 또는 비통한 사건이 생겼을 때 모든 사람들의 슬픔을 대리적으로 표출해 주는 전문적인 호곡꾼들을 고용한다. "만군의 여호와께서 이와 같이 말씀하시되 너희는 잘 생각해 보고 곡하는 부녀를 불러오며 또 사람을 보내 지혜로운 부녀를 불러오되 그들로 빨리 와서 우리를 위하여 애곡하여 우리의 눈에서 눈물이 떨어지게 하며 우리 눈꺼풀에서 물이 쏟아지게 하라"(렘 9:17-18). 하지만 예레미야는 호곡꾼처럼 행동하지 않았다. 그는 말 그대로 꺼이꺼이 진짜로 울었다. 그런데 불행히도 오늘날에는 이러한 기이한 형태의 우울증을 유아기 때 무의식 세계에 깊이 각인된 신경증의 중요 부분이 표출되는 것으로 오해하는 것 같다. 예레미야는 분명히 신경이 매우 날카로운 아빠와 항문기(肛門期)적인 성향이 압도적인 엄마 밑에서 자라났던 것이 분명하다는 것이다. 예레미야에게 실제로 막대한 영향을 주었던 것이 과거 어린 시절의 결정적인 사건인지, 아니면 그에게 너무도 분명히 보였던 미래의 불길한 사건들이었는지는 정확히 판단하기 쉽지 않다.

예레미야는 열정적으로 메시지를 선포했다. 그의 말에는 감정이 실려 있었으며 상상력을 자극하는 표현들이었다. 그는 유다가 처한 실상을 정확하게 꿰뚫고 있었기 때문에 그의 말은 매우 객관적이었다. 하지만 자신 역시 유대인이었으며 이 정체성을 도저히 피할 수 없었기 때문에 그의 말은 또한 매우 주관적이었다. 자녀의 미래에 대해 책임을 느끼는 부모라면 '어서 나가서 마약이랑 술을 마셔봐라. 어디 내가 신경이라도 쓰나 봐라'는 식으로 말할 수 없을 것이다. 그 이상으로, 예레미야는 자기 청중들과의 정체성을 그냥 포기해버릴 수 없었다. 이렇게 복음은 결코 무시할 수 없는 깊고도 강렬한 애정에 담겨 선포되는 법이다.

오늘날 설교에서 보이는 점잖고 기사도적인 방식은 강단의 효과를 더욱 떨어뜨릴 뿐이다. 말이 효력을 나타내려면 먼저는 감동적이어야 한다. 차갑고 합리적인 방식으로는 사람들을 변화시킬 수 없다. 사소한 일로 마비되어 졸음에 빠진 사람들을 깨우려면 폭풍우처럼 쏟아지는 열정과 긴박감이 필요하다. 선지자들은 마치 하나님께 들으라고 말하듯이 외쳤다. 이런 상황에서 무미건조하고 현학적인 말로 전달되는 메시지는 조화를 이루지 못한다. 반면에 선지자들의 메시지 전달은 강렬할 정도로 뜨겁다. "여호와의 말씀이니라 내 말이 불 같지 아니하냐 바위를 쳐서 부스러뜨리는 방망이 같지 아니하냐"(렘 23:29).

선지자들은 메시지에서 이야기를 자주 들려주는데, 여기에는 메시지를 듣는 청중들의 모습이 그대로 녹아들어 있다. 이야기에서 사람들의 이름이 거명되지는 않지만, 이들은 분명 인간의 본질적인 성품을 묘사하는 복합적인 인물상을 그리고 있다. 이 인물상은 문화에 따라 달라지기 때문에 목회자는 사람들이 느끼는 불안과 걱정, 죄책감, 그리고 도피주의를 예리하게 관찰할 필요가 있다. 청중은 목회자의 확대된 가족이다. 그리고 목회자는 가족사 안의 여러 비밀들을 잘 알고 있다. 우리는 결코 위축되지 말아야 하며, 사람들이 자신의 진짜 실상에서 피하여 숨어 있게 해서는 안 된다. 예레미야가 그랬던 것처럼 말이다. "너희는 이것이 여호와의 성전이라, 여호와의 성전이라, 여호와의 성전이라 하는 거짓말을 믿지 말라"(7:4).

목회자는 설교를 통해 기독론적인 드라마로 가족 이야기를 들려주어야 한다. 제임스 볼드윈(James Baldwin)은 괴로움과 절망, 공포, 그리고 희망이 어우러져 있는 그의 책 「산에 가서 외치라」(Go Tell it on the Mountain)에서 이 일을 아주 효과적으로 해낸다. 이 소설에서 자칭 훌륭한 설교자 역할을 맡고 있는 가브리엘은 한순간의 욕정으로 태어난 아이를 양육한다. 그러다가 엄마와 아이를 비참한 지경으로 내버린 후 그는 과거의 실수에 대한 죄책감에 사로잡혀 살아가고 있다. 한편 가브리엘의 신실한 아내이지만 전혀 매력적이지 못한 드보라는 과거 어렸을 때 학대 받은 경험이 있으며, 지금 남편의 음란한 생활과 그로 말미암은 사생아에 대해 알고 있으면서도, 남편을 제일 훌륭한 사람으로 믿고 싶어한다. 가브리엘의 누이인 플로렌스는 알콜 중독자이자 돈 씀씀이가 헤픈 남편과 이혼한 경험이 있으며, 하나님의 은혜를 믿고 싶어 하지만, 가브리엘의 위선과 행복을 위해 지속적인 변화를 이끌어내지 못하는 교회의 위선 때문에 신앙심이 흔들리기 일쑤이다.

이제 가브리엘의 두 번째 아내가 된 엘리자베스는 그녀의 첫 사랑인 리처드에 대한 기억 때문에 계속 괴로워한다. 리처드는 백인에 의해 억울한 누명을 쓰고 체포된 다음 모진 고문을 당했고 결국은 절망 중에 자살하고 말았다. 하지만 서로가 사랑을 키워가는 중에 엘리자베스는 리처드의 아이를 임신했고 그가 사망한 후 이 아이가 태어났다. 존이란 이름의 이 아이는 새 아빠인 가브리엘로부터 철저히 배척을 받는다. 가브리엘은 자신의 진짜 피를 물려받은 아들 로이에게 모든 꿈과 희망을 걸고 있기 때문이다. 로이는 반항적이고 난폭한 반면에 존은 시름에 잠긴 얼굴에 찬바람이 감돈다. 아빠로부터 배척을 받으며 그로 말미암은 심리적인 뒤틀림에도 불구하고 존은 역기능 가정의 캄캄한 현실 속에서 나름대로 구원을 발견한다. 하지만 존이 감당해야 하는 비극은 그가 속한 가정의 문제 때문만은 아니다. 그는 사회 전체로부터 배척을 받고 있는 흑인이며, 할렘가의 암울한 동굴 속에 갇혀 있기 때문이다. 그 누구도 구원에 대한 열망을 볼드윈처럼 생생하게 그려내지는 못했을 것이다.

그것은 분노와 오열에 찬 소리였다. 그 소리는 시간의 굴레를 벗어났지만 이제 다시 영원 속에서 제 언어를 갖지 못한 분노요, 소리를 갖지 못한 흐느낌으로 얼룩진 소리였다. 그 분노와 오열은 아무런 소리도 내지 않았지만 그러나 여전히 존의 깜짝 놀란 영혼을 향하여 간절히 절규하고 있었다. 그 소리는 끝없는 우울과 가장 쓰라린 인내, 가장 긴 밤과 가장 깊은 수심, 가장 끈질긴 쇠사슬, 가장 잔인한 채찍, 그리고 가장 비열한 굴욕과 결코 빠져나올 수 없는 토굴, 더렵혀진 사랑의 침상과 부정한 탄생, 끔찍한 유혈과 함께 말할 수 없는 돌연한 죽음을 뱉어내고 있었다. 그렇다. 캄캄한 어둠은 여전히 살인으로 와글거리고 있었다. 물속에 잠긴 시체와 불 속에 던져진 시체들, 그리고 나무에 걸린 시체들. 존은 겹겹이 쌓인 암흑의 군대들을 내려다 보았다. 그리고는 그 영혼은 나직이 물었다. "이들은 도대체 누구인가? 저들은 누구인가?" 그리고 존은 참으로 의아한 생각이 들었다. "도대체 나는 어디로 갈 것인가?"[12]

예레미야나 제임스 볼드윈은 인간의 곤경에 대한 생각, 다시 말해서 자신들이 상대하는 사람들이 처한 고난을 생각할 때 마음이 끓어올랐다. 해치워야 할 일들이 산적해 있거나 중산층에게 있을 법한 인생의 야망으로 마음이 채워져 있다 보면 고난이 꼭 그렇게 절망적이지만은 않아 보이기도 한다. 하지만 고난의 실체를 이해하려면 이런 질문을 던져볼 필요가 있다. "오늘날 미국 중산층이 처한 죄악의 고통이 과연 주전 7세기 유대 땅이나 1940년대 흑인들이 살던 할렘가보다 덜하다고 말할 수 있을까?" 신문의 주요 기사를 좀 더 자세히 들여다보거나 예배당에 앉아 있는 사람들의 심장 소리를 자세히 듣다보면 그렇지 않다고 결론내릴 수밖에 없을 것이다. 그리하여 통찰력 있고 주의 깊은 의사라면 점차로 걱정하지 않을 수밖에 없을 것이며 심지어는 흐느껴 울 수밖에 없을 것이다.

C. 말씀을 연관성 있게 연결하기

타당한(또는 연관이 있는, relevant)이란 단어의 어원은 '들어 올리다'나 '감면하다'는 뜻을 가진 라틴어의 *relevare*에서 유래했다. 현재의 관심사나 관용어구, 그리고 중요한 사건들을 다루지 않는다면 신학 역시 대부분의 현대인에게 있어 뜬구름 잡는 소리일 뿐이다. 우리는 일상에서 근심과 스트레스, 우울, 피로, 걱정, 그리고 분노의 문제들과 밀접한 관련을 맺고 있다. 그래서 일상의 여러 문제들을 구체적으로 다루지 않는 설교는 사람들에게 외면당하기 마련이다. 그래서 추상적인 진리를 구체적인 것으로 바꾸는 작업에는 놀라운 신학적 상상력이 필요한 것이다.

사실 알고 보면 성경보다 더 실제적인 책은 없다. 성경 진리는 시간을 초월하여 사실 그대로를 담아낸다. 하나님의 주권적인 은혜 밖에서 절망에 빠져 허우적대는 인간들에게 창세기는 더할 나위 없는 보물창고와도 같다. 얼굴이 땀으로 뒤범벅되고 손에는 물집으로 가득한 아담은 (물고기 가득한 호수와) 정원에서 보냈던 평온한 시절로 돌아가기를 갈망했을 것이다. 노아가 방주에서 머물렀던 시절을 떠올릴 때에는 그 감격으로 맥박이 요동쳤을 것이다.[13] 백세가 된 남편과 90세나 된 아내는 주변의 험담과 비웃음을 잘 견뎌냈고, 마침내 오늘날로 따지자면 라마즈 분만 강좌를 경청하는 중이다. 또 약속을 따라 태어났으나 질투심 많은 형들로부터 따돌림을 받는 17세 소년은 뜨거운 사막을 가로질러가는 낙타군단의 후미를 물끄러미 지켜보고 있다. 이처럼 우리가 성경에서 발견하는 이야기들은 나의 이야기이기도 하고 당신의 이야기, 그리고 우리 모두의 이야기로도 통한다. 용서와 사랑, 그리고 친절뿐만 아니라 탐욕과 욕망, 시기, 배반, 속임수, 탐욕, 악의 같은 것들은 인생의 단골 소재가 아닌가? 좋은 설교에는 인생의 이러한 원초적인 조류가 그대로 흘러야 한다. 이러한 조류를 파악하지 못하고 뜬구름 잡는 소리만 한다면 인생의 가장 복잡한 질서를 단순논리로 풀어내려는 것이나 다름없다.

다윗 왕은 이제 나이가 70세이다. 남자 나이 70이 되면 보통 무슨 생각이 들까? 인생에 대한 안전감과 의미 있는 존재로 인정받고픈 마음일 것이다. 늦은 밤 다윗 왕은 아마도 벽난로 선반 위의 전리품 상자 안에 들어 있는 골리앗의 검을 바라보고 있었을 지도 모른다. 그러다가 갑자기 무슨 생각이라도 난 듯이 이스라엘의 군대장관인 요압을 불렀다. "가서 즉시로 인구조사를 실시하라!" 요압 장군은 이의를 제기했지만 왕의 명령 앞에는 어쩔 수 없었다. 그로부터 아홉 달 후 인구 조사 결과 1백 3십만 명이 칼을 휘두를 수 있음이 밝혀졌다.

다음 날 아침 갓 선지자가 문을 두드리는 소리는 진도 7.5의 지진보다 더 강렬하게 울렸다. 일견 보기에 결백해 보이는 자주 국방을 향한 다윗의 행동 때문에 칠만 명의 이스라엘 사람들이 죽고 말았다. 어떻게 그럴 수 있을까? 간음과 살인의 죄를 범했을 때에는 단지 한 생명만 취하셨던 하나님께서 인구조사에 대해서는 칠만 명의 목숨을 앗아가셨다. 인구 조사가 뭐 그리 잘못됐단 말인가? 하지만 이 죄악의 핵심은 하나님에 대한 신뢰의 부족이었다. 그것은 인생에 대한 계산을 하나님의 방식으로 하는 일에서 실패한 죄악이었다. 열 개의 검과 하나님을 더한 값은 여전히 하나님 한 분이다. 백 개의 검에 하나님을 더해도 하나님 한 분뿐이다. 천 개의 검도 마찬가지다. 이 등식에서 정말로 중요한 요소는 하나님이다. 검도 없이 골리앗을 무너뜨렸던 건장한 청년은 어느덧 검의 노예가 되고 말았다. 정확하고 엄정하게 설교하려면 세상에 완전히 노예가 된 현대인들의 실상을 간파해야 한다. 설교자들 역시 이 점에서 결코 자유롭지 못하다.

시각적으로 생생하고 빨려드는 설교를 하려면 탁월한 재능이 있거나 끊임없는 설교 공부를 해야 한다고 생각하기 쉽다. 이런 것들이 다소 도움이 되겠지만 본질적으로 중요한 것은 아니다. 설교의 역사를 살펴보면 탁월한 설교자들은 일상적인 삶에 관한 은유와 상징을 잘 사용했고, 평범한 이들을 위하여 평범한 언어를 사용해 왔음을 알 수 있다. 농사짓는 일과 보물, 잔치, 그리고 결혼 예식을 비유로 사용했던 성육신하신 그리스도는 이 점에 대한 최고의 모범자이시다.

그런데 역설적으로 설교 전달에 관해 전문적으로 훈련을 받지 않았기에 오히려 더 설교를 잘 하게 될 수도 있다. 헤셸(Heschel)은 선지자에 관하여 설명하면서 이렇게 말한다. "이들이 하나님께 받았던 은사는 어떤 기교가 아니었다. 그들은 주님의 인도와 통제를 동시에 받았으며, 감동과 억제를 함께 경험했다."[14] 이것이 바로 윌리엄 포크너(William Faulker)가 「음성과 분노」(The Sound and the Fury)라는 소설에서, 부활절 설교를 전하기 위해 세인트루이스에서 내려온 설교자로부터 청중이 느꼈던 은사였다. 그 설교자에 대한 사람들의 첫 인상은 꾀죄죄한 코트 속에 작은 몸을 움츠리고 있는 초로의 원숭이와 비슷했다. 어떤 조그만 소년이 자기 엄마에게 중얼거린 속삭임 속에는 이 설교자에 대한 사람들의 당혹감과 불신이 잘 묻어나온다. "저런 사람을 왜 세인트루이스까지 가서 데려왔담."[15] 강단에 선 그는 천천히 그리고 질서 있게 설교를 시작했다. 하지만 그는 점차 계속해서 울려오는 자신의 음성에 압도되어, 닳아버린 조그만 바윗덩어리가 되어갔다.

그는 마치 삭큐버스 마녀(잠자는 남자와 정을 통한다는 마녀—옮긴이)와도 같이 맛들인 몸뚱이를 향하여 이빨을 날름거리는 목소리를 자기 몸으로 직접 토해내는 것 같았다. 그래서 자리에 모인 회중은 그 목소리가 그를 삼키고 마침내는 자기들도, 음성까지도 없어지고 다만 말이 필요 없이 그들 마음이 서로에게 말하는 것을 눈으로 직접 보는 것 같았다. 그리하여 그 사람이 잠시 성경 낭독대에 기대어 잠시 숨을 돌리려고 원숭이 같은 얼굴을 처들고 자세를 고치자, 몸 전체에서 품어 나오는 숭엄한 태도는 그의 보잘것없는 빈약한 외모를 초월하여 그까짓 외모는 아무것도 아니라는 듯, 고난 받는 십자가의 예수의 모습으로 나타났으며, 회중으로부터는 신음하는 긴 한숨 소리가 일어났다. 그 중에 한 여자 성도는 단조롭고 높은 음성으로 "네! 예수님!"하고 소리쳤다.[16]

압제당한 자들과 버림받은 자들에게 있어 그 설교자가 쏟아내는 이미지는 결코 잊혀지지 않았다. "그 원숭이"는 인생의 경험 속에서 더 이상의 다른 희망을 발견하지 못했던 사람들에게 초월적인 희망의 광풍을 쏟아냈다. "내게 무엇이 보이겠습니까? 뭣이 보이겠나요? 오! 죄인들이여? 나에게는 부활과 빛이 보입니다. 저들이 날 죽인 것은 너를 다시 살리기 위함이라고 말씀하시는 예수님의 모습이 보입니다. 나는 죽었을지라도 나를 보는 것과 나를 믿는 믿음은 결코 죽지 아니하리라고 말씀하십니다."[17] 예배가 끝나고 집으로 돌아가는 길에 한 어머니는 기쁨에 겨워 눈물을 흘리면서 밝은 정오의 햇빛 속을 걸어가면서, 함께 동행하는 아들의 중얼거리는 소리를 들었다. "그인 정말 진짜 설교자예요. 처음엔 그렇게 안 보이던데. 하지만 그분은 진짜 하나님의 영광을 보았어요. 예, 정말 그래요. 그는 그것을 봤어요. 눈앞에서 똑바로 봤어요."[18]

오늘날 목회직이 그 본질적인 사명보다는 외양에 더 관심을 갖는 이유는 무엇일까? 사무엘 채드윅(Samuel Chadwick)은 다음과 같이 상기시킨다. "설교자가 불꽃으로 타오르는 상황에서 사람들이 종교에 무관심하기란 거의 불가능하다. 불은 그 자체로 자명하기 때문이다."[19] 어디에 엄청난 분량의 연료가 있는지를 찾아내는 것은 목회자에게 달려 있다. 세상은 초월적인 능력으로 불붙은 목회자로부터 설교를 들을 권리가 있다. 이 일을 위해 필요한 연료를 공급하고 또 불을 지피는 일은 매일의 일상에서 일어나야 한다. 그렇지 않으면 어제 아침식사로 먹고 남은 음식처럼 실망스러운 설교가 될 것이다. 우리의 성도들을 바보처럼 대하지 말라. 오직 하나님을 만났던 설교자만이 청중을 하나님 앞으로 인도할 수 있다.

각주

1. Paul Scott Wilson, *God Sense* (Nashville: Abingdon, 2001), 35.
2. Ibid., 55.
3. Ibid., 67.
4. Ibid., 68.
5. Abraham Heschel, *The Prophets* (New York: Harper and Row, 1962), 7.
6. Walter Fisher, *Human Communication as Narration; Toward a Philosophy of Reason, Value, and Action* (Columbia, S.C.: University of South Carolina Press, 1987), 63.
7. Mark Taylor and Esa Saarinen, *Imagologies* (New York: Routledge, 1994), 3.
8. Robert G. Lee, *Pay-Day, Someday* (Grand Rapids: Zondervan Publishing House, 1957), 9.
9. Ibid., 31.
10. Charles Bartow, *God's Human Speech* (Grand Rapids; William B. Eerdmans, 1997), 73.
11. Heschel, *The Prophets*, 26.

12. James Baldwin, *Go Tell It on the Mountain* (New York: Dell Publishing Company, 1953), 200-201.

13. Dennis Willis, "Noah Was a Good Man" in Eugene L. Lowery, *How to Preach a Parable* (Nashville: Abingdon Press, 1989), 42.

14. Heschel, *The Prophets*, 22.

15. William Faulkner, *The Sound and the Fury* (New York: Random House, 1984), 311.

16. Ibid., 367-68.

17. Ibid., 370.

18. Ibid., 371.

19. Samuel Chadwick, *The Way to Pentecost* (London: Hadden and Stoughton, 1972), 18.

추천도서

Baldwin, James, *Go Tell it on the Mountain*. New York: Dell Publishing Company, 1953.
Bartow, Charles, *God's Human Speech*. Grand Rapids: William B. Eerdmans, 1997.
Chadwick, Samuel. *The Way to Pentecost*. London: Hadden and Stoughton, 1972.
Faulkner, William, *The Sound and the Fury*. New York: Random House, 1984.
Heschel, Abraham. *The Prophets*. New York: Harper and Row, 1962.
Lee, Robert G. *Pay-Day, Someday*. Grand Rapids: Zondervan Publishing House, 1957.
Taylor, Mark and Esa Saarinen. *Imagologies*. New York: Routledge. 1994.
Willis, Dennis, "Noah Was a Good Man" in Eugene L. Lowery, *How to Preach a Parable*, Nashville: Abingdon Press, 1989.
Wilson, Paul Scott, *God sense*. Nashville: Abingdon, 2001.

제2부
하나님의 은혜를 전하는 설교

*빌리 그래함(Billy Graham)

세계적으로 널리 알려진 복음전도자이자 설교자요 작가인 그는 교회 역사상 그 누구보다도 더 많은 이들에게 직접 복음 메시지를 전했다. 그는 전 세계를 누비면서 복음을 전했으며 각국의 여러 지도자들과도 교분을 나누고 있다. 또 그는 〈빌리그래함 전도협회〉의 설립자이자 대표의장이다.

그래함 박사는 「고통에 처한 자들의 소망」(*Hope for the Troubled Heart*), 「천사」(*Angels*), 「거듭남의 비결」(*How to Be Born Again*), 「하나님과의 평화」(*Peace with God*) 그리고 「행복의 비밀」(*The Secret of Happiness*)과 같은 여러 권의 베스트셀러 작가이기도 하다. 현재 그와 아내 룻은 노스캐롤라이나에 거주하고 있다.

제4장

은혜의 복음

빌리 그래함

저명한 독일의 신학자 루돌프 불트만은 이 시대에도 여전히 어울림직한 다음과 같은 중요한 질문을 던졌다. "세속적이고 기술문명이 지배하는 시대에 우리는 어떻게 복음을 전할 것인가?" 이 질문은 여러 문화권마다 각기 달리 표현될 수 있겠지만, 우리 모두는 복음을 효과적으로 전하는 문제를 계속 고민하는 중이다. 그리고 이 질문은 선교학자들이 말하는 '상황화'(contextualization)라는 용어와 긴밀하게 관련되어 있다. 상황화는 복음을 선포하라는 소명을 받았던 해당 사회와 문화권에 맞게 전도 방법을 조절한다는 의미를 담고 있다. 하지만 이에 대해 본격적으로 논의하기 전에 좀 더 분명하게 언급해 둘 점은 성경은 우리에게 메시지 자체를 바꿀 권위를 결코 허락하지 않는다는 점이다. 메시지 자체는 결코 상황화될 수 없다.

그래서 나는 당신에게 위의 질문을 다시 한번 던지고 싶다. 물질

만능과 과학적 사고방식이 지배하고 반역적이고 세속적이며 부도덕하고 인본주의적인 시대에 우리는 어떻게 복음을 전할 것인가?

핵심쟁점

효과적인 복음전도의 문을 열기 위한, 이런 근본적인 질문에 대한 해답은 고린도전서 2장 2절에서 찾아볼 수 있다. "내가 너희 중에서 예수 그리스도와 그가 십자가에 못 박히신 것 외에는 아무 것도 알지 아니하기로 작정하였음이라."

이 구절의 역사적 정황을 잠깐 살펴보자. 사도 바울이 활동하던 당시 고린도라는 도시는 전체 로마 제국 안에서 가장 우상 숭배가 만연했으며 지성적이면서도 이교적이고 부도덕한 도시 중의 하나였다. 그래서 누군가를 부도덕한 사람으로 비난하고 싶다면, 그를 그저 '고린도사람'이라고 부르면 될 정도였다. 사도 바울이 이 도시를 방문하여 이곳에 자신의 교회를 세우시려는 하나님의 뜻을 감지했을 때 그는 먼저 무엇을 했을까? 이런 곳에서 그는 어떻게 복음을 전했을까? 당시 이곳에는 그리스도인이라고는 단 한 명도 없었음을 잊지 말라. 유일한 성도라고는 바울뿐이었다. 이런 상황에서 그는 어떻게 했을까? 당신이라면 어떻게 하겠는가? 당신이라면 복음과는 거리가 먼 분위기 속에서 어떻게 복음을 전하겠는가? 이것은 복음전도와 관련해 항상 제기되어 온 질문이며, 오늘날에도 여전히 가장 중요하게 다뤄진다.

복음의 위력

우리가 만일 개인적으로 사도 바울에게 이런 호기심어린 질문들을 던져본다면 그는 아마도 이렇게 대답할 것이다. "나의 지성 하나만 가지고는 복음전도를 결코 제대로 감당할 수 없습니다. 내게는 고린도 사람들이 복음 진리를 그대로 받아들이게 할 만한 어떤 논리력이나 논증 방법이 없습니다." 그러면 그는 어떻게 복음을 전했는가? 이에 대해 그는 확고한 믿음으로 이렇게 답한다. "내가 너희 중에서 예수 그리스도와 그가 십자가에 못 박히신 것 외에는 아무 것도 알지 아니하기로 작정하였음이라"(고전 2:2). 이런 답변이 어떻게 가능할까? 그것은 바울이 십자가에 담긴 놀라운 능력을 알아차렸기 때문이다. 십자가에는 자체적인 의사소통 능력이 있다. 사도 바울은 성령께서 구속적인 사랑과 은혜에 관한 메시지와 아울러 십자가에 관한 단순한 메시지를 택하여 그리스도를 선포하시며, 이 메시지를 권위와 능력으로 사람들의 영에 퍼부으시는 것을 잘 알고 있었다.

게다가 복음을 전함에 있어 성령의 역사는 필수적이다. 그 이유는 "육에 속한 사람은 하나님의 성령의 일들을 받지 아니하나니 이는 그것들이 그에게는 어리석게 보임이요, 또 그는 그것들을 알 수도 없나니 그러한 일은 영적으로 분별되기 때문"이다(고전 2:14).

따라서 그리스도의 복음을 선포하고자 한다면 케리그마를 선포해야 하며(사도 바울이 고린도전서 15장에서 언급한 것과 같은), 십자가에 달리신 그리스도를 선포할 때 그곳에는 하나님의 능력이 함께 하고 있음을 확신해야 한다. 바울이 계속 강조하는 바와 같이 성령께서 감춰진 것을 드러내시기 전까지는 육에 속한 사람은 그리스도의 진리를 결코 받아들이지 못한다는 점을 복음 선포자들은 항상 명심해야 한다.

하지만 참으로 놀라운 사실은 성령께서 복음의 메시지를 취해 청중의 마음과 영에 이를 전달하시며 능력으로 모든 장벽을 무너뜨리신다는 것이다. 이것은 성령 하나님께서 주도하시는 초자연적인 사건이다. 어느 전도자라 할지라도 이러한 초자연적인 실재를 깨닫고 성령의 능력으로 설교하기 전까지는 사역 속에서 이와 같은 하나님의 만지심을 결코 누리지 못한다. 결정적으로 중요한 의사소통자는 누구보다도 성령 하나님이시기 때문이다.

몇 가지 확실한 가정들

이제 복음 선포에 관한 몇 가지 중요한 사항들을 언급하겠다. 이와 관련해 솔직하게 말해 둘 것이 있다. 우리가 어디에서 복음을 전하든 — 즉 나이로비의 길거리에서든, 대한민국 서울의 어떤 집회이든, 아니면 자이레의 부족들을 상대로 하든 또는 뉴욕의 거대한 체육관에서든 어떤 모임에서나 어떤 회중을 상대로 하든 — 모든 사람들의 마음과 생각 속에는 항상 어떠한 진실이 있음을 알아야 한다. 그것이 심리적인 것이든 영적인 요소이든 말이다. 그래서 내가 참 복음을 전하면, 그 복음을 듣는 모든 사람들이 선포된 말씀에 응답하도록 성령께서 심금을 울려주실 것을 신뢰하면서 설교를 시작할 수 있다.

a. 사회적 개선이나 물질적 풍요만으로는 사람들의 필요를 전적으로 충족시킬 수 없다. 이것은 전 세계 어디에서든 모든 문화권에서 동일하게 해당되는 진리다. 예수께서도 "참생명과 참삶은 우리가 얼마나 재산을 가지고 있느냐 하는 것과는 상관이 없다"고 말씀하셨다(눅 12:15, 현대어성경).

b. 그리스도가 없는 모든 사람들의 삶 속에는 본질적으로 공허함이 있다. 모든 사람들은 스스로도 잘 알지 못하는 것을 계속 갈구하고 있다. 백만 달러(10억 원)가 생긴다고 사람에게 본질적인 만족감이 생기는 것은 결코 아니다. 또는 성이나 그 밖의 모든 형태의 쾌락을 누리더라도, 그 마음 깊숙한 곳에서 근원적인 만족을 찾아 울부짖는 간절한 열망이 해소되는 것은 아니다. 몇 해 전에 나는 미국 섹스 심벌의 한 사람으로 소문난 인물과 대화를 나눈 적이 있었다. 그는 나에게 이렇게 털어 놓았다. "나는 이 세상에서 가장 아름다운 여성들 몇몇과도 잠을 자보았습니다. 하지만 그것이 저에게 어떤 성취감이나 평화를 가져다주지는 않았습니다." 그러고는 이렇게 실토했다. "나는 이 세상에서 가장 불행한 사람입니다." 인생에는 겉보기와는 다른 차원이 있다. 성령의 능력 안에서 그리스도를 설교할 때 우리는 이 점을 명심해야 한다.

나는 전 세계 수많은 유수의 대학교에서 강연을 해오면서, 지성적이지만 심리적 · 영적으로 타락한 젊은이들이 내뱉는 처량한 탄식소리들을 들어왔다. 그들은 지금도 무언가를 찾아 헤매고 있지만 정작 그것이 무엇인지도 모르고 있었다. 나는 언젠가 하버드 대학교의 복 박사(Dr. Bok)와 대화를 나눈 적이 있다. 나는 그에게 학생들에게 가장 부족한 것이 무엇이냐고 물어보았다. 그는 잠시 생각하더니 '헌신'이라고 대답했다. "모든 사람들의 인생에는 오직 하나님만이 채우실 수 있는 빈 공간이 있다"는 파스칼의 통찰은 정곡을 찌르고도 남는다. 복음을 선포할 때 우리는 바로 그 빈 공간을 직접 두드리는 것이다. 당신이 복음을 전하려는 사람들의 내면은 십자가 메시지에 대해 — 개인적인 간증이든 또는 여러 사람 앞에서든 — 뿌리 깊은 수용성이 있다. 왜냐하면 그들 내면에는 오직 그리스도만이 채울 수 있는 빈 자리가 있기 때문이다.

    c. 우리의 청중들은 고독하다. 어떤 사람들은 이것을 가리켜 '우주적인 고독'이라고 표현한다. 내 친구들 중 하나는 정신과 의사이면서 미국 대학에서 가르치고 있다. 언젠가 나는 그에게 이렇게 물었다. "자네에게 도움을 구하려고 찾아오는 환자들의 가장 큰 문제점은 뭐라고 생각하나?" 그는 잠시 생각하더니 '고독'이라고 대답했다. 그리고는 이런 말을 덧붙였다. "그 실상을 자세히 살펴보면 결국 하나님을 떠난 고독이 자리하고 있다네." 우리 모두는 그 고독이 뭔지를 어렴풋하게나마 느끼며 살아간다. 예를 들어 우리는 파티에서 여러 사람들 속에 둘러 싸여 주변의 모든 사람들이 즐거이 웃는 중에라도, 비록 짧은 순간이나마 고독감이 우리 내면에 휘몰아치는 것을 느낄 수 있다. 이것이 바로 '우주적인 고독'이며 이 고독은 어느 곳에나 있기 마련이다. 한적한 시골이든 빈민굴이든 아프리카나 남미, 일본 그 어느 곳에서든 고독은 상존한다. 이 고독은 오직 하나님만이 해결하실 수 있다. 그리스도를 설교하는 중에라도 당신은 이 고독의 실체를 늘 명심해야 한다.

    d. 우리는 복음을 설교할 때 죄책감을 품고 있는 사람들을 상대한다. 죄책감은 모든 인간의 가장 보편적인 경험인 동시에 참으로 파

괴적인 느낌일 것이다. 런던에 있는 한 정신과 병원 원장은 이런 말을 했다. "만일 환자들에게서 죄책감을 제거하는 방법을 발견할 수만 있다면, 나는 입원한 환자들 절반을 당장 집으로 돌려보낼 수 있습니다." 이 죄책감의 문제에 대한 우리의 복음 메시지는 얼마나 적절한 것인가! 십자가가 그토록 중요한 이유도 여기 있다. 그리스도를 설교할 때, 우리는 사람들을 괴롭히고 짓누르는 죄 문제를 직접 다루게 된다. 그 문제는 항상 사람들 내면에 있다. 우리는 사람들에게 죄책감을 느끼게 하지 않아도 된다. 이미 그러고 있기 때문이다. 당신이 할 일은 그들에게 죄가 무엇인지를 말해 주는 것뿐이다. 죄란 하나님께 반항하는 것이며, 십자가가 그 유일한 해결책이라고 말해 주라!

e. 모든 이들의 마음에는 죽음에 대한 보편적인 두려움이 있다. 오늘날 사람들은 죽음에 관해 이야기하는 것을 별로 좋아하지 않는다. 하지만 이는 분명한 현실이다. 전 세계 어디에서나 텔레비전을 켜면 마를린 먼로나 클락 게이블(Clark Gable)을 볼 수 있다. 하지만 이들은 모두 죽었다. 사람들은 텔레비전을 통해 고인이 된 사람들의 모습을 계속 방영하면서 죽음에 대한 충격을 완화시키려 한다. 그럼에도 불구하고 두려움의 원인은 항상 남아 있다. 텔레비전이 계속 죽음을 완화시킨다 해도 미묘한 두려움이 아주 사라지지는 않는다. 그런데 여기서 우리는 영광스러운 소식을 접한다. 그것은 우리 주님께서 죽음을 폐기하러 이 세상에 오셨다는 사실이다. 십자가의 죽음과 부활로 그는 죄와 죽음 그리고 지옥이 더 이상 효력을 발휘하지 못하게 하셨다. 이것이 십자가 복음이다.

복음 전파에 관한 몇 가지 원칙들

우리가 그리스도를 설교하는 현장에는 이상의 다섯 가지 가정들이 전제되어 있다. 그리고 성령께서는 사람들의 내면 깊숙한 곳에 자리잡은 필요를 향해 복음 메시지를 적용시킬 것이다. 이제 우리의 고민은 이러한 여러 가정들 속에서 어떻게 복음을 명확히 전달할 수 있는가에 대한 부분이다.

a. 권위를 갖고 복음을 선포하라.

"믿음은 들음에서 나며 들음은 그리스도의 말씀으로(그리스도를 전하는 말씀으로—새번역) 말미암았느니라"(롬 10:17)는 말씀을 기억하면서 확신을 가지고 복음을 설교하라. 오늘날의 신학 교육, 특히 유럽과 북미권의 신학 교육에 대해 비평적인 평가를 하자면, 요즈음은 말씀의 권위에 기초한 설교가 충분히 강조되지 않는 것 같다. 오늘날에 위대한 설교자는 누구인가? 오늘날의 루터나 칼빈, 낙스 그리고 스펄전은 과연 누구인가? 교회는 끊임없이 그런 목회자를 요청하고 있으며, "우리를 위해 하나님의 말씀을 전할 사람이 필요하다"고 말한다. 그렇다면 하나님 말씀에 대한 확신과 권위로 설교하는 사람을 찾아보라. 집회에는 이러한 "말씀의 권위를 의지하여 설교하는" 사람이 꼭 필요하다. 당신도 사역을 통해서 하나님의 최선을 이루기 원한다면 그 능력과 권위를 힘입어 설교하라. 그렇다면 우리는 어떻게 그러한 능력으로 복음을 소통하는 법을 배울 수 있을까?

설교하는 법을 배우던 초창기에 나는 텍사스의 한 유명한 설교자가 저술한 설교집 한 권을 골랐다. 나는 이 설교집에서 그의 설교 개요 몇 개와 아울러 두 개의 설교를 택해 10번 내지는 20번씩 큰 소리로 읽으면서 설교 연습을 했다. 플로리다의 보스틱에 있는 침례교회에서 처음으로 설교하던 날 나는 매우 긴장했다. 당시 나는 네 편의 설교를 준비했는데 각각의 설교가 대략 40분 정도가 된다고 느낄 때까지 반복해서 연습했다. 하지만 실제로 설교해보니 그것은 모두 8분씩 밖에 걸리지 않았다.

이런 일이 많더라도 낙심하지 말고 계속 노력해야 한다. 효과적인 메시지를 준비하려면 많은 노력이 필요하다. 하나님 말씀에 전적으로 몰두하라. 스펄전이 시편 119편을 묵상하다가 "오! 주의 말씀은 참으로 깊도다!"고 고백했던 것처럼 당신도 그렇게 말할 수 있는 지점까지 나아가라. 당신이 하나님의 말씀을 진정으로 깨달았다고 할 수 있을 때까지 기도하고 또 기도하라. 하나님의 기름부음이 당신에게 쏟아졌음을 확신할 수 있을 때까지 계속해서 하나님을 구하라. 사실 당신의 인생 전체가 설교 준비 과정이다. 스펄전이 말했던 것처럼, "본문 말씀을 붙들고 즉시로 십자가로 나아가라!"

시드 보넬(Sid Bonnell) 박사는 프린스톤 신학교의 학생들에게 이렇게 가르쳤다. "만일 여러분이 성령의 기름부으심에 힘입어 설교하면 성도들은 여러분의 음성이 아닌 또 다른 음성을 듣게 될 것입니다." 청중이 바로 그 다른 목소리를 의식하기 전까지는 그 누구도 하나님의 말씀을 전했다고 말할 수 없다. 당신이 설교할 때 사람들은 그 다른 음성을 의식하는가? 당신은 성령으로 충만한 상태인가(엡 5:18)? 그분의 권위로 설교하는가? 이것은 복음을 설교함에 있어 본질적인 요소다. 사람들이 예수의 말씀에 귀를 기울였던 한 가지 이유는 그분이 권위를 가진 자로서 말씀을 전하셨기 때문이다.

영적인 권위로 설교하라. 당신이 하나님의 말씀을 인용할 때 하나님은 분명히 그 말씀을 사용하신다. 그분은 결코 자신의 말씀이 헛되이 되돌아오도록 하지 않으신다.

언젠가 내 아내는 런던에서 유명한 포일스 서점(Foyles)을 방문한 적이 있었다. 그런데 낙심해서 풀이 죽은 어떤 점원이 내 아내에게 다가와서는 이렇게 말했다. "당신은 진짜 그리스도인같군요. 그래서 드리는 말씀인데 내 가족은 지금 완전히 풍비박산이 났습니다. 저 역시 자살하기 일보 직전이구요." 그래서 아내가 질문했다. "그러시다면 오늘밤 해링게이 광장으로 가셔서 빌리 그래함의 연설을 한번 들어보시지 않겠습니까?" 그 남자가 대답했다. "예! 그렇지만 그분이 저를 도와주실 수 있을지는 모르겠네요. 저는 지금 완전히 절망적이거든요." 그러나 아내는 남자에게 입장권을 건네주었고, 결국 그는 집회에 참석했다. 그 날 이후 일 년 동안 아내는 그를 다시 만나지 못했다.

다음 해 우리가 웸블리 스타디움에서 집회를 할 때 아내는 다시 포일스 서점을 방문했다. 그러자 예의 그 점원이 쏜살같이 다가왔다. "아! 그래함 부인이시군요. 부인께서 저에게 말씀하신 날 저는 해링게이 집회에 참석했고 그리스도를 구주로 영접했습니다. 그리고 이제 저는 영국에서 가장 행복한 사람입니다." 그는 계속 얘기했다. "그날 밤 하나님께서 당신의 남편을 통해 나를 건져주셨던 구절은 시편 말씀입니다. '나는 광야의 올빼미 같고 황폐한 곳의 부엉이 같이 되었사오며' (시 102:6)." 아내는 의아한 마음에 머리를 긁적거리면서 물었다. "제 생각에는 그 구절에 복음이 담겨 있으리라고는 전혀 생각을 못했는데요." 그러자 그가 대답했다. "사실 그 구절은 저의 실상을 완벽하게 묘사하고 있습니다. 결국 나는 구원을 받았죠." 그렇다! 하나님은 자신의 말씀을 사용하신다. 그의 말씀 속에는 그분의 능력이 들어 있다.

b. 복음을 단순하게 설교하라.

에든버러에서 사역했던 제임스 스튜어트(James S. Stewart) 박사는 이런 말을 했다. "복음을 단순하게 설교하기 전까지는 결코 복음을 설교했다고 말할 수 없다." 그는 이어서 이렇게 말했다. "당신이 청중의 머리(지성)를 향해 메시지를 전했다면 목표를 잘못 정했다는 것이 곧 입증될 것이다." 우리는 하나님의 가장 깊은 것을 파악하는 법을 배워야 할 뿐 아니라 이를 쉽게 선포하는 법도 알아야 한다.

1966년에 열렸던 베를린 복음전도대회에서 한 미국 신학자가 발표했던 연설에는 매우 심오하고도 복잡한 내용이 담겨 있었다. 집회에 참석했던 상당수의 그리스도인들은 그가 말한 것이 무엇인지를 잘 이해하지 못했다. 한편 그 집회에는 원주민 복장으로 차려 입은 한 아프리카인도 참석했는데, 그는 학식 있는 교수가 발표한 내용을 잘 이해할 수 없었던 것 같다. 하지만 그는 연설이 끝나자 곧장 일어나서 모든 사람들이 보는 앞에서 그 연사를 포옹하면서 입맞춤 인사를 나누었다. 그리고는 이렇게 말했다. "저는 교수님께서 말씀하신 내용을 잘 모릅니다. 하지만 교수님처럼 많은 것을 알고 계신 분이 우리와 한 편이라는 사실이 너무나도 기쁩니다." 학식도 중요하지만 우리는 사람들이 복음을 잘 이해할 수 있도록 전달해야만 한다. 그래서 복음을 단순하게 설교하는 것이 중요하다.

미국 서부 해안에는 감리교회에서 사역하는 내 친구가 있다. 어느 주일 예배가 시작되기 전에, 그는 주일학교 아이들을 위해 시청각 자료를 보여주려고 했다. 주중에 준비한 여러 슬라이드를 동원하여 어린이들을 상대로 설교하기로 한 것이다. 자신의 간단한 설교를 아이들이 좀 더 잘 알아듣게 하려는 의도였다. 그런데 놀랍게도 장년들이 그 어린이 설교를 듣기 위해 교회에 일찍 나오기 시작했으며, 어린이 예배에 사람들이 늘어가면서 심지어는 11시 예배에 참석하는 사람들 숫자가 줄어드는 기현상이 나타났다. 그는 설교를 더욱 쉽게 하면 할수록 더 많은 사람들이 설교를 들으러 온다는 놀라운 사실을 깨달았던 것이다. 사람들은 단순한 것을 원한다. 나는 그것이 우리 주님의 사역의 비밀 중 하나였다고 확신한다. 성경은 주님이 말씀하시자 "많은 사람들이 즐겁게 듣더라"(막 12:37)고 한다. 왜 그랬을까? 한 가지 중요한 이유가 있다. 그들은 주님의 말씀을 잘 이해했기 때문이다. 그는 청중의 언어로 설교했다.

c. 반복적으로 설교하라.

글라스고우에서 사역하는 제임스 데니(James Denney) 교수는 예수께서는 아마도 자신에 관해 500번 이상을 반복해서 언급했다고 말한 적이 있다. 모든 복음전도자들에게 힘이 될 만한 사실이다. 복음은 때때로 우리에게 이미 '많이 들어본'(old) 얘기처럼 느껴질 수도 있다. 하지만 이 복음을 계속 반복하고 또 반복하라. 많은 사람들에게는 이 복음이 아직도 "처음 들어본"(news) 소식이기 때문이다. 이 복음을 반복해서 소개하고 나누는 일에 결코 싫증을 내거나 거북스럽게 생각해서는 안 된다.

d. 절박한 자세로 복음을 설교하라.

결단을 촉구하며 설교하라는 뜻이다. 지금 사람들은 죽어가고 있다. 당신이 복음을 설교할 때 어떤 사람에게는 그것이 생애 마지막 기회일 수도 있다. 그러므로 그리스도의 절박함으로 설교하라. 당신의 설교를 듣고 청중이 그리스도께로 나아오도록 설교하라. 즉시로 결단을 내리도록 설교하라. 예수께서 그러셨던 것처럼 최종 결정을 내리도록 설교하라. 이렇게 선포(케리그마)할 때 회개와 믿음에 대한 요청을 빠뜨리지 말라.

e. 설교자는 자신의 거룩한 삶을 통해 복음을 전한다는 점을 명심하라.

이것은 참으로 중요하다. 오늘날의 세상은 무엇보다도 인격적인 사람, 다시 말해 구체적인 삶으로 자신의 사역을 보증하는 복음소통자(communicator)를 찾고 있다는 사실을 당신은 아는가? 당신의 설교는 당신의 인격에서 우러나온다. 그래서 우리는 먼저 거룩한 사람이어야만 한다. 나에게 가장 깊은 영향을 끼친 사람들은 탁월한 연사가 아니었다. 그들은 무엇보다도 거룩한 남자와 여자들이었다. 바로 여기에 강조점을 두어야 한다. 로버트 머레이 맥체인(Robert Murray McCheyne)은 "거룩한 사람은 하나님의 손에 붙들린 가장 강력한 무기다"고 했다. 또 사도 바울은 "내가 내 몸을 쳐 복종하게 함은 내가 남에게 전파한 후에 자신이 도리어 버림을 당할까 두려워함이로다"고 고백한다(고전 9:27).

우리는 이 점을 심각하게 받아들여야 한다. 마귀가 젊은 복음전도자(나이든 전도자도 마찬가지이지만)를 공격하는 세 가지 공격루트가 있는데, 그것은 바로 돈과 도덕성 그리고 자만심이다. 복음의 사역자로서 당신은 평생에 걸쳐 이 세 가지와 싸워야 한다. 그래서 방심은 금물이다. 마귀는 당신은 넘어뜨리려고 계속해서 당신 앞에 덫을 놓을 것이다.

우리가 복음전도 사역을 처음으로 시작했을 당시 클립 바로우스(Cliff Barrows, 빌리 그래함 복음전도협회의 찬양대장)와 나는 전도협회를 조직하고 실무진을 구성하며 각자에게 사례비를 지급하기로 결정했다. 그 때문에 소동이 일어났다. 어떤 사람은 '당신네들은 지금 복음전도를 망치려 하고 있소'라고 비난하기도 했다. 하지만 나에게는 우리가 재정을 다루는 방식을 하나님께서 인정하셨다는 확신이 있었다. 우리는 돈 때문에 복음전도가 수치스럽게 되는 일을 결단코 하지 말아야 한다. 복음전도자들은 바로 이 점에 있어 참으로 넘어지기 쉽다. 무엇보다도 거룩한 자가 되라!

그런데 거룩한 삶은 "이것도 안 되고, 저것도 안 된다"는 식의 부정적인 부분에 대한 것만은 아니다. 그것은 적극적인 삶이다. 당신은 무엇보다도 하나님의 말씀에 깊이 몰두해야 한다. 그리고 기도의 사람이 되어야 한다. 또 거룩한 삶을 위해서는 훈련된 경건 생활이 필수다.

f. 우리는 다른 사람들에 대한 사랑으로 복음을 소통한다.

"너희가 서로 사랑하면 이로써 모든 사람이 너희가 내 제자인 줄 알리라"(요 13:35). 보스톤에 사는 한 열정적인 평신도는 담대하게 호텔로 들어가 한 여성에게 다가가서는 물었다. "그리스도를 아십니까?" 여인은 자기 남편에게 얘기했지만 그는 "자기 일이나 신경 쓰라고 해"라고 대꾸했다. 그러자 아내가 대답했다. "하지만 여보! 당신이 그 사람 얼굴 표정이랑 진지한 말투를 들어보았다면 그게 바로 '자기 일'이라고 생각했을걸요."

당신이 설교시간이나 개인적으로 사람들에게 그리스도에 관해 말하면, 사람들은 그것을 당신의 본업이라고 생각할까? 당신은 진심으로 사람들을 사랑하는가? 그리고 그것을 분명하게 보여주는 편인가? 당신의 긍휼을 그들도 쉽게 느낄 수 있는가?

한번은 우리 전도협회 소속의 전도자 한 분이 중남미의 한 대학에서 복음을 전하고 있었다. 그는 학생들을 그리스도께로 인도하려고 노력했지만, 그들 대부분은 이 전도자에 대해 상당한 적의를 품고 있었다. 그 중에 특히 한 여학생이 유난히도 적대적이었다. 예배가 끝나고 이 여학생이 전도자에게 다가와서는(그녀는 박사과정 중이었다) 이렇게 말했다. "저는 이런 엉터리 이야기는 절대로 믿지 않아요." 그러자 전도자가 응답했다. "그러시군요. 하지만 제가 당신을 위해 기도해드려도 괜찮겠습니까?" "지금까지 날 위해 기도해준 사람은 없었지만, 그것도 그리 나쁠 것 같지는 않군요." 전도자는 그 자리에서 머리를 숙인 후 기도하려고 했다. 하지만 그녀는 그가 기도를 시작할 때도 여전히 반항적이었다. 전도자가 여학생의 회심을 위해 간절히 기도하자 눈물이 그의 뺨을 타고 흘러내리기 시작했다. 기도를 마치고 눈을 뜨자, 이 여학생도 눈물이 흘리며 이렇게 말했다. "제 평생에 날 위해서 눈물을 흘려줄 정도로 나를 사랑한 사람은 아무도 없었어요." 이들은 의자에 앉아서 복음을 나누었고 그 여학생은 주님을 자신의 구주로 영접했다. 우리 중에 과연 얼마나 많은 이들이 이러한 사랑을 베풀 수 있는가?

g. 우리는 사회적인 관심과 지원을 통해서도 복음을 전할 수 있다.

이런 견해에 대해 이렇게 말하는 사람도 있을 것이다. "빌리, 당신은 사회복음(the social gospel)을 믿으시는 것입니까?" 당연히 그렇다. 성경은 성도들에게 사회적인 참여를 명령하고 있으며 이것이 성도의 의무라고 나는 믿는다. 우리 주님을 보라. 그분은 나병환자를 만져서 고치셨다(마 8:3). 죽을 때까지 공동체로부터 격리되어 계속해서 "나는 부정하다! 부정하다"고 외쳐야만 했던 그에게, 누군가가 손을 내밀어 접촉한다는 것이 어떤 의미인지 당신은 상상이라도 해봤는가? 하지만 주님은 그를 만지셨다. 예수께서는 억눌린 자들과 병든 자들, 그리고 가난한 자들에 대한 책임이 우리에게 있다고 교훈하셨을 뿐 아니라 직접 모범을 보이심으로 분명히 가르쳐주셨다. 나는 지금도 굶주리고 있는 수백만의 사람들을 생각하면 식사를 제대로 할 수 없을 정도이다. 올 한 해만해도 에티오피아에서는 10만 명의 사람들이 단지 기갈로 인해 사망할 것이다. 풍족한 음식은 제쳐놓더라도 그들은 물조차 제대로 마시지 못한다. 그리고 이런 모습은 일부분일 뿐이다.

평소 친분이 있던 한 경제 전문가에게 이런 이야기를 들었다. "지금 세계적으로 유래없는 대규모 기근사태가 바로 앞에 있으며 심지어 미국까지 그 영향을 받을 것입니다." 세계는 거대한 식량위기 사태로 치닫고 있다. 우리는 과연 이에 대해 관심을 갖고 있는가? 우리 전도협회는 이를 위해 매년 수만 달러씩을 후원하고 있다. 당연히 나는 사회복음을 믿는다. 나는 사람들을 사랑한다. 우리 모두는 온정을 베푸는 사회참여 활동에도 관심을 기울여야 한다.

나는 전 세계의 복음주의자들이 이 분야에서 그 어떤 기여도 하지 않는다는 비난에 대해 변명하고 싶지 않다. 우리 중 상당수가 가진 것을 나누지 않았다. 우리는 이를 위해 충분히 노력하지 않았다. 물론 복음주의자들 모두가 사회적인 관심이 거의 또는 전혀 없다고 비판하는 것 역시 잘못이다. 존 웨슬리와 찰스 피니, 윌리엄 부스(William Booth, 구세군의 창립자), 조나단 블랜차드(Jonathan Blanchard, 복음주의 교육의 본산으로 불렸던 휘튼 대학의 설립자) 또는 복음주의 배경에서 자라난 마틴 루터 킹과 같은 역사적인 인물들을 생각해봐도 그렇다. 하지만 우리는 사회적인 책임에 대해 충분한 노력을 기울이지 않았음을 인정해야 한다. 또 중요한 사회적인 문제들에 직면해서도 너무도 자주 침묵하곤 했다.

소위 근본주의자와 현대주의자 사이의 논쟁이 치열하던 1920년대 초반 이후, 소위 사회복음 단체에 대한 여러 단체들(심지어는 해외선교단체들까지)의 반발이 너무도 강해져 결국 이들은 껍질 속으로 숨어들어갔으며 이로 인해 복음주의자들도 사회 참여와 관련해서 오명을 뒤집어쓰게 되었다. 하지만 지난 몇 년 동안 복음주의권에도 극적인 변화가 일어났으며 전 세계적으로 사회 변화의 전면에 훌륭한 복음주의자들이 대거 포진하게 되었다. 예를 들어 나이지리아에서는 4천여 개의 학교가 예수 그리스도의 복음으로 자극을 받은 사람들에 의해 세워졌다.

하지만 결코 잊지 말아야 할 것은 교회가 세상에서 사회적인 관심을 쏟더라도 항상 별도의 차원을 구비하고 있어야 한다는 점이다. 우리는 구주 예수 그리스도의 이름을 들고 세상으로 나아간다. 세상에서 그들의 필요를 채워주고 베풀지만 우리는 항상 "우리 주 예수 그리스도의 이름으로" 그렇게 해야 한다. 그것이 바로 우리가 사회에 참여하는 동기가 된다. 세상이 우리 안에 계신 그리스도를 발견할 수 있도록 종종 이것을 사용하는 것이다. 결국 교회의 사회봉사는 단순한 인도주의에 머무를 수 없다. 하나님께서 베푸셨기 때문에 우리도 베푸는 것이다.

예전에 영국의 수상을 지낸 해럴드 윌슨(Harold Wilson)을 만났을 때 그는 악수를 청하며 이렇게 말했다. "그래함 박사님! 우리는 당신의 방법을 따르고 있습니다." 나는 그가 말하는 것이 무슨 뜻인지 잘 안다. 케어 하디(Keir Hardie, 영국의 정치가이자 초기 노동당 지도자)는 영국 노동당 창건에 주도적인 역할을 했다. 하디는 복음전도자 드와이트 무디의 사역에 상당한 영향을 받은 사람이었다. 케어 하디는 가난한 노동자들을 후원하고 이들 단체를 조직하는 데 깊이 개입했을 뿐만 아니라 전 생애에 걸쳐 복음전도자의 삶을 살았다. 그가 영국에서 노동당을 창건한 것은 그가 사회에 관심이 있었기 때문이고 특히 그리스도를 향한 사랑 때문이었다. 영국 수상 윌슨도 이 노동당 소속이었다.

마틴 루터 킹 목사가 스톡홀름에서 노벨평화상을 받을 때 이런 질문을 받았다. "목사님은 어디에서 동기부여를 받았습니까?" 킹 목사는 "제 부친의 복음주의 설교 때문입니다"라고 대답했다.

h. 우리는 성령 안의 일치 속에서 복음을 전한다.

우리가 하나됨을 계속 유지할 수만 있다면, 그리고 그런 통일성 안에서도 다양성을 인정한다면, 우리는 그리스도를 위해 이 세상을 뒤흔들어 능히 모든 이들을 그리스도께로 인도할 수 있다. 우리 손에는 지금 이 세기가 끝나기 전에라도 능히 세상을 복음화할 수 있는 강력한 도구가 있다. 기독교 역사상 최초로 대위임령을 달성할 가능성이 우리 앞에 놓여 있다. 이 얼마나 중요한 시기인가! 우리는 무엇보다도 "평안의 매는 줄로 성령이 하나 되게 하신 것을 힘써 지키"며 서로 협력해야 한다(엡 4:3). 이것이 바로 우리의 사명이자 임무다.*

---

*4장의 내용은 1983년 네덜란드의 암스테르담에서 열린 순회전도자들을 위한 세계대회에서 빌리 그래함 박사가 "복음전도자와 설교"(Evangelists and His Preaching)라는 제목으로 전했던 내용이다.

*엘리자베스 악트마이어(Elizabeth R. Achtemeier, Ph. D)

    악트마이어 박사는, 남편 폴 악트마이어가 신약학부 교수로 재직하던 버지니아의 유니온 신학대학원에서 1973년부터 1996년까지 성경과 설교학부의 교수로 지냈다. 그녀는 이 외에도 게티즈버그 신학대학원과 피츠버그 신학대학원, 그리고 듀크 대학교 신학부에서 방문교수로도 가르쳤다. 유니온에 부임하기 전 1959년부터 73년까지는 펜실베이니아에 있는 랭커스터 신학대학원에서 구약신학을 강의하기도 했다.

    그녀는 남편 폴과 함께 공저한 「구약의 신앙적 뿌리」(*The Old Testament Roots of Our Faith*)를 포함하여 20권이 넘는 책을 저술했다. 이 중에는 「자연, 하나님, 그리고 강단」(*Nature, God, and Pulpit*)과 「구약 설교」(*Preaching from the Old Testament*), 「헌신적인 결혼생활」(*The Committed Marriage*), 그리고 「가족 관계 설교」(*Preaching about Family Relationships*)가 있다. 이러한 저술활동 이외에도 그녀는 성경 사전과 학문적인 잡지, 그리고 다양한 교회 출간물에 여러 차례 기고했다.

    미국과 캐나다를 포함한 북미권에서 저명한 학자이자 설교자 및 강사로 이름을 널리 알린 그녀는 교회 예배나 여러 집회, 그리고 하버드와 프린스톤, 듀크, 예일, 스미스, 그리고 웰레슬리(Wllesley) 대학을 포함한 여러 대학의 강사로도 종종 초청받곤 했다.

    북미권에 널리 알려진 신학자이자 설교자였다. 그녀는 이 책의 5장에 해당되는 내용을 출판하기로 협의한 지 몇 개월 후 2002년 10월 25일에 소천했다.

제5장

성경의 권위를 선포하기

엘리자베스 악트마이어

선한 섭리로 우리의 삶을 인도하시는 하나님의 은혜로 나는 지난 40년간 여러 신학교에서 많은 학생들에게 설교학을 가르칠 수 있는 특권을 누렸다. 나에게 있어 신학교 교육에서 가장 중요한 과제는 바로 설교의 사명이었다. 왜냐하면 설교의 사명을 위해서는 신학생들이 다른 수업에서 배운 전부 — 즉 성경에 대한 지식과 신학적 훈련, 교회 역사에 대한 이해, 교육적인 기술과 목회적인 기술 — 가 필요하기 때문이다. 이 모든 분야가 결국 설교에서 하나로 결합된다. 이에 관해 나는 다른 신학교 교수들보다 훨씬 더 많은 행운을 누렸다고 생각한다. 그들이 한 사람의 설교자로 자라가는 모습을 직접 목격할 수 있었기 때문이다. 이런 모습은 다른 수업시간에는 잘 확인할 수 없다. 처음으로 설교를 하다가 긴장되어 입안이 말라버린 나머지 중간에 밖에 나가서 물을 마셔야만 했던 한 남학생의 모습은 결코 잊을 수 없다. 하지만 그는 오늘날 아주 저명한 설교자로 활동하고 있다. 일부는 마치 자기 세상을 만난 것처럼 여유롭게 설교했지만 상당수의 학생들은 매우 긴장하며 말씀을 전했다. 하지만 이러한 학생들을 가르치는 경험은 나에게 큰 축복이었다. 나는 이들로부터 많은 것들을 배웠다.

학교에서 은퇴한 이후 내가 누릴 수 있었던 가장 큰 기쁨 가운데 하나는 제자들이 섬기고 있는 교회를 방문하여 그들이 헌신적이고 사랑하는 마음으로, 믿음과 열정으로 목회하며 성령께서 주시는 힘을 의지하여 성도들을 섬기는 모습을 확인할 때였다.

큰 교회, 작은 교회를 불문하고 매우 훌륭한 설교를 전하는 교회가 있다. 비록 모든 교회가 그런 것은 아니지만 분명 몇몇 교회의 설교는 정말 탁월하다. 하지만 이 나라에는 자신의 논지를 분명한 성경 논리로 올곧게 펼쳐가지 못하는, 다시 말해서 한 요점에서 다음 요점으로 논리적으로 명료하게 이동하지 못하는 설교자들이 아직도 많다. 이들은 이 주제에서 저 주제로 오락가락하기 때문에 청중 역시 지금 주제가 어디로 흘러가고 있는지를 전혀 모른다. 또 다른 목회자들은 이야기를 — 그것도 아주 긴 이야기를 — 좋아해서 설교는 뒷전인 채 성경 본문이 원래 의도했던 방향과는 전혀 다른 결론으로 성도들을 끌고 가기도 한다. 또 일부 설교자들은 강단에서 연극 공연을 허용하기도 한다. 이 과정에서 이들이 전적으로 자신에게 집중하게 되면 그들의 배후에 계시는 하나님께 전폭적인 마음을 주지 못하고 만다. 또 다른 설교자들은 성도들에게 심판의 메시지만을 퍼붓는 경우도 있다. 또 어떤 설교자들은 구약성경이나 또는 신약의 특정 본문은 결코 다루지 않는다. 강단 위에서 세상 교훈을 남발하는 자, 우화 작가, 심리학자, 사회학자, 그리고 심지어는 박애주의자와 무신론자들의 설교가 난무하면서, 이들 모두는 그들을 상대로 진짜 복음을 설교할 수 있는 영광스러운 기회를 그저 헛되이 낭비하고 있다. 그 결과 수많은 청중들은 생명의 양식에 대한 굶주림을 해결하지 못하고 교회 문을 나서게 되어, 자기 삶의 고난을 위로하고 보호하며 구원할 참 목자 없이 홀로 삶의 고난을 짊어진 채 무의미한 삶 속에서 목적 없이 방황하고 있다. 이런 세태를 향해 사도 바울은 이렇게 말씀한다. "그러므로 믿음은 들음에서 나며 들음은 그리스도의 말씀으로 말미암았느니라 … 그런즉 … 전파하는 자가 없이 어찌 들으리요"(롬 10:17, 14).

그렇다면 우리가 설교에 관해 알아야 할 중요한 사실은 무엇일까? 삼위 하나님은 성경의 계시를 통해, 즉 교회가 정경(canon)이라 부르는 66권의 책에 집약된 말씀을 통해 자신을 우리에게 알리셨다. 그런데 이 정경의 가장 중요한 측면 가운데 하나는, 이 정경이 역사적인 내러티브 형식에 담겨 우리에게 주어졌다는 점이다. 물론 이 가운데 그 어느 것도 '순수한 역사'는 아니다. 즉 성경은 냉정한 사실들만 나열하지 않고 이미 해석된 역사를 담고 있기에 그렇다. 하지만 시편과 선지서, 지혜문학, 그리고 신약의 서신서와 계시록을 포함하여 정경의 모든 문서들은, 하나님 안에서 시작했으며 하나님의 완성점을 향해 계속 진행하는 이야기 속에서 나름대로의 정황과 맥락을 담고 있다.

오늘날 우리는 하나님을 이런저런 주제로 범주화하려는 경향이 있다. 예를 들어 창세기 3장에서 하와와 뱀이 대화하는 장면에서 하나님은 "저 밖 어디엔가"에서 물끄러미 바라보기만 하시는 냉정한 존재로 간주된다. 또 우리는 그분에 관해 논쟁하기를 좋아하고 그분에 관한 신학 이론을 정립하려고 한다. 때로는 그분을 옹호하거나 탐구대상으로 삼기도 한다. 더러는 사람들에게 그분을 신뢰하라고 재촉한다. 그러면서도 하나님은 여전히 우리가 논의하는 대상으로 '저 밖 어디엔가' 계실 따름이다. 하지만 성경은 하나님을 이렇게 대우하지 않는다. 하나님은 새로운 땅에 '하나님 나라' 라는 새로운 공동체를 세우시려고 항상 일하시는 역동적인 분이다. 그래서 성경은 그분의 행동을 묘사하는 동사를 매우 중요하게 취급한다.

우리는 하나님께서 인간의 역사 속으로 뚫고 들어오셔서 자신의 목적을 위해 나아가시는 결정적인 순간들을 성경을 통해 상세히 설명할 수 있다. 예를 들어 하나님은 보시기에 선한 세상을 창조하셨지만 인간의 죄악으로 세상이 타락하자, 하나님은 그의 백성 이스라엘을 통해 세상을 다시금 선하게 만들기로 계획하고 그 구원역사를 시작하신다. 그리고 이후로 성경은 이스라엘이 애굽에서 노예로 산 것과 출애굽, 광야생활, 약속의 땅에 대한 은혜의 선물, 다윗 왕조, 선지자들의 등장, 포로기, 그리고 새 시대에 이뤄질 미래의 구원에 대한 약속들을 계속적으로 전해준다.

이어서 베들레헴에 예수가 탄생함으로 이스라엘을 향한 하나님의 모든 말씀은 이제 이 메시아에 집중되고 그분을 통해 성육신하신다. 구약에 약속되었던 하나님 나라의 새 시대가 우리 주 예수 그리스도의 성육신으로 인간의 역사 속으로 침투해 들어온 것이다. 갈릴리와 유대 땅에서의 예수의 공생애 활동을 통해, 즉 그의 가르침과 병고침과 설교를 통해 도래한 하나님 나라의 능력이 온전히 실현된다. 그의 죽음으로 옛 시대의 죄와 사망의 권세가 일순간 잃었던 지위를 회복하고 패권을 쟁취한 것처럼 보였다. 하지만 부활의 날 아침에 죄와 사망의 권세는 무너져 버렸고 유일한 승리자 그리스도 안에서 역사하시는 하나님에 의해 정복당하고 말았다. 주님의 부활과 승천 이후 오순절 날에 제자들에게 임한 성령 하나님은 승리의 복음을 유대와 사마리아와 땅 끝까지 이르러 증거하게 하신다. 그리고 부활하신 그리스도는 사울이라는 한 남자를 변화시키신다. 그는 사도 바울로 거듭나 갈라디아와 소아시아, 그리고 마케도니아 지역에 교회를 세우고 이들의 지속적인 지도를 위해 파송된다. 또한 로마의 도로망을 따라 그리고 바다를 가로질러 사도들의 서신이 온 세상에 보급되기에 이른다. 한편 예수에 관한 구전들이 모여 복음서로 기록되며, 사도 바울의 가르침과 요한복음, 히브리서, 야고보서, 마태복음의 가르침을 따라 작은 교회들이 모여 캄캄한 밤하늘에 하나의 등대처럼 어두운 세상에 불을 밝히기 시작한다. 유대인들이나 로마의 핍박도 이들의 복음을 질식시키지는 못했다. 또 밧모 섬의 요한은 새 하늘과 새 땅이 실현되며 이 세상의 모든 열방과 나라들이 우리 주님의 나라와 그 권세에 귀속되는 하나님의 새 나라를 바라본다.

 이 모든 내용은 하나의 역사이며, 2천 년의 역사 속에서 하나님께서 이끌어오셨고 지금도 계속되는 한 편의 드라마이다. 성경의 모든 본문들은 한결같이 이 한 편의 이야기를 배경으로 기록되었다. 이 이야기를 그저 그리스도인이 되기 위한 통과 의례 정도로 여긴다면 참으로 부당한 일이 아닐 수 없다. 논증 중심의 명제 설교는 하나님의 역사와 그 성품을 마비시키고, 그것들을 모두 교리적 내용으로 바꾸고 축소시켜 하나님의 생명을 단지 기독교적인 삶을 살아가는 데 필요한 설교자의 조언 정도로 전락시킨다. 그리고 이 조언을 받아들이지 않는 성도들에게는 화가 있을 것이라고 윽박지르기도 한다. 하지만 이러한 명제 중심의 설교로 인해 설교자는, 성도들을 향한 하나님의 구원 역사를 논리적인 동의가 필요한 몇 가지의 죽은 진리나 사회 현상을 분석하는 데 사용되는 심리학적·사회학적 진실로 변질시키고 있음을 알아야 한다.

하지만 성경을 통하여 우리에게 다가오는 내러티브는 죽은 도그마(dogma)도 아니고 심리학적·사회학적 진실도 아니다. 이 이야기는 하나님의 구원 행동이 담긴 그분의 말씀이다. 하나님께서 성경의 증언을 통해 친히 말씀하시고 자신의 구원역사를 수행하실 때, 그분은 그저 새로운 정보를 전달하거나 흥미로운 사건을 말하는 것이 아니다. 그분은 이 말씀을 통해, 함께 모인 성도들의 삶 속에서 자신의 일을 계속 수행하신다. 성경을 통하여 우리에게 다가오는 하나님의 말씀은 살았고 운동력이 있으며, 새로운 환경을 창조한다. 예를 들어 창세기 1장에서 하나님이 "빛이 있으라"고 말씀하시자 그대로 빛이 창조되었다. 이사야 55장은 하나님의 말씀이 한 번 입에서 나간 후에는 자신에게로 헛되이 돌아오지 않으며 하나님이 의도하신 것을 성취한다고 말한다. 그분의 말씀은 그대로 살아 역사하며 말씀하신 바를 실제로 이루어낸다. 참으로 놀라운 사실은 하나님 말씀의 역사가 과거 성경의 시대에만 국한되는 것은 아니라는 점이다. 루터교의 유명한 설교자인 폴 쉐러(Paul Scherer)는 "성경책이 만들어질 때도 하나님의 역사는 멈추지 않았다"고 말한 적이 있다. 성경을 통해 전해지는 하나님의 말씀은, 듣는 이들 모두의 삶에서 계속 역사하면서 그들을 변화시키고 그들 내면과 사회에 새로운 상황을 가져온다. 과거에 임한 하나님의 말씀은 성경을 통해 오늘날 우리를 위한 그분의 말씀으로 다시금 선포되며, 인간의 역사와 자연 세계를 향한 하나님의 궁극적인 계획 안에서 그분 나라가 온전히 성취될 때까지 하나님의 구원의 목적을 계속 달성해 갈 것이다.

그런 의미에서 만일 그 설교가 성경적인 설교라면, 또한 성례전적일 수밖에 없다. 하나님께서 선포된 말씀을 통해 함께 모인 자기 백성들 가운데 임재하고 역사하시기 때문이다. 우리는 예배에서 우리의 헌신, 즉 감사와 찬양의 예물을 주께 드린다. 예배에서 우리는 성례전을 만끽한다. 성례전을 통해 우리는 하나님의 생명과 은혜를 경험한다. 같은 맥락에서 설교 역시 우리를 향한 하나님의 역사를 전달하는 기능을 한다. 그런 까닭에 설교는 성례전적이다. 설교를 통해 하나님은 우리에게 다가오시며 우리의 삶 가운데 역사하시는 것이다.

그럼에도 불구하고 상당수의 설교자들은 청중을 있는 그 자리에 그대로 둔 채로 설교를 끝낸다. 최악의 경우에 강단은 청중을 그저 즐겁게만 하거나 감정적인 흥분만을 주기도 있다. 비록 전부는 아니지만 오늘날의 유명한 찬양 예배 가운데 일부도 그러한 목적으로 동원되기도 한다. 빠르고 강한 비트 음을 내는 악기들과 박수치기, 감정적인 기도, 그리고 열광적인 표현이 동반되는 찬양은 청중의 감동을 이끌어내면서 이들을 흥분 상태로 몰아가지만 그 인격은 전혀 변화되지 않는다. 일부 교회에서 환영받고 있는 치유 설교는, 청중들에게 자신은 있는 그대로 하나님께 용납되고 그분의 사랑을 받을 수 있으며, 거기서 좀 더 행복해지려면 약간의 심리적인 조정만이 필요한 꽤 괜찮은 사람이라는 왜곡된 확신을 심어주는 데 집중하기도 한다. 또 도덕주의 설교는 〈리더스 다이제스트〉에 나오는 기사나 「이솝 우화」와 아주 흡사하게 내용을 진행해가면서, 어떻게 인생을 살아갈 것인지에 관해 도덕적인 교훈이 담긴 짤막한 이야기들만을 전달할 뿐이다. 청중은 이러한 유형의 설교를 통해서는 전혀 변화를 경험할 수 없으며, 성경 본문에 담긴 살아 있는 하나님의 말씀은 전혀 역사하지 못한다.

하지만 정말로 하나님의 말씀이 살았고 효과적인 능력을 갖고 있으며 듣는 자들에게 새로운 상황을 가져온다면, 정말로 예레미야가 말한 것처럼 그 말씀이 반석을 쳐서 부스러뜨리는 방망이 같고 뼈를 불사르는 불과 같다면, 설교는 당연히 이를 듣는 사람들에게 하나님의 뜻을 행할 자유를 가져다주고 그들을 변화시키는 구원의 역사를 전달하는 것을 목적으로 삼아야 한다. 그렇게 되면 설교는 하나님께서 자기 백성들 가운데 일하시는 수단이 될 것이며, 말씀을 들은 그 백성들은 자신만의 소망에 따라서가 아니라 친히 하나님께서 뜻하시는 목적을 향하여 나아갈 것이다.

설교라는 수단을 통해 자기 백성들 가운데 일하시는 하나님의 역사는 다양한 형태로 나타날 수 있다. 주께서는 설교를 통해 청중 가운데 특별히 일부 성도들의 믿음을 더욱 깊게 하실 수도 있다. 또 설교를 통해 교회 안에서 지체들 간의 사랑을 더욱 강화하여 모두를 하나의 공동체로 더욱 강하게 결속시키고, 사회를 향하여 더욱 중대한 봉사의 사역을 감당하도록 도전하실 수도 있다. 또 현재 삶의 방식에 대해 심각하게 의문을 던지게 하면서 장차 우리에게 임할 심판의 끔찍한 무게를 의식하게끔 하신다. 설교를 통해 근심에 빠져 있는 우리를 위로하실 수도 있으며, 우리 마음의 죄책감을 제거하거나 죄를 용서하시며, 우리 마음을 성령의 물결로 가득하게 하시기도 한다. 또 교인들을 그분의 영광과 위엄에 대한 거룩한 느낌으로 압도

되게 하여 한 쪽 발을 천국에 딛고 있는 것 같은 느낌을 들게 하실 수도 있다. 또는 우리가 그의 영원하신 팔 아래에 둘러 싸여 있다는 확신으로 우리를 붙드실 때도 있다.

이렇듯 말씀 가운데 역사하시는 하나님께서는 그분을 향한 예배 가운데 이에 대한 합당한 반응을 요구하신다. 예배 가운데 회개와 신앙의 고백과 찬양, 감사, 간구를 그리고 무엇보다도 우리의 삶을 오직 그분께 온전히 내어드리며 헌신하기를 요구하신다. 분명한 사실은 그분의 백성들이 교회에 들어와 말씀을 들은 후에는 결코 동일한 상태로 남아 있어서는 안 된다는 점이다. 진리가 신실하게 선포되고, 하나님께서 그의 성령으로 그렇게 하기로 뜻하신다면 하나님의 말씀은 분명히 청중과 그들의 삶을 변화시킨다. 하나님은 계속해서 진행되는 구원 계획안에서 그러한 변화를 사용하시기 때문이다.

주님의 말씀으로 인해 회중의 세계관에는 전체적인 변화가 나타난다. 요즈음에는 영성에 관해 다양한 의견들이 제시되고 있고 이 단어에는 여러 의미들이 내포되어 있지만, 참된 영성을 경험한 사람이라면 세계관이 통째로 변화되어야 한다는 게 나의 생각이다.

오늘날 우리가 섬기는 사람들은 거의 전적으로 세속적인 사회 속에서 살고 있다. 다시 말해 그들이나 우리 모두는 하나님이 없다고 생각하는 사회 속에서 산다. 그리고 미국시민자유연맹(ACLU)이나 다른 무신론 단체들의 영향으로 인해 학교나 대중매체, 법정, 대학, 공공기관, 사회생활 속에서 기독교의 하나님을 언급하지 못하도록 거의 완벽하게 배제시키고 있으며, 이런 분위기 속에서 무신론적 견해가 더욱 조장된다. 그 결과 오늘날의 사람들은 주께서 국제 관계를 지배 감독하고 있다고 구약 선지자들이 전했던 말씀을 더 이상 믿지 않는다. 사람들은 하나님이 아닌 정치가들과 군대, 그리고 거대한 다국적 회사들이 현재의 세상을 움직이고 있다고 생각하며, 일부 테러분자들이 우리 모두를 저 세상으로 날려 보내버릴지도 모른다는 근심어린 생각에 빠져 있다.

동일한 맥락에서 오늘날 대부분의 사람들은 하나님께서 자연 세계를 다스리는 주인이시라는 성경 전체의 증언도 더 이상 믿지 않는다. 과학자들은 우주가 생겨나던 빅뱅의 순간에 무슨 일이 발생했는지를 거의 밝혀내지 못했지만, 대부분의 사람들은 자연 세계가 하나님과 상관없이 그저 자동적으로 돌아간다고 강하게 확신하고 있다. 이들은 모두 이신론자들(deists)이다. 사람들은 자연 법칙들을 보면서 진화와 순환 주기에 집중한다. 또 요즈음 사람들은 과학자들이 자연의 모든 신비를 풀 수 있는 유일한 존재라고 믿고—그 믿음이 상당히 약화되긴 했지만— 있다. 오늘날 많은 사람들의 관점에서 볼 때 예수의 기적과 부활은 모두가 우화일 뿐이다. 또 하나님은 세상을 창조하셨을 뿐만 아니라 자신의 목적을 가지고 만물의 운행 과정을 붙들고 지키신다는 성경의 주장이나, 자연 역시 구속을 필요로 한다는 성경적 관점은 21세기 사람들의 사고방식으로 볼 때는 모두 불합리해 보인다.

미국의 대중은 자신이 궁지에 빠졌을 때 거기서 꺼내줄 신적인 존재를 믿는 것처럼 보인다. 오늘날 사람들은 이 신적인 존재를 다양한 방식으로 떠올리기도 한다. 하지만 삼위 하나님의 신성한 교제는 오늘날 우리 가운데 팽배한 개인주의와 정면으로 대립한다. 오늘날 우리 모두는 개인주의를 추구하면서, 성경에 나타난 하나님의 목적에 대해서는—하나님의 인도하시는 주권 아래서 의와 믿음으로 함께 살아가는 새로운 공동체를 건설하는 것— 전혀 아는 바가 없다. 사람들은 그저 심리학자나 의사, 결혼 상담가, 어린이 양육 단체, 마사 스튜워트(Martha Stewart, 폴란드계 미국인으로 TV 요리프로그램 '마르다'의 주인공으로 명성을 얻은 후 현재 자신의 이름을 단 회사 MSO, Martha Stewart Living Omnimedia라는 기업의 소유주이자 최고 경영자이다 - 옮긴이), 최근 유행, 미디어, 그리고 심지어는 '친애하는 에비에게'(Dear Abby)라는 칼럼에서 나름대로 삶의 지침을 얻으려고 한다.

하지만 하나님의 말씀으로 말미암은 신앙은 이 모든 것들을 변화시킨다. 우리 모두는 하나님이 임재하시는 세상, 다시 말해 어떤 사건도 그분의 주권에서 벗어날 수 없고, 어떤 말도 그의 지켜보시는 눈길을 피할 수 없으며, 하나님의 팔에 감싸여 있는 바로 그 세상 속에서 살아가고 있음을 깨닫게 될 것이다. 우리가 하늘로 올라갈지라도 그분은 거기 계시며, 우리가 지옥에 잠자리를 깔고 누울지라도 주께서는 거기 계신다. 하나님은 모든 피조물의 주인이자 왕이며 지배자이고 구세주로서, 그리고 이 세상을 극진히 사랑하사 자신의 독생자를 내어주심으로 누구든지 그를 믿는 자는 멸망하지 않고 그와 함께 영생을 얻도록 하시는 만물의 하나님으로서 이 세상을 통치하신다. 나는 성경적 설교란 바로 이러한 세계관을 성도들에게 심어줄 수 있는 설교라고 생각한다. 이런 설교는 그리스도의 영의 역사하심으로 말미암아 만물에 대한 우리의 관점을 변화시킬 수 있다. 누구든지 그리스도 안에 있으면 그는 새로운 피조물이며, 그들이 함께 모여 예배하는 공동체는 우리 주 하나님과 언약을 맺은 언약 백성이기 때문이다.

결국 모든 것은 성경 본문과 관계를 맺는 것에 달려 있다. 그래서 우리는 그 특정한 날에 설교자와 청중을 향해 말씀하시는 살아계신 하나님의 말씀 속으로 들어가야 한다. 당신과 내가 흔히 범하는 실수 가운데 하나는 본문에 '관하여'(about) 말하고 설교를 끝내버린다는 점이다. 어떤 설교자들은 심지어 성경 본문을 읽기만 하고 전혀 다루지 않는다. 우리 중 대다수는 그저 성경 본문에서 한 발짝 떨어져서는 이 본문을 마치 논쟁이 필요한 물건인양 다루기 일쑤다. 그래서 우리는 설교에서 '이 본문은 말하기를'이라는 어투를 반복한다. 또는 '이 본문에 등장하는 이 사람은 이렇게 생각하고 있습니다'나, '시편 기자는 이런 저런 일들을 경험했습니다'라고 말한다. 그러면서 본문에서 한 발짝 떨어져서 냉정하게 관찰하려든다.

하지만 하나님은 대부분의 성경을 통해 우리에게 직접 말씀하신다. 하나님께서는 이 성경을 사용하여 우리 가슴과 마음과 우리가 처한 상황을 향하여 직접 말씀하신다. 구약에 기록된 대부분의 구절들 역시 그렇다. 예를 들어 하나님께서 아모스 선지자의 시대에 북이스라엘에게 "내가 땅의 모든 족속 가운데 너희만을 알았나니 그러므로 내가 너희 모든 죄악을 너희에게 보응하리라"(암 3:2)고 하실 때, 이는 그저 주전 8세기에 살았던 이스라엘에게만 하신 말씀이 아니다. 이 말씀은 21세기를 살아가는 우리를 향하여, 우리 성도들을 향하여 하시는 하나님의 말씀이기도 하다. 사도 바울에 의하면, 우리는 예수 그리스도 안에서 하나님의 새로운 이스라엘 백성이다 ('하나님의 이스라엘', 갈 6:16). 그래서 옛날 하나님의 언약 백성인 이스라엘을 향한 하나님의 말씀과 행위는 당연히 그대로 우리를 향한 하나님의 말씀과 행위도 된다. 따라서 아모스의 메시지를 설교하는 설교자의 임무는 그 선지자의 메시지를 오늘날 주일 아침 교회에 모인 그의 백성들을 향한 하나님의 직접적인 말씀과 행위로 중간에서 전달해야 한다.

이 모든 임무는 설교자가 먼저 본문 속으로 들어가서 그 본문의 의미와 강조점, 구조, 그리고 메시지 등을 온전히 흡수한 다음, 성령 하나님의 은혜로 오늘 살아 계신 하나님 앞에 모여든 그의 백성들을 위한 살아 있는 직접적인 말씀으로 선포하는 데 달려 있다. 그러면 우리는 어떻게 이것을 감당할 수 있을까?

나는 이 질문에 완벽하게 대답할 수는 없다. 이를 위해서는 많은 기도와 묵상, 역사하는 하나님 말씀에 대한 전폭적인 신뢰, 그리고 성령 하나님의 은혜로운 역사하심이 필요하기 때문이다. 그러나 여기에서는 적어도 내가 깨달은 유용한 방법을 나누고자 한다. 이로 인해 나는 계속 성경 본문에 집중할 수 있었고, 자신의 생각을 따라서 헛되이 방황하지 않게 되었다.

나는 이 방법을 "수사학적 분석"(the rhetorical analysis)이라 부르겠다. 이는 본문의 단어와 문맥을 직접 살피며 성경 본문의 수사적 구조를 연구하는 것으로, 히브리어나 헬라어 성경이라면 더욱 좋겠지만 번역본으로도 진행할 수 있다. 본문 연구 과정에서 당신은 반복되는 단어들, 감탄사, 질문, 평행법, 포괄형식(inclusion), 명령문, '그러나'와 같은 반대 접속사, 대조법, 불변화사나 분사의 사용, 시에서의 절과 운의 구조 등등, 본문에서 사용된 문법적이고 언어적인 모든 요소들에 주목해야 한다. 이 모든 요소들은 본문의 강조점이 어디에 있는지를 보여주면서 당신을 그 본문의 핵심 사상으로 안내하는 기능을 한다.

몇 가지 사례를 살펴보자. 먼저 신명기 8:7-20절을 읽어보자. 이 본문은 3년짜리 성서일과의 A주기(Cycle A)에서 감사절을 위한 구약 본문으로 지정되어 있다. 일부 설교자들은 오늘날 우리가 누리고 있는 부와 사치에 관해 심각하게 생각하도록 이 본문을 사용하기도 한다. 하지만 그 전에 본문에 등장하는 반복법에 주목해 보자. 성경은 어떤 의미를 강조하기 위해 특정 단어와 구절을 사용하기 때문에 그런 단어나 구절을 눈여겨보는 것이 좋다. 여기서는 '네 하나님 여호와' 라는 구절이 7, 10, 11, 14, 18, 19, 20절에서 반복되고 있다. 또 '잊어버리다' 는 단어가 11, 14, 19절에서 반복되며 그에 대한 당연한 논리적 결과로 18절의 '기억하라' 는 선언이 등장한다. 그래서 이 본문의 주된 지향점은 잊지 말고 기억하라는 것임을 알 수 있다.

자, 그렇다면 우리 주 하나님께서 행하신 모든 것들을 잊지 않고 기억하는 것이 감사절과 무슨 상관이 있을까를 생각해보자. 구약 전편에 걸쳐 우리는 이스라엘이 하나님의 행위를 잊어버릴 때 신앙도 잃어버렸다는 사실을 쉽게 관찰할 수 있다. 그래서 감사절을 위한 이 본문에서 우리는 주께서 행하신 모든 선한 일들을 기억하면 감사할 수 있음을 강조할 수 있다. 감사의 기초는 기억하는 것이다. 우리에게는 마땅히 기억해야 할 하나님의 여러 가지 은혜로운 사건들이 있다. 그리고 이러한 것들은 당신의 설교 내용을 더욱 풍성하게 할 것이다.

또 다른 사례를 들어보겠다. 성경에 기록된 찬송에 등장하는 작은 불변사인 히브리어의 '키'(ki)와 헬라어의 '호티'(oti)—'왜냐하면' 혹은 '때문에'로 종종 번역된다—의 용례들을 살펴보자. 이 단어는 앞에서 언급했던 내용에 대한 이유를 밝히는 중요한 기능을 한다. 시편 98편 1절을 보자. "새 노래로 여호와께 찬송하라 [왜냐하면](for)

그는 기이한 일을 행하사 그의 오른손과 거룩한 팔로 자기를 위하여 구원을 베푸셨음이로다." '왜냐하면'으로 시작되는 구절은 하나님께 찬송해야 하는 이유를 말해준다. 그래서 당신은 우리가 하나님을 찬양해야 하는 이유로 주께서 거두신 승리를 쉽게 떠올릴 수 있을 것이다. 언젠가 어떤 학생이 채플시간에 설교하면서 우리더러 그저 하나님을 찬양하라고만 권면한 적이 있었다. 예배가 끝난 후 나는 그 학생을 불러서 우리에게 하나님을 찬양해야 하는 이유를 왜 말해주지 않았느냐고 물었다. 이 시편에 등장하는 '왜냐하면'은 우리에게 그 이유를 밝히고 있으며, 그래서 당신의 설교에 대해서도 중요한 지침을 제공한다.

이 시편의 8-9절을 살펴보자. "여호와 앞에서 큰 물은 박수할지어다 산악이 함께 즐겁게 노래할지어다 [왜냐하면](for) 그가 땅을 심판하러 임하실 것임이로다 그가 의로 세계를 판단하시며 공평으로 그의 백성을 심판하시리로다." 여기에 등장하는 자연 만물은 하나님을 찬양하라는 요청을 받고 있다. "왜냐하면" 하나님께서, 그리고 다시 재림하실 때 그리스도께서 이 세상에 마지막 심판을 가져오시기' 때문이다. 그리고 그 심판의 본질은 의롭고 공정할 것이다. 오늘날처럼 악한 세상에서 그러한 기대감은 피조계가 하나님을 찬양해야 할 이유가 되지 않을까? 이 외에도 누가복음 1장과 2장, 그리고 계시록 19장에서 발견되는 찬양시의 구조들 역시 우리의 설교에서 어떤 내용을 포함해야 할지에 관한 좋은 지침이 된다.

'왜냐하면'이라는 이 작은 단어는 이사야 43:1-7절에서도 중요한 역할을 감당한다. 이 구절은 성서일과 C주기에서 새해 첫 주일을 위해 지정된 본문이다. 그런데 이 본문에서는 반복법 역시 매우 중요한 역할을 하고 있다. 이 구절을 좀 더 자세히 살펴보자.

이 구절은 하나님께서 지으신 백성들을 향한 메시지이다. 그런데 7절에 의하면 이 백성들은 자신들을 지으신 하나님의 이름을 부르는 자들이다. 이것은 당연히 오늘날의 교회에게도 그대로 적용된다. 교회는 하나님에 의해 세워졌다. 그와 동시에 세례 받은 모든 영혼들은 하나님의 이름을 부른다. 우리 모두는 '그리스도인' 즉 '그리스도의 사람들'이며, 그래서 우리는 이 구절을 직접적으로 우리에게 주어진 메시지로 받아들일 수 있다. 이 구절에는 두 개의 중요한 반복—1, 5절에서 '두려워 말라'와 2, 5절에서 '내가 너와 함께 하리라'는 구절—이 나타난다. 이 내용은 주께서 하늘로부터 발하시는 두 가지 중요한 선언이다. 그리고 이 본문에서는 '왜냐하면'이라는 단어도 분명하게 나타나면서 왜 우리가 두려워 말아야 하는지 그 이유를 제시한다. 번역본에는 분명하게 나타나지 않지만, 히브리어 성경에서는 각기 다른 다섯 개의 구절이 모두 '왜냐하면'이란 단어로 시작되면서 우리가 처한 상황에서 두려워 말아야 할 이유를 모두 설명해 준다.

1절 - 내가 (십자가와 부활로 죄와 사망에서) 너를 구속했기 때문에 너는 두려워 말라.

2절 - 네가 (어둠과 악, 그리고 죽음의 상징인) 물 가운데로 지나더라도 그 물이 너를 침몰치 못할 것이기 때문에 두려워 말라. 또 네가 (연단의 상징인) 불 가운데로 행할 때에 불꽃이 너를 사르지도 못할 것이기 때문에 두려워 말라.

3절 - 나는 여호와 네 하나님이기 때문에 두려워 말라 (그리고 이 말씀은 그리스도 안에서 맺은 언약 관계에서 그대로 메아리친다).

5절 - 내가 너와 함께 할 것이기 때문에 두려워 말라 (우리는 우리와 항상 함께 있겠다는 그리스도의 약속을 통해서도 이 사실을 잘 알 수 있다)

이상의 구조는 오늘날 우리가 성도들에게 왜 두려워 말아야 하는지를 말하는 설교에서 그대로 활용될 수 있다. 그리고 '왜냐하면'이라는 단어는 앞에서 언급하는 문장과 분리되어서는 안 된다. 예를 들어 신약성경의 마태복음은 20:1절에서 새로운 장이 시작되고 있다. 그런데 20장의 첫 구절이 '왜냐하면'으로 시작하기 때문에 이 절은 그 앞의 19:30절과 분리되어서는 안 되며, 19:30절과 20:16절의 반복은 이 점을 분명하게 확증해 준다. 또 비록 영어 역본에서 시(詩)의 경우 각 연(聯)의 구분은 본문의 의미를 파악하는 데 매우 중요한 역할을 하지만 성경의 시문학에서 '키'(ki)는 새로운 연의 시작으로 간주하여 구분하기 보다는 앞의 내용과 연관지어 이해해야 한다.

성경에서는 반대 접속사도 매우 중요한 역할을 감당한다. 예를 들어 요엘 2:12-17절은 3년 주기 성서일과에서 항상 '재의 수요일'(Ash Wednesday)을 위한 구약 본문으로 지정되어 있다. 요엘 선지자는 우리 모두에게 임할 하나님의 마지막 심판 날의 도래에 관하여 선포하고 있다. 그런데 이러한 심판에도 불구하고 12절은 '이제라도'라는 놀라운 반대 접속사로 시작하면서, 주님은 은혜로우시며 자비로우시고 노하기를 더디하시며 인애가 크시기 때문에 우리의 모든 죄악에도 불구하고, 심지어는 우리가 지금 처한 상황에도 불구하고 그리고 우리의 형편이 어떠하든지 관계없이 그에게로 돌아갈 수 있는 길을 다시 제공하신다는 은혜의 말씀을 전하고 있다. 이 얼마나 은혜로운 말씀인가! 성경에서는 이렇게 하나님의 위대한 역전, 하나님의 '그럼에도 불구하고', 모순처럼 들리는 말씀이 이러한 반대 접속사로부터 시작되고 있다.

또 다른 사례들도 많다. 예수께서 부활하신 주일 아침에 여자들이 예수의 몸에 기름을 바르기 위해서 무덤으로 갔을 때, "돌이 무덤에서 굴려 옮겨진 것을 보고 [그러나] 들어가니 주 예수의 시체가 보이지 아니하더라"(눅 24:2-3). 또 다른 사례는 이사야 40장에서 볼 수 있다. "모든 육체는 풀이요 그의 모든 아름다움은 들의 꽃과 같으니 … 풀은 마르고 꽃은 시드나 [그러나] 우리 하나님의 말씀은 영원히 서리라"(사 40:6, 8). 성경 본문에서 이러한 수사적인 구조들에 세심한 주의를 기울인다면, 우리는 본문의 세계로 깊숙이 들어갈 수 있을 것이고, 성경의 입장이 아닌 자신의 생각을 설교하는 일은 그만큼 줄어들 것이다.

성경 본문을 분석할 때는, 그 본문의 근접문맥을 참고하는 것 역시 매우 중요하다. 우리에게 잘 알려진 미가서 6장 8절은 그 전에 1절부터 7절까지 언급된 법정 기소문 형식의 구절에 속해 있다. 1절부터 5절에서 하나님은 소송을 제기하시는데, 그 소송 내용은 하나님 때문에 괴롭다는 하나님의 백성들의 헛된 주장(3절)에 대한 것이다. 그리고 이어 6절과 7절에서는 이에 대한 이스라엘의 반응이 이어지고 있다. 그래서 우리가 풀어야 할 고민은 '6-7절의 이스라엘의 질문을 어떻게 해석해야 하는가?' 이다. 이 구절에서도 이스라엘은 여전히 하나님 때문에 괴로워하고 있는가? 6-7절의 질문은 하나님에 대한 우려와 근심을 담은 질문인가, 아니면 주님을 만족케 할 수 있는 것은 아무것도 없다는 빈정거림을 담고 있는가? 나는 루터와 같은 입장에서 후자를 지지한다. 하지만 그러한 지겨워 보이는 빈정거림에 대해 주께서는 위대한 인내 속에서 8절의 말씀을 하신다.

본문에 대한 관주 성경 구절을 참고하는 것 역시 매우 중요하다. 이런 구절들은 책 페이지 중심이나 아래 여백에 기재한 관주 성경에 소개되어 있다. 만일 설교자가 그러한 참고 구절들을 찾아보거나 또는 같은 단어에 대한 용례 사전들을 찾아보는 데 충분한 시간을 투자한다면, 성경은 특정 구절을 어떻게 이해하고 있으며(성경으로 성경을 해석한다), 특정 구절이 구속사 속에서 어떤 궤적을 밟아 왔는지 파악하는 데 큰 도움을 받을 수 있다.

다음의 사례를 살펴보자. 연중 성서일과표의 C주기에서 비절기 17번째 날을 위하여 지정된 본문인 예레미야 2:4-13절의 법정 기소문 중에서, 여호와는 자신을 '생수의 근원'으로 묘사한다. 그런데 같은 구절에서 여호와께서는 사막에서 물을 가두지도 못할 터진 웅덩이를 스스로 파기 위해 이스라엘이 하나님의 무진장한 생수를 팽개친 것을 고소한다. 그렇다면 우리는 이 구절을 신약과 어떻게 서로 조화시킬 수 있을까? 성구 용례 사전(concordance)에서 "생수"(living waters)라는 단어를 직접 찾을 수는 없지만 '살아 있는'(living)이라는 단어에 주목한다면 요한복음 4:10-14절로 연결된다. 여기에서 예수님은 사마리아 여인에게 '생수' 즉 '영생하도록 솟아나는 샘물'을 줄 수 있다고 말씀하신다. 이와 마찬가지로 요한복음 7장 38절에서 주님은 자기에게 나아오는 자들의 심령에서 솟아나는 '생수'에 관하여 말씀하신다. 이렇게 구약 본문에 대한 신약의 대칭 구절들은 구약의 이스라엘과 마찬가지로 오늘날의 성도들 역시 어디에서 영원한 생명수를 발견할 수 있는지를 분명히 보여준다. 따라서 설교자는 주전 7세기 후반 예레미야가 활동하던 시대에 거짓된 우상을 섬기던 이스라엘이 처한 상황을 묘사하면서도 아울러 이 이야기가 어떻게 오늘날 예수 그리스도 안에 있는 현대인의 삶을 그대로 묘사하고 있는지를 보여줄 수 있다.

이렇게 성경 구절을 깊이 연구하며 그 구조를 분석하고 문맥을 조사하며 의미 과정들을 추적한다면, 그리고 그 연구 과정이 조심스럽고 정직하게 진행된다면 설교자는 필연적으로 자기 개인의 견해나 관점이 아니라 성경 본문에 근거하여 설교할 수 있게 될 것이다. 하나님께서 자신의 성령으로 그렇게 행하기로 뜻하셨다면 이 과정을 통해 자신의 일을 행하기 위해 이 본문을 사용하시며 교회에 자신의 말씀을 전하시게 된다. 그러할 때 우리의 설교는 참으로 성례전적인 설교가 될 것이다. 그때에야 비로소 우리의 설교는 살아 계신 하나님, 인간의 삶을 변화시키고 모든 만물을 새롭게 하시며 이 땅에 임할 영광스럽고 즐거운 나라를 향해 그의 사랑 안에서 만물을 선하게 이끌어 가시는 하나님의 말씀이 되며, 주님의 일하시는 사건으로 쓰임받을 것이다.

제3부

준비된 설교자

*맥시 더남(Maxie Dunnam)

    1994년에 에즈베리 신학대학원 학장직에 부임했다. 이 신학교에 부임하기 전에 그는 테네시 주의 멤피스에서 6천 명 규모의 그리스도연합감리교회(Christ United Methodist Church)에서 12년 간 담임목사로 사역했다. 그리고 1975년부터 82년까지는 매일의 경건생활을 안내하는 「다락방」(The Upper Room)의 편집장으로 활약했으며, 그 전에는 이 잡지의 '기도생활과 친교' 부문 국장으로 활동했다.

    더남 박사는 서던 미시시피 대학교(Univ. of Southern Mississippi)에서 학사학위를 받았으며, 에모리 대학교에서 신학석사 학위를, 그리고 에즈베리 신학대학원에서 신학박사 학위를 취득했다. 최근에 그는 세계감리교협의회의 의장직을 맡기도 했으며, 지금은 세계복음전도위원회(World Evangelism Committee)의 의장직을 맡고 있다. 그는 또 연합감리교회의 대학 이사회 임원으로 선출되었으며 신학교협의회의 집행위원회에서도 활동하고 있다.

    다작가인 더남 박사는 널리 읽히고 있는 「살아있는 기도를 위한 지침서」(Workbook on living Prayer)와 「이것이 기독교이다」(This is Christianity) 그리고 「우리가 기도하지 않으면」(Unless We Pray)을 포함하여 30여권 이상을 저술했으며, 설교자를 위한 주석 시리즈물 중에서도 두 권을 집필했다. 더남 박사와 그의 아내 제리(Jerry) 사이에는 세 자녀, 킴(Kim)과 케리(Kerry), 그리고 케빈(Kevin)이 있다.

제6장

설교자의 거룩

맥시 더남

성도들이 목회자에게 기대하는 최상의 요구는 목회자 개인의 거룩함이다. 다년간의 목회 사역을 거치면서 나는 로버트 머레이 맥체인(Robert Murray McCheyne)이 주장했던 이 진리가 참으로 옳다는 점을 실감했다.

목회를 시작했던 초창기, "나는 내가 원한만큼 거룩해진다"는 놀라운 사실을 접했던 때가 아직도 기억난다. 당시 나는 비약적으로 성장하고 있는 교회에서 행정 목사로 사역하고 있었다. 이러한 성장 속에서 나는 교회 사역에 최선을 다했다. 하지만 중요한 사안에 관해 나는 상당수의 성도들과 의견이 일치하지 않았다. 그러자 여러 압력과 스트레스, 그리고 긴장감이 몰려오기 시작했고, 결국은 육체적으로, 감정적으로, 그리고 영적으로 탈진하고 말았다. 심지어는 목회를 포기하고픈 생각도 들었다. 나에게 남아 있는 자원이 더 이상 없어 보였다. 그런데 갑자기 주께서 베푸시는 은혜로운 사건 하나가 발생했다.

심신이 지쳐 있던 나는 전 세계적으로 유명한 선교사이자 복음전도자인 스텐리 존스(E. Stanley Jones)가 인도하는 집회에 한 주간 정도 참석했다. 어느 저녁 집회 시간에 나는 그에게 기도를 부탁하기 위해 강단 앞으로 나아갔다. 그는 내 형편을 잘 알고 있었다. 그 주간에 내 형편을 들려주었기 때문이다. 함께 기도하기 위하여 무릎을 꿇자, 그가 나에게 질문 하나를 던졌다. "목사님은 진정 거룩해지고 싶습니까?"

그날 밤의 결단과 기도는 내 생애에서 거룩함으로 나아가는 중요한 사건이 되었다. 그리고 이 일을 계기로 내 사역의 방향도 결정적으로 바뀌었다. 이후로 계속해서 나는 이렇게 묻곤 한다. 나는 정말로 거룩해지기를 원하는가? 나는 정말로 내가 원하는 만큼 거룩해질 수 있음을 계속 확인해오고 있다.

목회 사역에서 영성과 감성 그리고 관계적인 측면에서 성장하려면 시간과 에너지, 훈련이 필요하다. 우리의 내적인 삶이 성장할 때 비로소 우리는 목회적인 의무와 중압감으로부터 벗어날 수 있다. 하지만 우리가 올바른 관점을 유지하지 않는다면 이런 의무들은 우리를 산채로 삼켜버리고 말 것이다. 사역을 처음 시작할 때에 우리는 모두가 하나님을 향한 열정으로 가득 차 있으며 오직 하나님만을 영화롭게 하는 것 외에는 아무것도 원하지 않는다. 하지만 우리는 얼마 못되어 목회적인 야망과 성공에 마음을 빼앗기는 유혹에 직면한다. 그리고는 더 큰 교회와 더 많은 사례비, 그리고 더 높은 명성을 찾아서 성공의 사다리를 오르기 시작한다.

그렇게 한참을 오르다가 우리는 얼마나 멀리 빗나갔는지를 깨닫는다. 영적인 성숙과 인격을 완전히 내동댕이친 것은 아니지만, 우리는 여기에 시간과 관심을 충분히 쏟지 않았던 것이다. 한참을 가다보니 어느 새 잘못된 길로 접어든 사실을 뒤늦게 발견하는 사람들도 있다. 우리의 첫 사랑을 버리지 않았다 하더라도, 그 첫 사랑이 생생히 살아 있느냐가 문제다. 그 사랑을 최우선으로 삼지 않았던 것이다. 하지만 불행하게도 우리 중 상당수의 목회자들이 40대가 되고 50대가 되어서도 아직도 이런 사실을 잘 깨닫지 못하고 있다.

가장 먼저 확신 있게 말하고 싶은 것이 있다. 목회 리더십으로 나타나는 모든 형태의 결실과 진보는 그의 인품에 기반을 두고 있다는 사실이다. 우리가 누구인가 하는 문제는 우리가 무엇을 하느냐 보다 더 중요하다. '성도들이 목회자에게 기대하는 최상의 요구는 목회자 개인의 거룩함이다'는 맥체인의 조언이 그토록 중요한 이유도 바로 이 때문이다.

마귀는 우리를 결코 내버려 두지 않는다. 게다가 놀라운 사실은 우리의 목회 속에 목회자의 인격적 성숙을 방해하는 잠재적인 요소가 들어 있다는 점이다. 평범한 성도들은 목회자가 되면 자연히 그 인격도 성장할 것으로 생각한다. 하지만 우리 생각은 다르다. 몇 가지 이유 때문에 목회직을 통해서도 인간 심령은 메마르고 질식된다. 그 이유를 잠깐 살펴보자.

솔직히 말해서 우리는 고용보장에 대한 필요를 느낀다. 목회의 성격과 방향 가운데 많은 부분이 이러한 필요에 의해서 결정되고 있다. 예를 들어 목회 사역에 필요한 예언자적인 날카로움이 이러한 곤란한 일들로 무뎌진다. 회중의 마음은 변하기 쉽고, 당회나 운영

위원회는 비현실적이고 요구하는 것도 많다. 너무도 많은 교회가 지도자들이 감당할 수 있는 분량 이상의 것들을 요구한다.

사역 초기에 언젠가 한 번, 나는 심각한 사안에 관하여 분명한 성경적 입장을 취해야만 했고 이 일을 계기로 교회에서 상당수의 교인들과 정면으로 대립하게 되었다. 교회 장로들은 이 문제를 다루기 위해 특별 위원회를 소집했는데, 그 중에 일부는 내 입장을 지지했고 또 일부는 나를 반대했다. 몇 차례 위원회 모임이 진행된 다음 교회에서 상당한 권한을 행사하는 반대측 장로 한 분이 나에게 이렇게 물었다. "목사님! 우리가 앞으로 목사님께 무엇을 기대할 수 있을까요?" 잠깐 적절한 대답을 찾는 중에 나는 성령께서 내 안에서 역사하고 계심을 느꼈다. 그리고는 이렇게 대답했다. "장로님은 제가 복음의 명령을 일관되게 지켜나가는 모습을 보실 것입니다."

나는 그간 목회를 하면서 이 확신에 대해서는 조금도 의심이 없었으며 이것을 강력하게 붙잡았노라고 주장하고 싶다. 하지만 실상은 그렇지 못했던 것 같다. 솔직하게 말한다면 아마도 우리 모두는 성경말씀보다는 고용안정에 대한 필요가 목회의 성격과 방향을 결정했노라고 자백할 것이다. 그리고 이러한 점이 목회자의 인격 성장에 늘 방해가 된다는 점도 어렵지 않게 깨달을 수 있다.

목회자의 인격적 성숙을 방해하는 두 번째 요소로, 고용안정에 대한 필요와 긴밀하게 연결되는 것이 바로 목회자의 잦은 이동이다. 매 2년, 또는 3년, 4년마다 사역지를 바꾸면 사역의 문제점을 분명히 파악하거나 자신의 인격과 성품에서 재발하는 문제들을 직면할 기회도 사라지고 만다.

또 다른 요소는 과중하고 비현실적인 기대감이다. 어떤 여성도가 유명한 설교자인 알렉산더 화이트(Alexander Whyte)에게 다가와서는 호들갑을 떨면서 그를 칭찬하는 말을 늘어놓았다. "오 화이트 목사님! 저도 목사님처럼 그렇게 거룩할 수만 있다면 얼마나 좋을까요." 그러자 그가 이렇게 대답했다. "부인! 만일 부인께서 제 속마음을 들여다보신다면 아마도 제 얼굴에 침을 뱉고 말 것입니다." 사람들이 우리의 참 모습을 알게 된다면 더 이상 우리를 신뢰하지 않게 될까 두려운 게 목회자들이다. 그래서 어떤 이들은 가면을 쓰고 실체를 숨긴다. 하지만 위선이야말로 우리가 대항해야 할 가장 심각한 유혹이다.

목회자의 인격적 성숙을 방해하는 다른 장애물로는, 높은 기대감의 반대되는 개념으로, 우리가 평범하게 사역하기를 바라는 마음이다. 일부 교인들은 우리가 진정한 성도가 되는 것을 원하지 않는다. 우리가 그리스도를 닮은 말과 행실로 사람들에게 부담스러운 도전을 주는 것이 영 마뜩지 않은 것이다. 대신에 이들은 우리가 그저 점잖고 고상하게 목회직을 감당하기만을 바란다. 이럴 때 목회는 단지 모두가 적당히 만족하는 선에서 끝나기 쉽다. 그리스도께서 우리를 부르신 자리로 모두를 인도하기 위해 정말로 고군분투하는 대신, 우리는 그저 기대되는 수준 정도로만 살면 된다. 정기 심방과 점잖은 설교, 여성도 모임에서의 축복의 말잔치로 모두가 만족한다. 아마 그 정도가 목회일이 될 수도 있겠지만, 실상 진정한 목회는 이것과 비교될 수 없이 크다.

가족의 압력(family pressure)도 목회자의 인격 성장을 가로막고 거룩을 추구하는 우리의 노력에 중대한 역할을 담당한다. 이것은 비단 목회자의 가정에서만 나타나는 것은 아니다. 하지만 목회자의 경우

사역의 압박으로 인해 더욱 가중될 수도 있다. 그래서 목회자들은 자신의 가정과 다른 가족 구성원들과의 관계 속에서 어떻게 성장해 갈지에 대해 특별한 관심을 기울여야 한다.

목회자인 우리는 계속해서 다음과 같은 질문들을 스스로에게 던져보아야 한다. 그럴 때 우리는 목회직의 소명과 관련된 유혹들을 적절히 대처할 수 있을 것이다.

1. 나는 가능한 솔직하게 생활하면서 특정한 이미지로 자기를 꾸미려는 유혹에 잘 저항하고 있는가?
2. 나는 그럴듯해 보이는 타인의 칭찬과 그에 따른 자기기만에 잘 대처하고 있는가?
3. 나는 고용 안정과 경쟁의식의 유혹에 대항하면서 주께로부터 부름 받은 소명을 분명하게 유지하고 있는가?
4. 시간 활용과 영적 훈련에 관한 질문을 받았을 때 혹시 나는 방어적인 입장을 취하지는 않는가?
5. 자신의 결점과 선택에 따른 결과로 인해 타인을 비난하지는 않았는가?

목회 리더십에서 비롯되는 모든 형태의 결실과 진보는 무엇보다도 그 목회자의 인격에서 비롯된다. 그저 이해하고 고개를 끄덕이는 것으로는 충분하지가 않다. 우리의 인격을 세우고, 하나님이 부르신 선지자/제사장다운 삶을 살기 위해 기꺼이 영적 훈련을 감당해야 한다.

미국에서 가장 큰 교회 중의 한 곳에서 목회하는 친구 목사가 자기 경험을 나에게 들려주었다. 대학에 들어갈 당시 그는 한 장로교회의 후원 아래 목회 사역을 위한 후보생에 지원했다. 이후 매년 그는 자신의 진척과 학업, 그리고 앞으로의 계획을 설명하기 위해 이 후원회에 나가야만 했다. 그는 그 모임을 회고하면서 이렇게 말했다. "그 모임에 관련해서 지금도 내가 기억하고 있는 것 하나가 있네. 내가 그곳에 갈 때마다 백발이 다 된 낙스 목사님이 일어나서는 항상 똑같은 질문을 던지셨지. '프랭크! 지금 자네는 그리스도와 동행하는 삶에서 어떤 진보를 이뤄내고 있나?'"

이것은 우리 자신을 위해서 스스로에게 던져야 할 영적인 도전이다. 다음 세 가지 질문을 스스로에게 해보라.

1. 나는 지금 성장하고 있는가?
2. 나는 변화를 원하는가?
3. 거룩해지려는 나의 열망은 얼마나 간절한가?

우리 모두는 목회사역에서 중요한 분수령을 이루는 결정적인 사건들을 기억할 것이다. 예를 들어 소명이나 그리스도인의 삶, 그리고 영성에 관한 우리의 이해에 있어서 큰 변화를 맞거나 극적인 방향전환이 일어나고 패러다임의 바뀌는 그런 시기가 있다. 나에게는 〈다락방〉에 참여하여 사역을 지도하는 일에 초청을 받았을 때가 바로 그런 시기였다. 나는 기도 훈련에 관한 지침과 자료들을 제공하면서 성도들을 좀 더 풍성한 기도 생활로 인도하는 일을 맡았다.

이러한 책임을 계기로 내 개인 기도생활 역시 좀 더 신중하고 훈련된 형태로 성장하게 되었으며, 예전에 비해 좀 더 폭 넓은 영성의 세계로 나아가게 되었다. 나는 당시 개신교 전통 안에서 영적형성(spiritual formation)에 관하여 말하는 사람을 한 사람도 만날 수 없었다. 하지만 로마 가톨릭은 오래 전부터 그리스도인의 영적 성장에 있어서 이러한 측면이 얼마나 중요한지 잘 인식하고 있었고, 수 세기 동안 영적형성이라는 용어를 사용해오고 있었다. 이윽고 〈다락방〉에서 우리는 영적형성에 관한 이야기를 나누기 시작했고, 영성에 관해 예전에 우리가 알고 있던 것보다 훨씬 다양한 자원들을 제공할 길을 찾기 시작했다.

그 과정에서 나는 과거 위대한 영성 작가들의 경건 서적들에 큰 관심을 갖게 되었다. 그리고 〈다락방〉에서는 훌륭한 내용들을 선별하여 영성훈련에 도움이 되는 것들을 작은 소책자 형태로 출간했다. 이들은 예전에는 거의 들어보지 못한 사람들이었고, 그들의 저서도 전혀 읽혀지지 않던 것들이었다. 노르위치의 줄리안(Julian of Norwich)과 윌리엄 로(William Law), 프랑스와 페늘롱(Francois Fenelon), 아시시의 프란체스코(Francis of Assisi), 에블린 언더힐(Evelyn Underhill), 그리고 로렌스 형제(Brother Lawrence)와 같은 분들이 수도 없이 많다. 나는 이들의 책을 통해 이런 위대한 성인들과 교제하기 시작했다. 그리고 수세기동안 이어져 오면서 그리스도인 순례자들을 위한 고전이 된 그들의 글에 깊이 빠져들었다.

이러한 성인들의 작품에 몰두하면서 나는 이들에게 다음과 같은 공통점들이 있음을 발견했다.

1. 그들은 열정적으로 주님을 추구했다.
2. 그들은 은혜의 하나님을 발견했다.
3. 그들은 신중하게 성경을 대했다.
4. 예수께서 그들의 삶 속에 살아계셨다.
5. 그들은 경건훈련을 실천했으며 그 중에 핵심은 기도였다.

6. 그들은 황홀경을 추구하지 않고 대신에 자신의 의지를 하나님께 복종했다.

7. 그들은 성결을 갈망했다.

8. 그들은 자신을 위해서가 아니라 주님과 이웃을 위한 삶을 살았다.

9. 그들은 주변의 모든 환경을 초월하는 기쁨과 평안을 알고 있었다.

위와 같은 사실들은 힘든 목회 사역 속에서도 늘 영적 활력을 유지할 수 있게 하는 원동력이자 사역을 성공적으로 마칠 수 있는 보증이 되는 비결들이다. 이 중에 네 가지는 좀 더 자세히 살펴볼 필요가 있다.

1\. 성인들은 경건훈련을 실천했으며 그 중에 핵심은 기도였다.

마리 보나벤투라(Marie Bonaventura)는 로마의 수녀로서 편안한 삶을 살고 있었다. 주위의 조언에 따라 그녀는 영성 훈련을 위한 집회에 참석하게 되었다. 그녀가 처음으로 깊이 묵상했던 것은 바로 인생의 목적과 종말에 관한 것이었다. 이 묵상은 그녀의 가슴에 엄청난 열정을 불어넣었다. 열정을 억누를 수 없었던 그녀가 사제를 불러서 간청하는 바람에 사제는 다른 말조차도 거의 할 수 없을 지경이었다. "신부님! 저도 성인이 되고 싶어요. 그것도 빨리 말입니다." 그 다음 자기 방으로 돌아온 그녀는 사제에게 털어놨던 바로 그 말을 종잇조각에 적은 다음 그 소명을 계속 상기시킬 수 있도록 자신의 십자가상에서 붙여놓았다.

하지만 모든 성인들은 '성인이 되는 것, 그것도 빠른 시기에 성인이 되는' 길이 따로 있지 않다는 것을 잘 알았다. 프란시스 드 살레

(Francis de Sales)는 순례의 길을 시작하는 우리를 위해 이런 지침을 제시한다.

> 우리는 자신을 전적으로 주님께 바치겠다는 강력하고도 변함없는 결심으로부터 시작해야 하며, 어떠한 보답이나 조건도 없이 전적으로 그분의 것이 되겠다는 다짐을 심령 깊숙한 곳으로부터 온유하고도 충직한 방식으로 고백하며, 동일한 결심을 종종 되새기면서 그 각오를 늘 새롭게 해야 한다.[11]

영성훈련은 참된 그리스도인이 되고자 하는 모든 사람들에게 주어지는 도전이다. 복음서는 예수께서 우리를 '좁은 길'로 부르셨음을 분명히 밝히고 있다. 그분은 이 사실을 이렇게 명백하게 천명하셨다.

> 이에 예수께서 제자들에게 이르시되 누구든지 나를 따라오려거든 자기를 부인하고 자기 십자가를 지고 나를 따를 것이니라 누구든지 제 목숨을 구원하고자 하면 잃을 것이요 누구든지 나를 위하여 제 목숨을 잃으면 찾으리라 사람이 만일 온 천하를 얻고도 제 목숨을 잃으면 무엇이 유익하리요 사람이 무엇을 주고 제 목숨과 바꾸겠느냐(마 16:24-26).

사도 바울도 이 점을 분명히 말하고 있다. "그러므로 형제들아 내가 하나님의 모든 자비하심으로 너희를 권하노니 너희 몸을 하나님이 기뻐하시는 거룩한 산 제물로 드리라 이는 너희가 드릴 영적 예배니라"(롬 12:1).

어느 시대를 막론하고 스스로 끊임없이 영성 훈련과 경건생활에 전념하지 않는 그리스도인에게서 어떤 가르침이나 영감 있는 통찰을 기대한다는 것은 전혀 불가능하다. 복음을 따라 살아가는 삶의 핵심에는 영적인 삶을 위한 경건훈련이 자리하고 있다. 경건 훈련의 목적은 그리스도와 우리 자신의 관계를 강화하면서 주님과의 생생한 교제를 증진시키는 것이다. 경건 훈련을 통해 우리는 그분을 닮아가며 주님이 사셨던 대로 살아가는 방법을 배우게 된다.

「아직도 가야 할 길」(The Road Less Traveled)에서 심리학자 스캇 펙(Scott Peck)은 이렇게 적고 있다.

> 자기를 바꾸어보려는 비전을 갖고 있지만 그에 대한 실천적 의지가 부족해 보이는 사람들을 나는 많이 알고 있다. 그들은 경건 훈련을 배제하고도 성인이 될 수 있는 지름길을 발견하고 싶어 하고 또 그것이 가능하다고 믿고 있다. 그들은 때로는 사막과 같은 곳에 칩거하거나 또는 목수일을 해보면서 성인들의 표면적인 행위를 그저 모방함으로써 고상한 단계에 도달해 보려고 한다. 심지어 어떤 사람들은 그런 천박한 모방으로 자신이 정말로 성인과 선지자가 되었다고 믿으면서 실상은 여전히 어린아이일 뿐이라는 사실을 전혀 깨닫지 못하고 있으며, 또 성인이 되기 위해서는 반드시 출발지점에서 시작해서 중간 과정을 거쳐야 한다는 고통스러운 사실을 받아들이려고 하지 않는다.[2]

'신부님! 저도 성인이 되고 싶어요'라는 마리 보나벤투라의 다짐은 분명 진심에서 우러나왔을 것이다. 하지만 '그것도 빨리요'라는 그녀의 갈망은 사실상 우스울 뿐이다. 우리는 출발지점에서 출발해야 하고 반드시 중간 과정을 거쳐야 한다.

프란시스가 말한 것처럼 그 출발지점은 자신을 전적으로 주님께 바치겠다는 강력하고도 변함없는 결심이며, 중간 과정은 종종 이 동일한 결심으로 되돌아가서 다시 그 각오를 새롭게 하는 것으로 이루어져 있다.

2. 성인들은 순종에 관해 깊은 관심을 갖고 있었다.

그들은 신앙생활과 영적 성장에 필수적인 것이 바로 순종이라는 사실을 분명히 확신하고 있었다. 예수께서는 이렇게 말씀하셨다. "나더러 주여 주여 하는 자마다 다 천국에 들어갈 것이 아니요 다만 하늘에 계신 내 아버지의 뜻대로 행하는 자라야 들어가리라 그 날에 많은 사람이 나더러 이르되 주여 주여 우리가 주의 이름으로 선지자 노릇 하며 주의 이름으로 귀신을 쫓아 내며 주의 이름으로 많은 권능을 행하지 아니하였나이까 하리니 그 때에 내가 그들에게 밝히 말하되 내가 너희를 도무지 알지 못하니 불법을 행하는 자들아 내게서 떠나가라 하리라"(마 7:21-23).

우리는 하나님의 뜻을 묻고 찾으며 이를 알 권리를 갖고 있다. 하지만 일단 그 뜻을 알았으면 그 다음에는 무조건 순종해야 한다. 성인들은 그리스도와의 관계에서 한 가지 유일한 열망으로, 하나님을 기쁘시게 하며 그분의 이름을 영화롭게 하는 삶을 살고자 애썼다.

순종은 자신을 부인하는 것이다. 장 피에르 드 코사드(Jean-Pierre de Caussade)는 자신의 영적 조언을 의지하는 어떤 성도에게 다음과 같이 권면하고 있다.

자신을 부인하고 하나님께 내맡기는 것이 모든 행위 중에서 가장 거룩합니다. 고통과 절망의 때에라도 당신의 변함없는 모습은 나에게 크나큰 위안이 됩니다. 무조건적으로 당신 자신을 전적으로 부인하고 하나님의 뜻에 복종하는 것, 그리고 하나님께서 원하거나 허용하신다면 불만족스러운 것이라도 기꺼이 만족하면서 하루를 사는 것이 달콤하고 안락함 속에서 수백 날을 지내는 것보다 당신을 더욱 성숙하게 할 것입니다. 확신을 가지고 그리고 항상 성부 하나님의 뜻을 행하셨던 예수 그리스도와 하나 된 가운데에서 당신 자신을 전적으로 하나님께 내어 맡기는 일이야말로 모든 행위들 중에서 가장 거룩합니다.[3]

"하나님께서 원하거나 허용하신다면 불만족스러운 것이라도 기꺼이 만족하면서 하루를 살라!" 자기 부인에 관한 설명 중에 참으로 간단하면서도 심오한 표현이 아닐 수 없다! 친구 목사는 매우 이른 아침 시간에 편지를 쓴 자기 교회 여자 성도 한 분에 대한 이야기를 나에게 들려주었다. 그녀는 어려운 문제 때문에 잠자리에 들 수 없었다. 그래서 자신의 심경을 편지에 이렇게 쏟아 부었다.

이것은 도대체 어떤 상태의 슬픔일까요? 아니면 진짜 슬프기라도 하는 것일까요? 새로 얻은 삶에서 그나마 약간의 조화를 체험했는데, 다음 단계로 내딛자마자 곧바로 그 디딤돌이 그만 무너져버리고 마는군요. 이 모든 고통은 그저 적응하는 과정인가요? 아니면 더 위대한 목적을 위해 제가 감당해야만 하는 것일까요? 이 모든 것들을 감당할 수 있을 만큼 그렇게 제 믿음은 강하지 못하답니다. 하지만 이토록 힘든 과정에서 내가 분명히 살아남을 수 있으리라는 본능은 너무나도 강렬하기에 이제는 과거의 안전에 얽매이지 않고 계속 나아가렵니다. 왜 이 밤에 나의 생각은 이토록 분명하게 깨어나서 종이와 펜을 찾아 이렇게 부르짖는 것일까요? 도무지 그 해답을 찾을 길이 없군요. 다시금 위안을 얻을 수 있으면 좋으련만. 그러나 내 자신의 영혼을 희생하면서까지 그러고 싶지는 않군요. 그러면 전 어떻게 해야 할까요? 물론 언젠가 저에게 다시금 밝은 빛이 비칠 때까지 계속해서 믿음을 부여잡고 이 어두움을 헤치면서 가던 길을 계속 가야겠지요.[4]

우리의 영성훈련은 역동적인 과정이고 지속적으로 의지가 성장하는 과정이며 심지어는 주변 상황이 어떠하든 관계없이 모든 가능한 방식으로 매일 하나님의 말씀에 순종하려는 의지를 가다듬어가는 자발적인 결단의 과정이다. 하나님께 더 많은 관심을 기울일수록 우리 삶 속에서 여전히 구원받아야 할 영역들을 더 많이 의식하게 되며, 내주하시는 그리스도의 변화시키는 능력에 자신을 모두 내맡겨야 할 필요성을 더욱 절감하게 될 것이다.

예수께서는 '주의 뜻이 이루어지이다' 는 기도를 가르치시면서 성도에게 있어 자기 부인(否認)이 얼마나 중요한 것인지를 분명히 보여 주셨다.

우리가 이 기도와 관련을 맺는 두 가지 일상적인 방법이 있다. 하나는 우리가 하나님의 뜻에 거슬러 투쟁하는 것이다. 하나님께서 우리더러 어떤 일을 행하라고 넌지시 보여주시고 소명을 받기도 하지만, 우리가 정말 여기에 반응해야 하는지 확실치 않기 때문에 하나님의 뜻에 거슬러 대항하는 쪽을 택하는 것이 그 중 하나다. 또한 하나님의 공의와 성결에 관한 문제와 분명히 대면할 때도 있지만 여기에 저항한다. 그분의 뜻을 행하고 싶지 않은 것이다.

또 다른 종류의 투쟁이 있다. 그것은 하나님께 저항하는 것이 아니라, 하나님의 뜻에 반대되는 것들에 대항하여 하나님과 함께 투쟁하는 것이다. 우리 모두는 영적인 투쟁에 연루되어 있다. 이 세상에는 질병과 증오, 천박함, 편협한 정신, 두려움, 무기력함, 편견, 그리고 악한 의지 등등 하나님의 뜻에 반대되는 세력들이 있다. 우리는 어둠의 세력, 무엇보다 사탄에 대항하여 투쟁하고 있다. 그래서 우리는 내면 깊숙한 곳으로부터 '주여! 주의 뜻이 하늘에서 이룬 것 같이 땅에서도 이루어지이다' 고 간절히 부르짖는다.

영성훈련에서 우리에게 가장 중요한 관건이 바로 자기 부인이다. '주의 뜻이 이루어지이다' 고 기도함으로써 우리는 무엇이 최선인지를 잘 모르지만 그러나 무엇보다도 하나님의 뜻을 가장 원한다는 사실을 분명히 선언하여야 한다. 그래서 하나님의 뜻을 향해 몸부림치며 투쟁하는 가운데 우리 마음이 온유해지고, 무엇보다도 하나님의 뜻에 모든 것을 내맡기고 그분을 전적으로 신뢰하면서 계속 하나님의 임재 안에 머무를 수 있는 것이다.

루르드(Lourdes, 프랑스 남부 피레네 산 기슭에 있는 작은 마을로 성모 마리아의 발현으로 잘 알려져 있다 — 옮긴이) 마을에 관하여 내가 가장 좋아하는 이야기 하나가 있다. 이 마을의 나이든 어떤 사제는 신문사 기자로부터 지금까지 이 마을에서 본 것 중에서 가장 인상적인 기적을 소개해 달라는 부탁을 받았다. 그 기자는 이 사제가 누군가 질병을 안고 루르드 마을을 찾았다가 완전히 고침을 받고 떠난 놀라운 사례를 들려줄 것으로 기대했다. 하지만 이 사제는 이렇게 대답했다. "루르드에서 지금까지 내가 목격한 것 중에서 가장 놀라운 기적은 전혀 고침을 받지 못하고 돌아가면서도 얼굴에서 밝게 빛나는 체념의 표정을 보았을 때입니다." 이것이 바로 진정한 자기부인이다. 우리가 원하는 것은 오직 하나님의 뜻임을 고백하는 진정한 복종의 선언으로서, '주의 뜻이 이루어지이다' 는 기도 속에 담긴 표현이다. 왜냐하면 우리는 그분의 뜻이 우리에게 최상임을 잘 알기 때문이다.

순종하는 삶 속에 뿌려진 다음의 세 가지 씨앗은 우리 삶 속에서 하나님의 뜻을 실행하는 열매로 나타날 것이다. 그 씨앗은 첫째가 성경 연구이며, 둘째는 하나님의 뜻을 분별하고 함양시키려는 목적으로 경건한 사람들과 함께 신중하면서도 정직하게 삶을 나누는 교제와, 셋째는 성령으로 말미암은 거룩한 확신이다.

하나님이 주관하시는 순종의 학교에는 한 가지 유일한 교과서로서 성경이 있다. 물론 이 학교에서의 유일한 모범은 예수 그리스도이다. 오랫동안 그리스도와 함께 동행해온 사람들은 특별한 방향으로 이끄시는 성령의 강력한 확신을 여러 번 체험한다.

그리스도인의 교제는 하나님의 뜻을 분별하고 점검하는 또 다른 중요한 방편이다. 사실 우리는 이 부분에 별다른 관심을 쏟지 않는다. 하지만 예수께서는 두세 사람이 그분의 이름으로 모이는 곳에 자신도 그들과 함께 하시겠다고 약속하셨다. 그리스도를 사랑하며 하나님과 타인을 위해 자신의 삶 속에서 주의 뜻을 따르기를 원하는 경건한 사람들과 상담을 나누는 일은 하나님의 뜻을 추구하는 데 유용하고도 신뢰할 만한 방법이다.

내 인생의 가장 극적인 변화도 그리스도인들과의 상담을 통해 하나님의 뜻을 받아들이는 과정에서 일어났다. 나의 최우선 소명은 의심의 여지없이 목회자나 설교자가 되는 것이었다. 나는 가슴 벅찬 즐거움과 강한 의지, 풍성한 결실, 그리고 큰 교회의 담임목회자에 걸맞은 영적인 성장을 통해 이 소명을 실행해나갔다. 사람들이 계속 회심하며 고침을 받고 그리스도 안에서 자라가는 것이 보였다. 또 '지극히 작은 자'와 불신자들을 향한 우리의 전도 사역도 계속 확장되고 있었다. 아내와 나는 그 교회를 12년간 섬겨왔고 그보다 더 행복할 수 없는 나날을 보내고 있었다. 우리는 이곳에서 은퇴할 때까지 계속 머무를 작정이었다.

그런데 갑자기 에즈베리 신학대학원에서 나를 학장직에 청빙하겠다는 의사를 전해왔다. 이후 수개월 동안 솔직히 나는 그 가능성을 생각하지도 않았으며, 심지어는 청빙 위원회와 어떤 이야기도 나누지 않았다. 그러던 어느 날 성령께서는 내 아내를 통해, 청빙 위원회가 나에게 무엇을 말하려고 하는지를 살펴보라는 말씀을 들려 주셨다. 그래서 거기에 순종하긴 했지만 여전히 어떤 뚜렷한 결정을 내릴 수 없었다. 하나님의 뜻을 구하는 가운데 나는 내가 사랑하고 신뢰하는 경건한 사람들과 이 문제를 놓고 진지하게 논의하기 시작했다. 그들 중 일부는 25년간 나와 함께 신앙생활을 계속해 오던 사람들이었다. 나는 그들이 하나님을 사랑하고 나를 사랑하며, 또 나를 위한 하나님의 최선을 원한다는 것을 알고 있었다.

이런 신실한 동료들과의 상담을 통해 나는 하나님의 뜻을 분간할 수 있었다. 신학교 학장직을 수락하는 결단을 내린 이래로, 나는 내가 하나님의 뜻 중심부에 머물러 있었다는 점에 대해 조금도 의심하지 않았다. 그리고 이 일이 나의 소명이라는 확신도 더욱 견고해지고 있다.

우리는 하나님의 모든 자녀들에게 해당되는 하나님의 일반적인 뜻이 있으며 이것은 성경으로부터 비교적 분명하게 분간할 수 있음을 잘 안다. 하지만 이러한 일반적인 뜻 이외에 하나님께서는 각 개인에게 구체적으로 적용되는 개별적인 뜻도 가지고 계신다. 그리고 성령님은 그러한 구체적인 뜻을 깨닫도록 인도하신다. 하나님께서 우리 각자의 삶을 위한 하나님의 뜻을 확증하는 데 사용하는 방법이 바로 성경과 다른 경건한 그리스도인들과의 상담이다. 우리가 일단 그분의 뜻을 알게 되면 그 다음은 순종하는 일만 남았다.

3. 성인들은 황홀경을 추구하지 않고 대신에 하나님의 뜻에 순종했다.

「수도원 생활」(*The Cloister Walk*)이라는 다소 생소하면서도 아름다운 책에서 캐서린 노리스(Kathleen Norris)는 베네딕트회의 수녀가 된 자신의 경험을 소개하고 있다. 수도사로 자신을 바치겠다는 봉헌(oblation)은 축어적인 표현이지만 수도원의 서약을 담은 강력한 선언이다. 후보자는 미사 시간에 제단에 있는 서약서에 서명함으로써 특정 수도원에 입단하게 된다. 그리고 남은 생애 동안에 상황이 허락하는 한 베네딕트 성자의 규칙을 그대로 따르기로 서약한다.

이 책에서 캐서린은 두 가지 사실을 알게 되었다고 말한다. 첫째는 그녀는 그 서약을 지킬 준비가 되어 있다는 느낌이 들지 않았지만 과감히 모험을 해서 그렇게 처신해야만 했다는 것과, 둘째는 이제 어디로 가게 될지 전혀 아는 바가 없었다는 것이다. 그녀는 이렇게 털어놓는다.

그동안 내가 철저하게 개신교의 전통 속에서 자랐으며, 수도원의 서약에 대해 아는 바가 적고 수도원 생활이 살아 있는 전통이라는 사실을 전혀 감지하지 못했다는 점이 수도자가 되는 데 그렇게 큰 장애물은 아니었다. 오히려 커다란 장애는 십대 이후에 생겨났던 기독교라는 종교에 관한 여러 가지 의심 때문이었다. 그동안 내가 어떤 삶을 살아왔는지에 대해서는 아는 바가 거의 없었지만 수도원의 예배 시간에 내가 서 있는 제단이 참으로 놀라운 장소였다는 사실과, 수도자로 자신을 봉헌하는 것은 내가 행할 수 있는 놀라운 일이라는 점만큼은 분명했다.

'수도 생활에 헌신한 사람'(oblate)이라는 단어는 라틴어의 '바치다'(to offer)에서 유래했다. 초대교회의 글을 보면 종종 예수님도 하나님께 자신을 봉헌하신 분으로 언급되곤 한다. 오늘날 많은 사람들은 수도 생활에 헌신한 사람(oblate)이라는 단어를 입교자(또는 가입하다, associate)로 번역하는데, 이는 오늘날의 수도자들이 수도원 공동체와 맺고 있는 관계를 묘사하려는 의도 때문인 것 같다. 하지만 그렇게 번역하면 수도 생활에 헌신한 사람들의 종교적인 측면을 적절히 전달하지 못하게 된다.

예수님과 관련하여 봉헌 대신에 가입하다는 단어를 사용해보면 이런 약점이 분명하게 드러난다. 즉 예수는 더 이상 제물(offering)이 아니라 현대식 법률 사무소에서 일하는 선배 정도가 되고 만다. 그래서 내가 보기에 oblate라는 오래된 단어는 매우 교훈적이다. 원래 의미가 무엇이었는지 전혀 몰랐지만 사전을 통해 자세히 살펴본 후에 이 단어의 풍부한 역사적 배경을 알게 되었다. 하지만 수도자들을 가리켜 제물이라고 하는 것도 너무 주제넘은 표현이라는 느낌이 들었

으며, 늘 예수 그리스도께 적용되는 이 단어를 내 자신에게는 특히나 적용시키고 싶지 않았다.[5]

이런 내용을 고백한 다음 노리스는 이어서 수도원 규칙에 관한 학습을 지도할 감독 사제에 관하여 계속 기록하고 있다. 자신의 견습 기간은 대략 1년 정도 될 것이라고 생각했지만 결국 거의 3년으로 연장되었다. 노리스는 자신의 문제점을 스스로 해결할 수 있도록 인내심을 갖고 기다려준 이 안내인에게 깊은 감사의 마음을 표시했다. 그리고는 그 사제에게 이렇게 말했다. "하나님께서는 많은 사람들 중에서 왜 하필이면 저를 제물로 택하셨는지 정말 이해할 수 없어요. 하지만 나처럼 보잘 것 없는 자를 택하실 정도로 하나님께서 어리석은 분이라면, 차라리 그렇게 하는 것이 낫겠다고 생각합니다."

그러자 그 사제가 크게 웃으면서 말했다. "당신은 이제 준비되었습니다."[6]

이런 유형의 복종이 바로 성인들의 마음을 사로잡았던 지속적인 관심사였다. 그들은 어떤 황홀경을 추구하지 않았고 오히려 주님의 뜻에 자신을 복종시키려 했다. 성경에 나오는 복종은 지배하려는 말이 아니라 사랑의 말이라는 것을 그들은 잘 알고 있었다. 복종은 타인으로 하여금 당신을 사랑하고 당신을 가르치며 당신에게 영향을 주고 당신을 빚어가도록 허락하는 것을 의미한다. 인간적인 차원에서 볼 때, 우리가 다른 사람에게 복종하는 정도는 우리가 그 사람의 사랑을 체험하는 정도와 동일하다. 다른 사람이 우리를 얼마나 사랑하는지에 관계없이, 먼저 우리가 마음이 열려 있지 않고 그에 대해 복종적이지 않고서는 우리는 결코 그 사랑을 체험할 수 없다.

성인들은 이와 동일한 사실을 하나님과의 관계 속에서 체험했다. 그들은 우리가 은혜의 하나님께 복종할 때 비로소 성령께서 우리 안에서 역사하시도록 하는 데까지 나아갈 수 있음을 알고 있었다. 성경에서 사도 바울이 하나님의 인도하심에 복종하자 하나님께서는 그를 통하여 무슨 일을 하셨는지를 살펴보자.

> 성령이 아시아에서 말씀을 전하지 못하게 하시거늘 그들이 브루기아와 갈라디아 땅으로 다녀가 무시아 앞에 이르러 비두니아로 가고자 애쓰되 예수의 영이 허락하지 아니하시는지라 무시아를 지나 드로아로 내려갔는데 밤에 환상이 바울에게 보이니 마게도냐 사람 하나가 서서 그에게 청하여 이르되 마게도냐로 건너와서 우리를 도우라 하거늘 바울이 그 환상을 보았을 때 우리가 곧 마게도냐로 떠나기를 힘쓰니 이는 하나님이 저 사람들에게 복음을 전하라고 우리를 부르신 줄로 인정함이러라(행 16:6-10).

사도 바울은 어떤 환상 체험을 추구하지 않았으며 대신에 자신의 삶 속에서 일하시는 성령의 역사하심에 민감하게 열려 있었다. 그런데 이 경우에 사도 바울이 우리가 환상이라고 이름 붙일만한 것을 따랐다는 사실이 흥미롭다. 바울은 이 환상을 마게도냐로 가서 복음을 전하라는 하나님의 소명으로 받아들였다.

바울은 당시 마게도냐 지역에서 일류 도시이자 항구도시며 비교적 도달하기 쉬운 빌립보로 갔다. 그런데 이곳에서 기적적인 일이 벌어졌다. 이방인 장사꾼인 루디아가 회심했으며 그녀의 집에서 빌립보 교회가 세워졌던 것이다. 그리고 한 여종도 점하는 귀신에게서 구원을 받았는데 이 일을 계기로 바울과 실라는 사람들로부터 구타를 당하고 옥에 감금되었다. 감옥에서도 또 세 번째 기적이 일어났다. 한밤중에 바울과 실라가 기도하며 하나님께 찬송하고 있을 때 옥문을 열고 바울과 실라를 자유롭게 풀어놓으심으로써 이들의 믿음과 신뢰를 존중해 주셨다. 그리고 이 기적을 계기로 간수도 회심하게 되었다.

이러한 영적인 승리는 모두가 바울이 하나님의 지시에 순종한 결과로 나타났다. 이 경우에 하나님은 환상을 통해 역사하기로 하신 것이다. 하지만 바울에게는 성령의 인도하심에 대해 열려 있었고, 자신의 지혜와 힘과 업적이 아니라 오직 하나님을 신뢰했기 때문에 하나님의 역사를 위한 통로로 사용됐던 것이다. 우리에게 던지는 교훈은 분명하다.

장 피에르 드 코사드는 복종에 관하여 이렇게 말하고 있다.

> 자신의 무가치한 정도를 잘 가늠하고 있는 사람은 자신을 더 이상 의지하지도 않으며 비참함과 이기심, 그리고 부패 이외에는 찾아볼 수 없는 인간의 공로도 결코 신뢰하지 않는다. 자신에 대한 이러한 철저한 불신과 절대적인 무시야말로 오직 하나님만을 전적으로 의지하는 영혼이 맛볼 수 있는 즐거움 넘치는 위로가 흘러나오는 원천이며, 이로부터 결코 변함없는 평안과 거룩한 즐거움, 그리고 오직 하나님만을 의지하는 확고한 믿음이 형성된다.[7]

4. 성인들은 성결을 갈망했다.

성경은 '빛의 자녀들'과 '어둠의 자녀들' 사이를 분명하게 구분하고 있다(살전 5:4-11절을 보라). 또 그리스도께서는 찬미자들을 찾는 것이 아니라 그분의 본을 따라 삶을 살아가려는 제자들을 찾으신다. 마이스터 엑카르트는 "우리 주님을 중간까지는 따르려는 사람들은 많이 있지만, 나머지 절반은 대부분 따르려고 하지 않는다"고 경고했다.[8]

「그리스도를 본받아」(The Imitation of Christ)에서 인용한 글모음집에 대한 서문에서 더글라스 스티어(Douglas Steere)는 이렇게 적고 있다.

> 그리스도를 닮아가는 일은 찬미자들 가운데서 헌신적인 제자들을 모집하는 일에서 시작된다. 이 일에는 그리스도와 함께 기꺼이 나머지 절반의 여정 속으로 들어가려는 준비가 될 때까지 이들을 훈련하고 이끌어가는 것도 포함된다. 그 나머지 절반의 여정에는 손쉬운 일거리 목록이 기록된 차트와 간단한 지도들은 모두 자취를 감추고 왕복 티켓도 더 이상 구할 수 없다. 그리스도를 닮아가는 일은 발이 더 이상 바닥에 닿지 않는 1만 피트 깊이의 대양 속으로 배를 띄우는 것이나 마찬가지로, 예전 같으면 하나님을 신뢰하면서도 다른 한편으로는 만일에 대비하여 무언가를 준비하는 것이 가능했더라도, 이제는 오직 하나님만을 의지하면서 그분의 인도에 모든 것을 내맡겨야만 하는 과정이다.[9]

성결을 향한 간절한 열망을 따라 전진해가야 하는 최종 목적지는 우리 마음의 순결함이다. 청교도 목회자들은 이 심령의 일(heart-work)에 적절한 이름을 붙였다. 17세기 영국의 청교도였던 존 플라벨(John Flavel)은 이렇게 기록하고 있다. "회심에서 가장 어려운 일은 마음을 하나님께로 전향시키는 것이다. 회심 이후에 가장 어려운 일은 마음이 하나님과 계속 교제를 나누도록 하는 것이다. … 심령의 일이야말로 정말 가장 어려운 일이다."[10]

성결을 향한 우리 심령의 일의 핵심은 바로 우리의 의지를 그리스도의 주권에 전적으로 복종시켜서 하나님께서 온전히 우리를 소유하실 수 있도록 하는 것이다. 사도 바울은 이러한 원리를 다음과 같이 자서전적으로 기록하고 있다. "내가 율법으로 말미암아 율법에 대하여 죽었나니 이는 하나님에 대하여 살려 함이라 내가 그리스도와 함께 십자가에 못 박혔나니 그런즉 이제는 내가 사는 것이 아니요 오직 내 안에 그리스도께서 사시는 것이라 이제 내가 육체 가운데 사는 것은 나를 사랑하사 나를 위하여 자기 자신을 버리신 하나님의 아들을 믿는 믿음 안에서 사는 것이라"(갈 2:19-20).

나에게는 이렇게 그리스도를 극적으로 따라가는 삶을 사는 타미(Tammy)라는 친구가 있다. 그녀는 조지아 대학교에서 회심했으며, 내가 에즈베리 신학대학원의 학장으로 부임할 즈음에 이 신학교에 입학했다. 입학하던 당시 그녀의 재정형편은 겨우 첫 학기만을 감당할 수 있을 정도였다. 할 수 있는 한 최선을 다해 일했지만 계속해서 수업료와 생활비를 감당할 길이 열리지 않았다. 그래서 그녀는 기도하는 가운데 믿음을 따라 살기로 다짐했다. 그녀는 결코 주위 사람들에게 돈을 부탁하지 않았지만, 돈이 없을 때면 몇 번이고 그 다짐을 기억했다.

신학교 마지막 해가 되기 전 여름에 그녀는 단기 선교 여행으로 인도를 방문했다. 그리고 일련의 상황과 아울러 하나님의 소명에 따라 그녀는 다시 인도로 돌아가서 일 년 후에는 거리의 아이들이 머무를 수 있는 '은혜의 집'(Grace House)을 세웠다. 타미로부터 최근까지 들은 소식에 따르면, 두 개의 건물에서 60명의 아이들을 돌보고 있다고 한다. 그리고 이 시설을 꾸려가는 이야기는 예전에 그녀가 신학교에서 지냈던 시절과 조금도 다르지 않았다. 그녀는 여전히 주님을 전적으로 의지하고 있다.

그녀는 지금도 하나님께서 베푸시는 기적적인 이야기를 담은 이메일을 여러 친구들에게 계속 보내고 있다. 이 편지에서 그녀는 하나님에 대한 철저한 의존과 아울러 자신의 인생을 향한 하나님의 소명을 성취하기 위하여 앞으로도 희생적인 삶을 기꺼이 살겠다는 다짐을 고백하곤 한다. 2000년 10월 4일자 이메일에서 그녀는 이렇게 적고 있다.

하나님께서 여러분을 더욱 깊은 기도와 친교 속으로 인도하시도록 그분을 모셔들이라는 권면의 말씀을 드리고자 합니다. 요즘에는 이런 말들이 기독교인의 유행어처럼 자주 쓰인다는 것을 잘 압니다. 하지만 … 이것은 분명한 진리입니다. 저는 여러분이 예수와 함께 더욱 깊은 은혜의 세계로 나아가서 그분께서 마치 흐르는 강물처럼 여러분을 깨끗이 씻으시고 위로하시며 모든 선한 길에서 여러분을 풍성히 채워주시도록 기도하고 있습니다. 예수님께로 나아가 그분과 더 깊은 친교를 나누시기 바랍니다. 그곳이 바로 여러분이 기도하는 곳이며, 여러분의 기도가 즉시 응답되었던 곳입니다. 그곳에서 여러분은 양심의 가책을 깨닫고 바로 그 순간에 여러분의 죄는 사함을 받아 용기와 힘을 얻습니다. 오직 하나님의 말씀 한 마디가 거하는 그곳에서 여러분의 닫힌 마음은 녹아 없어질 것입니다.

하나님에 대한 전적인 복종으로 표출되는 성결을 향한 간절한 열망을 계기로 이제 하나님께서는 우리 인생에 변화의 역사를 시작하신다.*

각주

1. St. Francis de Sales, *A Year with the Saints*, 2.

2. Scott Peck, *The Road Less Traveled* (New York: Simon and Schuster, 1978).

3. Robert Llewelyn, *Joy of the Saints: Spiritual Readings Throughout the Year* (Spiringfield, Ill.: Templegate Publishers, 1989), 101.

4. "Living Down in the Valley," sermon preached by Norman Neaves, The Church of the Servant, Oklahoma City, Okla., December 2. 1990.

5. Kathleen Norris, *The Cloister Walk* (New York: Riverhead Books, 1996), xvii-xviii.

6. Ibid.

7. Llewelyn, *Joy of the Saints*, 249.

8. Douglals V. Steere, ed., *The Imitation of Christ*, in Great Devotional Classics (Nashville: Upper Room, 1950), 8.

9. Ibid. 8-9.

10. John Flavel, *Keeping the Heart* (Grand Rapids: Sovereign Grace Publishers, 1971), 5, 12.

---

*6장은 데일 겔러웨이(Dale Galloway)가 편집한 비슨목회 시리즈(Beeson Pastoral Series)의 제5권,「목회에서의 위기 극복」(Taking Risks in Ministry)에서 "당신의 목숨을 잃지 않고 위기를 극복하기"(Taking Risks Without Losing Your Soul) 부분을 다시 수정한 것이다. Dale Galloway, ed. (Kansas City: Beacon Hill Press of Kansas City, 2002), 123-44.

*존 허프만(John A. Huffman Jr. D. Min)

    1978년부터 캘리포니아의 뉴포트비치에 소재한 세인트앤드류 장로교회의 담임 목사로 재직해오고 있다. 이곳에 장로교회에 부임하기 전에는, 플로리다의 마이애미에 있는 케이 비스케인 장로교회(Key Biscayne Presbyterian Church)와 펜실베이니아의 피츠버그에 있는 유명한 장로교회에서 목회했다.

    그는 「누구 책임인가? 로마서 1-8장에 나타난 믿음의 기초」(*Who's in Charge Here? Foundation of Faith from Romans 1-8*)와 「온전한 삶- 빌립보서 연구」(*Wholly Living - A Study of Philippians*), 「우리의 기도를 용서하소서」(*Forgive Us Our Prayers*), 「십계명 재고」(*A Fresh Look at the Ten Commandments*), 「온전함을 향하여 자라기」(*Growing Towards Wholeness*), 그리고 「온전한 가정 세우기」(*Becoming a Whole Family*)를 포함하여 여러 권의 책을 저술했다.

    정신분석가인 앤 리지웨이 모텐슨(Anne Ridgeway Mortenson)과 결혼한 그에게는 세 딸, 수잔(사망)과 칼라, 그리고 자넷이 있다.

제7장

목회에서 설교의 역할

존 허프만

하나님의 말씀을 정기적으로 가르치고 설교하는 것을 주 업무로 여기는 목회자로 부름 받은 우리들에게 있어 특히 설교는 가장 중요한 부분을 차지한다. 간혹 자신의 전문 영역은 예배와 상담, 행정, 교육, 선교, 그리고 교회 성장과 같은 분야라며 설교의 역할을 평가 절하하려는 목회자도 있다. 물론 이 모든 영역들은 교회의 건강한 삶에 있어 매우 중요한 요소들이다. 그리고 자신의 전문성을 이러한 몇몇 영역에 집중적으로 제한시켜 헌신하기로 한 사람들도 있기 마련이다. 목회자로 안수받았다고 해서 모두가 최우선적으로 설교하라고 부름 받는 것은 아니다.

하지만 나는 당신이 목회자요 주님의 교회를 이끄는 영적인 지도자로서 설교의 중요성과 또 설교자로서의 역할에 대해 절대로 가볍게 여기지 말라고 당부하고 싶다. 지난 40년 동안 다수의 목회자 청빙 위원회 임원들이 나에게 찾아와서는 후보자들에 대한 조언과 평가를 청하곤 했다. 그럴 때마다 내가 그들에게 던지는 질문이 있다. "여러분이 청빙할 목회자에게서 기대하는 최우선의 자격 하나가 있다면 무엇입니까?" 이들이 매번 그 최우선적인 요건으로 제시한 것이 바로 설교였다. 이들은 다른 목회 사역들도 중요하다는 점을 인정하면서도, 이러한 입장에서 물러서지 않았다. 그러면서 자기네 교회는 무엇보다도 설교 사역에 집중할 목회자를 청빙하겠다고 은연중에 강력한 암시를 전했다.

설교 사역을 이렇게 강조한다고 해서 나머지 목회 사역들이 간과되는 것은 아니다. 오히려 설교를 통한 영적 활력이 다른 사역들의 수행 방식을 더욱 강화할 수 있다. 예를 들어 설교는 개별적이고 심층적인 심리치료와는 다르지만, 건강한 설교는 효과적인 상담을 위한 탁월한 환경을 제공한다. 또 탁월한 설교자라면 청중에 대해 민감하고 정직하며, 자신을 솔직하게 잘 드러낸다. 이런 설교를 통해서도 효과적인 상담이 잘 이뤄진다는 점을 알게 된다. 해리 에머슨 포스딕은 자신의 설교 시간을 통해 목회 상담을 함께 진행하고 싶다고 말했었다.

건강한 설교는 예배와 상담, 행정, 교육, 찬양, 선교, 그리고 교회 성장 모두를 촉진시키는 원동력이다. 또 이런 설교는 신앙 공동체 안에서 일어나는 다양한 사역들이 활발히 진행될 수 있는 여건과 환경도 제공한다. 설교자는 교회 안의 다양한 목회 활동들을 서로 통합시키는 총체적인 복음을 선포하도록 부름을 받았다. 설교자가 이런 역할을 어떻게 감당하느냐에 따라서 하나님의 백성들이 교회 안의 여러 영역에서, 즉 예배라는 구체적인 상황 속에서 뿐만 아니라 세부적인 목회 환경 속에서 하나님이 원하시는 성도의 온전함을 향하여 더욱 잘 자라갈 수 있게 된다.

여기에서 가장 관건이 되는 문제가 '교회의 하나됨'이라는 말 속에 집약되어 있다. 과거에 기록된 성경적 주제들은 하나님의 말씀이 선포되는 가운데 오늘날 이 시대를 위한 진정성을 다시금 확보하게 된다. 그리고 무엇보다도 매 주일 선포되는 신실한 설교를 통해 다양한 목회 영역들이 서로 결합하면서 그 안에서 여러 개인 성도들이 서로 하나를 이루고 또 그렇게 결속한 신앙공동체의 하나됨이 더욱 견고해진다.

교회의 역사를 살펴보면 인간과 성경에 기록된 하나님의 말씀 사이에는 지속적인 대화가 오고갔음을 발견할 수 있다. 성경적인 권위를 확보하며 그 진리를 뜻 깊게 전달하기 위해 교회는 지속적인 노력을 기울여 왔다. 이 과정에서 목회자의 권위와 성경의 권위는 서로 결합하며 상호작용을 하게 된다. 성경 해석 과정에서 설교자는 기록된 하나님의 말씀을 목회자의 인품을 통해 해석 과정에 포함시키고, 모든 지성적이고 영적이며 사회적이고 육체적이며 심리적인 자원들을 거기에 결합시켜 그 결과물을 설교 말씀으로 선포한다.

목회에서 설교의 역할을 중요하게 여기는 목회자는 스스로에게 다음과 같은 질문을 계속 던진다. "그 말씀이 나와는 무슨 상관이 있는가? 하나님의 영원한 말씀이 모든 인생들에게 유익을 가져오게끔 선포하려면 나는 성경 계시와 내 자신의 개성을 가지고 어떻게 상호 조화를 이뤄내야 하겠는가?"

나는 때로는 교리가 개인적인 가치를 지배해서는 안 된다고 말하는 일부 설교자들도 만나 보았고, 교리적인 충실도의 입장에서 믿음을 살펴보아야 한다고 여기는 설교자들도 보았다. 한쪽은 인간 중심적인 반면에 또 다른 쪽은 하나님 중심성을 강조한다. 한쪽은 일반 계시를 강조하는 반면에 또 다른 한쪽은 특별 계시를 고집한다. 한쪽은 사회 복음을 중시하는 반면에 또 다른 한쪽은 영적인 측면에만 골몰한다. 이러한 대립은 최근 들어 관계 신학(relational theology, 하나님을 향한 수직적 관계나 그 말씀보다는 인간들 사이의 수평적 관계를 중시하는 신학으로서, 성경이 인간들 사이의 상호관계를 위태롭게 하는 행동을 요구하는 경우에 그 요구는 수정될 수 있음을 전제한다—옮긴이)을 중시하는 진영과 인지 신학(cognitive theology, 인지 과학이 종교나 기독교 신학 특히 성경 연구와 윤리, 교육학, 영성훈련과 같은 분야에서 어떻게 적용될 수 있는지를 연구하는 신학분과—옮긴이)을 중시하는 진영 사이의 미묘한 대립으로 발전했다. 그리고 오늘날의 설교 속에는 이러한 두 진영의 여러 주제들과 변수들이 분명 스며들어 있다.

하지만 이 두 전통은 배타적으로 자기 입장만을 고집하지는 않는다. 오히려 두 전통 모두의 삶의 방식과 의사소통 방법, 그리고 성경 해석 과정 속에는 관계적인 객관주의와 인지적인 주관주의가 다 함께 깃들어 있다. 그럼에도 불구하고 두 진영 사이의 긴장은 계속되고 있다. 그리고 이 긴장의 핵심에는 신학적인 내용으로 나타나는 성경적인 말씀과 인간 설교자 사이의 지속적인 대화에 관한 문제가 자리하고 있다. 결국 이 대화를 통해서 최종적으로 설교가 만들어진다.

나는 인간 설교자의 개성이 상대적이며 유연하고 역동적이면서도, 지속적인 변화에 노출되어 있다고 본다. 반면에 성경적인 진리는 어느 정도 명제적이고 항구적으로 불변하며 성도들에게 결정적으로 선포될 가치를 지니고 있다.

안수 받은 목회자로 교회를 섬겨온 지난 세월 동안, 나는 목회 전반의 사역 속에서 설교는 어디에 위치해야 하는지의 문제로 고민해 왔다. 결국 나는 설교직이 목회의 중심부에 자리하고 있으며, 나머지 목회 사역 속에서 발생하는 것들의 향배를 결정짓는다고 확신한다. 이런 확신을 계기로 나는 목회 사역 속에서, 특별히 설교직과 관련하여 내가 어떻게 자리매김되어야 하는지에 대해서도 계속 고민하게 되었다.

성경은 믿음과 실천을 위한 무오하고 유일한 기준이다. 그리고 교회사 속에서 명제적인 진리가 계속적으로 교회에 가장 중요했던 것과 같이 내게도 동일한 수준으로 중요하다. 나는 하나님께서 자신에 관한 상당히 많은 진리들을 성경을 통해 계시하신다고 믿는다. 설교에서 이러한 진리들은 어느 정도 명제적인 진술들을 통해 집약적으로 표현된다.

그런데 내가 확신하기로는, 설교를 통해 이러한 명제들을 인지적으로 재진술하는 일은 물론 필요하지만 그것만으로 충분하지 않다. 우리는 이 점에 있어서 신비와 마주한다. 하나님과 인간의 인격적 특성은 그저 논리적인 진술문 몇 개로 한정되는 것을 거부한다. 하나님의 진리가 의사소통되기 위해서는 인간 설교자의 인격을 통해 여과되어야만 한다. 진리는 인격적 자질을 통해 전달되어야 한다는 대원칙은 내 마음 속에 창조적인 긴장감을 초래한다. 나는 상쾌하면서도 불안함을 느끼는 상태가 된다. 내 목회 스타일뿐만 아니라 설교에서도 나는 자신을 숨김없이 드러내는 방식을 의도적으로 강조했다. 나는 타인과의 동일시와 아울러 내가 나누고 싶은 진리에 대해 스스로를 일종의 예화로 제시하곤 한다.

안수 받은 목회자로 지내온 지난 20년간, 설교를 위해 연구 휴가를 갖기도 하고 예일대학의 라이먼 비쳐 설교학 강좌(the Yale/Lyman Beecher Lectures on Preaching)에 참석하기도 했다. 그러면서 나는 목회에서의 설교와 설교자의 역할에 관하여, 특히 그동안 내가 염두에 두고 있었던 이러한 인격적이고 자기 고백적인 표현 방식이 과연 더욱 확증할 만한 가치가 있는지, 아니면 그만두어야 할 요소인지를 살펴보고자 여러 결정적인 통찰들을 탐구했다. 그런데 진리와 인격이라는 두 가지 본질적인 요소를 염두에 둔 설교에서 필립 브룩스가 한 말이 나를 매혹시켰다. 그는 설교가 "한 사람의 인격을 통하여 다른 사람에게 진리를 전달하는 것"이라고 정의했다. 그리고 진리는 단순히 설교자의 입술이 아니라 그의 인격을 통하여 전달되어야 한다는 말이 정확히 무슨 의미인지를 좀 더 분명하게 파악해야 한다고 느꼈다. "진리는 단순히 설교자의 입술로부터 나오는 것도 아니며 그의 필력으로부터 나와서 청중의 지성 속으로 전달되는 것도 아니다. 진리는 설교자의 인격과 애정, 그의 전체적인 지성과 도덕적인 존재를 통하여 전달되어야 한다. 한 마디로 진리는 온전히 설교자를 통해 전달되어야 한다."[1]

이 말은 정확히 무슨 뜻일까? 우리의 설교에서는 구체적으로 어떻게 나타나야 하는가? 설교하면서 설교자 개인의 경험이 어느 정도까지 사용되는 것이 가장 좋은가? 그것이 성경 진리를 전달하는 데 도움이 되기도 하지만 또한 위축시키지는 않을까?

나는 브룩스가 말한 관점으로 진리를 전달해야 한다고 확신한다. 하나님께서는 자신의 진리를 전달하는 우리의 인격 그 자체가, 선포되는 진리의 필수적인 부분이라고 인정하셨다. 우리가 어떤 존재이고 어떻게 살아가는지의 문제는 우리가 전하는 설교의 가치를 향상시키거나 떨어드릴 수 있으며, 자연히 목회의 다른 분야에도 영향을 준다. 하지만 나는 하나님의 말씀이 우리의 인성에서 분리되는 측면도 있다고 믿는다. 우리는 진리를 자기 자아와 밀접하게 동일시함으로써 선포되는 하나님의 말씀이 기록된 말씀과는 완전히 무관한 인간의 말로 전락되도록 상대화시켜서는 안 된다. 그래서 우리는 특히 유명 인사를 도취적으로 칭송하는 현재의 문화적 경향과 이런 유혹에 대한 자신의 연약함을 잘 생각해야 하며, 세심한 주의를 기울여야 한다. 즉 우리는 하나님의 진리를 설교자의 자아로부터 타인의 자아로 전달하려는 설교학적인 노력의 범위와 그 타당성을 정확하게 파악해야 한다.

이것은 설교자 혼자만의 노력으로 되는 게 아니다. 선포된 말씀을 듣는 사람들도 성경 진리가 각 개인의 자아와 어느 부분에서 창조적으로 교차하는지를 찾아내기 위해 동일한 노력을 경주해야 한다. 설교자의 임무는 성령의 인도하심을 따라 성경적 진리와 자신의 인성을 역동적으로 섞어 전달함으로써, 말씀을 듣는 청중의 심령 안에서도 설교자의 내면에 일어났던 것과 동일한 대화를 증진시키며 그들 안에서 진리와 자아 간의 궁극적인 상호 작용을 촉진시키는 것이다.

전문 목회 사역으로 부름을 받은 자로서 우리는 이러한 상호 작용을 일으키는 일을 효율적으로 감당하고 있는지를 지속적으로 측정할 필요가 있다. 다시 말해서 우리는 스스로를 반성하며 목회 현장에서 우리가 시도했던 것들을 실제로 얼마나 달성했는지를 점검해야 하는 것이다. 나 역시 설교자와 청중 모두의 자아가 성경 진리와 상호 작용을 하고 있는지를 정직하게 평가하기 위해 스스로에게 계속 질문을 던진다. 언젠가 한 번은 이를 위한 피드백 작업을 5주간에 걸쳐 공식적으로 다음과 같이 다섯 단계로 진행해 보기도 했다.

〈1단계〉. 나는 스스로 말씀과 대화를 나눌 수 있는 설교 다섯 편을 준비했다. 이 대화 과정에서 나는 개인적인 경험을 통해 성경적 진리를 깊이 묵상할 수 있도록 해석학적·설교학적인 방법을 따라 연구를 시작했다. 그리고 설교를 통해 청중석에 앉은 성도들 역시 나처럼 개인적인 경험과 성경적 진리를 서로 결합할 수 있도록 준비했다. 이 과정을 일지로 기록해두었다.

〈2단계〉. 준비된 설교를 실제로 전달했다. 또한 각각의 설교는 녹음을 해 두고 기록으로도 남겼다.

〈3단계〉. 설교에 대한 내 자신의 평가 단계이다. 여기서 나는 1단계에서 일지로 기록해 두었던 설교를 통해 전달하려던 궁극적인 목적이 실제로 얼마나 성공적으로 달성되었는지에 관해 다시 비평적으로 평가해보면서 그 내용을 일지에 기록했다. 또 이 특별한 설교 사건에서 성경적 진리와 자아 사이에 바람직한 상호 작용을 유도하는 일에 있어서 나의 장점과 단점은 무엇이었는지에 대해서도 구체적으로 기록해 두었다.

〈4단계〉. 소그룹을 통한 나눔의 단계이다. 교회 안에서 세심하게 선별된 12명 정도의 평신도들이 모여서 청중의 위치에서 나의 설교를 어떻게 경험했는지에 관한 의견을 함께 나누었다. 이 모임은 나이와 신학적 깊이, 성별, 그리고 나와의 친밀도에 있어서 다양한 사람들의 의견을 적절히 대변했다. 이들은 모두 교회 안에서의 진실한 의사소통을 위해 기꺼이 자기 의견을 말할 수 있는 사람들이었고, 매번 설교가 전달된 주일 오후에 모두 다섯 번, 두 시간씩 모였다.

이 모임에서 나는 사회를 맡지 않았고 평신도 한 분이 진행했다. 나는 설교에 대해 어떤 방향으로 평가해달라고 제시하지 않았고, 다만 그 설교가 내용과 전달 면에서 성경적 진리와 자아 사이에 바람직한 상호 작용을 더욱 강화했는지 아니면 방해했는지를 놓고 각자의 경험담을 비평적으로 나누도록 했다. 나는 그들에게 나 자신이나 내 설교에 대해서가 아니라 '설교 행위'를 통해서 진리와 자아 간의 바람직한 상호 작용이 발생했는지 아닌지를 평가하는 것이 중요하다고 알려 주었다. 그 후에 나는 이들의 평가 과정을 녹음해서 다시 들어보면서 그들이 말한 내용을 1단계와 3단계에서 내가 일지에 기록해 두었던 내용과 서로 비교해 보았다. 이 과정에서 나는 성경적 진리가 인간의 자아를 통해서 그리고 그 자아와 함께 상호 작용하는 문제와 아울러, 설교할 때 원래 의도했던 사항들이 내 자신의 평가와 소그룹 모임에서의 평가에서 얼마나 서로 일치하는지의 여부만을 다루었다.

〈5단계〉. 설교자와 청중이 성경적 진리와 적절히 상호 작용을 나누게 한 일이 예배와 상담, 행정, 교육, 음악, 선교, 그리고 교회 성장의 각 분야의 사역을 어떻게 증진시킬 수 있었는지를, 설교를 준비하고 전달하며 이를 평가함에 있어서 나는 얼마나 효과적이었는지에 관하여 결론을 내렸다.

당신도 자신의 설교 현주소를 파악하는 데 도움이 되기를 바라는 마음에서 이런 일련의 과정을 소개한다. 나는 그 결과를 다음과 같이 세 가지로 나누어서 얘기하고자 한다.

첫째로, 자신의 개인적인 경험담과 사례, 그리고 개성(selfhood)을 활용함으로써 설교에서 성경적 진리의 원활한 의사소통이 상당히 강화된다고 확신한다. 하지만 이것이 오히려 위축되는 경우도 있다. 그래서 나는 평신도들의 평가와 독서 그리고 연구조사를 통해 파악한 한계 안에서, 나의 개성적 인격을 긍정적인 방향으로 지속적으로 활용하는 방안을 계속 강구해야 한다. 이러한 교훈은 목회적인 권위의 문제와 직결된다.

필립 브룩스가 참된 설교를 "인격을 통한 진리의 전달"로 정의했을 때 그는 진리가 설교자의 인격적 특성, 즉 전인격적인 지성과 도덕성의 총체를 통해 전달된다는 확신을 강조했음을 기억하라. 인격을 통한 진리의 전달은 결코 기계적이지 않다. 브룩스는 다음과 같이 두 종류의 설교자를 구분했다.

> 동등한 지적 능력과 학습에도 불구하고 말씀을 전함에 있어 상당한 차이점을 느낄 수 있는 두 종류의 설교자가 있다. 한 설교자는 자신의 무익함을 별로 대수롭지 않게 여기는 사람으로, 복음은 그 설교자에게 임하지만 그가 피상적으로만 복음을 알고 있기에 우리에게도 그렇게 전달된다. 또 다른 경우 복음은 설교자의 인격을 거쳐서 우리에게 전달되며, 우리는 그 복음과 함께 설교자 안에 담긴 모든 진지함을 인상적으로 받아들인다. 첫 번째 경우에는 사람이 동원되었지만 그는 아무런 감정도 없는 인쇄기나 트럼펫에 불과하다. 반면에 두 번째 경우에 그 설교자는 참된 인간이며 하나님의 진짜 전령이다.[21]

나는 설교자가 성도들에게 말씀을 전달하려고 하기 이전에 먼저 자신과 자기의 문제에 그 메시지를 그대로 적용시키고자 몸부림칠 때, 청중은 그 열망을 충분히 느낀다는 사실을 발견했다. 이로서 청중은 말씀을 자신과 동일화할 준비를 하게 된다. 청중은 설교자가 자신의 실제 삶 속에서 부각되는 실재 문제를 다루는 실재 사람이기를 원한다. 또 하나님의 말씀을 듣는 청중은 설교자가 신뢰할 만하고, 진실하며 신실한 사람이라는 점을 확인하고 싶어 한다. 그런 이유로 설교자의 일반적인 의사소통 스타일 속에서 비구어적인 제스처와 신체적인 태도, 시선 마주치기, 음성의 변화, 그리고 희극적 이완(comic relief, 비극이나 긴장감이 높은 테마를 가진 희곡에 삽입하여 관객의 정서적인 긴장을 일시적으로 풀어줌으로써 이어지는 장면의 극적효과를 높이기 위한 장면이나 사건 —옮긴이)과 같은 것들은 청중에게 매우 중요한 요소들이다. 이에 비해 내가 보기에 설교 예화집은 사실상 그렇게 커다란 도움이 되지 못한 것 같다.

일부 청중은 설교 메시지를 거부하기도 하는데, 설교자가 은연중에 자기를 과장하여 드러내기 때문이다. 이 시대의 자아도취적인 경향에 대한 평형추는 바로 겸손이다. 크리스토퍼 라쉬는 오늘날 우리 문화의 저변에 자리하고 있는 자아도취의 증거를 보여주는 것으로, 감정적인 피상성과 친밀함에 대한 두려움, 거짓된 자기 통찰, 왜곡된 성, 노령과 죽음에 대한 공포 등을 지적했다.[3] 문제의 핵심을 정확히 간파하고 있다. 진정한 겸손은 우리 설교자들이 자신을 있는 그대로, 즉 하나님의 은혜로 구원받았고 자아도취를 향한 이 시대의 유혹을 포기하고 타인에 대한 순전한 관심으로 돌아서도록 부름을 받은 죄인이라는 사실을 직시하라고 요구한다. 진정한 겸손이 무엇인지를 전혀 모르는 설교자는 자기 기만적인 자아도취의 유혹에 쉽게 넘어갈 수밖에 없다.

설교자는 항상 불완전하다. 사도 바울 스스로가 '부분적으로 안다' 고 고백했다. 그러므로 우리는 박식한 신학교수처럼 완벽한 지식을 갖고 있지 않은 사실을 그리 걱정하지 않아도 된다. 우리가 최선을 다해 특정 주제에 관한 말씀을 준비하여 선포하더라도, 우리는 그 설교가 부분적이며 미흡할 수밖에 없다는 사실을 깨닫는다. 찰스 바토우는 설교의 이러한 측면에 대해 다음과 같이 강조한다.

> [설교는] 인간의 삶에서 제기되는 문제점과 조건들에 관해 우리의 신학적인 평가와 성경 묵상의 산물인 이상, 모두 그의 인생의 결과물이라고 할 수 있다. 그래서 설교는 복음에 대해 모두 다 포괄하지 못하고 부분적으로 진술할 수밖에 없다.[4]

우리 자신의 약점을 더욱 분명하게 인식하게 되면 우리는 겸손으로 스스로를 마음놓고 비웃을 수 있게 한다. 우리는 영웅이 아니다. 윌리엄 윌리몬은 이렇게 적고 있다.

> 설교자가 자신의 개인적인 감정과 경험, 이야기, 그리고 일화들을 사람들과 나누는 목적은 그들을 설교자와 연결시키려는 것이 아니라 다른 이들과 서로 연결시키고 궁극적으로는 성경 본문과 연결시키기 위함이다. '이 이야기에서 누가 영웅인가?' 라는 질문은 그리 나쁘지 않지만, 설교자 본인을 그 영웅으로 내세운다면 무언가 잘못된 것이다. 성경 본문 전체에 등장하는 영웅은 우리가 아니라 하나님이시다. 교회 안의 영웅 역시 목회자가 아니다.[5]

우리에게는 온전한 인격이 절실히 필요하다. 비록 우리 모두가 일종의 자기기만에 넘어질지라도 우리는 다시금 그 온전함을 추구해야 한다. 나는 다른 누구도 아닌 나 자신이어야 한다. 다른 사람이 될 수는 없다. 나는 자신의 장점과 단점을 솔직히 받아들여야 한다. 이것이야말로 얼마나 편안한 것인가! 그 온전함은 우리의 설교를 통해 사람들에게 그대로 전달된다. 그리고 다시 목회의 모든 다른 영역 속으로도 골고루 흘러간다. 설교의 메시지와 그 형식은 서로 구분되어야 한다. 설교에는 전달되어야 하는 요지가 반드시 있는 법이며 부적절한 형식이 전달에 방해가 되지 않아야 한다. 또한 설교자가 '전체적인 이미지'를 강조하다보면 형식적으로는 훌륭하겠지만 내용은 빈약해질 것이다. 설교자들은 적절한 제스처를 취하고 적절하게 자신을 표현하며 올바른 견해를 밝히고 청중에게 완숙한 모습을 보일 수도 있지만, 진정으로 필요한 것이 아니라 그저 겉으로만 좋아 보이는 것들만을 기억하게 할 수도 있음을 명심해야 한다. 우리가 겸손하고 온전한 인격으로 행할 때 자신의 경험과 예화, 개성 같은 것들을 적절한 방향으로 활용할 수 있는 것이다.

둘째로 성경의 권위가 설교와 관련을 맺는 방식에 관하여 내가 배운 바를 당신에게 소개하고 싶다. 비록 나는 성경의 '완전 영감'이라는 입장에 전적으로 동의하고 또 그와 같이 성경의 권위를 인정하지만, 설교를 위해서는 이 구절의 함축적인 의미를 좀 더 주의 깊게 다듬어야 할 필요가 있음을 발견했다. 또 청중은 성경의 권위를 인정함에 있어 어느 지점에 위치하고 있는지를 분명하게 인식해야 할 필요성도 느꼈다. 아울러 성경의 권위에 관한 신학적 전제와 해석

방법론이 나오는 전혀 다른 사람이 내린 결론에 의해서 내 설교가 만들어질 수 있음도 깨달으면서, 성경을 권위 있게 받아들이려는 입장과 실제로 성경을 해석학적으로 또는 설교적으로 활용하는 방식도 반드시 구분해야 함을 알게 되었다.

사람들은 오늘과 관련해서 성경이 무엇을 말씀하고 있는지에 대해 듣기를 갈망한다. 그런데 주일 아침에 설교를 듣는 청중들의 성경의 권위에 대한 입장은 매우 다양하다. 우리 사회 속에 팽배한 다원주의가 이들에게도 동일하게 영향을 주었다. 데이비드 리드(David H. C. Read)에 따르면 설교에는 세 가지의 구성 요소가 있다고 한다. 첫째는 복음을 그대로 선포하는 부분이다. 둘째는 하나님께서 계시하신 것 중에서 성도들이 알아야 하는 것을 가르치는 부분이다. 셋째는 이 세상 다른 사람들과의 관계 속에서 어떻게 살아야 하는지를 제시하는 윤리 부분이다. 리드는 비록 개별적인 설교의 전체 지향점은 이 세 부분 중의 어느 한 부분에 집중되겠지만 우리가 전하는 각각의 설교에 이 세 가지 요소가 골고루 확보되어 있는지 살펴보아야 한다고 주장한다.

본문을 세밀하게 주해하고 또 전통적인 입장에서 과감히 벗어나 연구하며 스스로 평가해볼 때, 내가 깨닫게 되는 사실이 있다. 하나님께서 나에게 말씀하기 원하시고, 나를 통해 청중에게 말씀하기 원하시는 핵심 메시지에 내가 집중해야 한다는 것이다. 그리고 그 진리에 대한 가장 창조적이고 유용하며 설교적으로도 합당한 표현을 찾을 수 있도록 나를 도우시는 성령을 꼭 의지해야 한다는 사실이다. 나는 필립 브룩스의 다음과 같은 입장에 전적으로 동의한다. "교회에는 믿음을 정의내리고 변호하는 사람들이 항상 필요하다. 하지만 교회 사역자들이 자신의 진정한 임무가 복음을 설교하는 것이 아니라 믿음을 정의하고 변호하는 것이라고 생각한다면 이는 교회를 위해서는 아주 해로운 것이다."[6]

우리의 가장 고귀한 사명은 진리를 변호하는 것이 아니라 성령의 도움으로 미래를 내다보면서 그 진리를 그대로 선포하여 영원한 진리가 오늘을 살아가는 사람들의 삶 속에서 영향력을 행사하도록 하는 것이다.

셋째로 성장 과정 속에 있는 한 인간으로서 나의 장점과 약점을 있는 그대로 사용하시는 성령의 능력에 관하여 내가 배운 것을 당신과 나누고 싶다.

우리는 정직한 노력을 그대로 사용하시는 성령의 능력을 좀 더 철저하게 신뢰해야 하며, 자신의 장점에 대해서는 더욱 안심하며 약점에 대해서는 좀 덜 두려워해야 할 필요가 있다. 이 점을 약간 다른 방식으로 표현하자면, 성령님께서는 기록된 말씀을 존중하는 우리의 목회적인 권위를 보호하시고, 우리가 전한 말씀이 회중의 필요와 부합되면서 역동적이고 발전적인 과정을 가져올 수 있도록 간섭하심을 보게 될 것이다.

우리가 청중의 관심사를 주의 깊게 듣지 않는다면 결코 설교에서 다루어지지 않을 문제들이 많다. 우리는 그들에게서 많은 것들을 배워야 한다. 안수 받은 목회자로 섬기던 지난 시간, 나는 너무나 겁을 먹은 나머지 제대로 사역에 매진하지 못했다. 그러나 성령께서는 나의 정직한 노력들을 적절히 사용하셔서 나의 장점과 약점 모두를 통해 긍정적인 결과를 가져오도록 하셨다는 사실도 알게 되었다. 나는 비평가들의 이야기에 귀를 기울여야 하겠지만 그렇다고 그들 때문에 낙심할 필요는 없다. 나는 자만심과 낙심의 문제와 싸우는 나의 모습에 대해 반성해 보아야 한다. 당신과 나는 다른 사람들의 비난으로부터도 기꺼이 배우려는 자세를 가져야 하지만 그렇다고 그들의 병리적인 양상들을 그대로 우리에게 투과해서는 안 된다.

자신의 약점을 솔직히 인정하고 아울러 예수 그리스도와 성경의 주권을 드높이려는 열망은 모두 인간의 필요와 긴밀히 연관된 것인 동시에 우리의 사역을 지켜주는 최상의 안전판이다. 우리가 최선의 능력을 동원하여 본문을 주해하고 거기서 얻게 된 진리를 우리가 설교하는 청중의 실존 상황과 결합시킬 때 하나님의 메시지가 모든 심령 속에 관통하도록 성령께서 역사하실 것이다. 우리는 그 능력을 의지해야 한다.

랜달 니콜스(J. Randal Nichols)는 일부 목회자들이 설교를 과도하게 준비하거나 형편없이 준비를 못한 것에 대해 지적한다. 그런데 나도 이랬던 적이 있었다. 한 번은 대단한 설교를 전하고 싶은 열망이 너무도 간절해서 여러 권의 주석서들을 참고하고 한 편의 설교에 너무 많은 내용들을 준비했는데, 결국은 좀 더 느슨하게 연구하며 성경 메시지를 심사숙고하여 나와 청중의 경험과 적절히 결합시키는 데서 맛볼 수 있는 자연스러움과 신선한 즐거움을 모두 잃어버리고 말았다. 이와 관련해서 니콜스는 이렇게 적고 있다.

> 한 마디로 설교자들은 강박적일 정도로 그리고 너무나도 오랫동안 주석서와 2차 자료만을 의지하면서도, 정작 본문이나 특정 주제가 자신들과는 어떻게 관련을 맺고 있는지에 대해서는 전혀 생각하지

않거나 이런 생각 자체를 두려워한다. 그렇게 20시간 이상의 연구에만 사로잡혀 있다보면 당신은 하나님의 초월적인 임재가 가득한 성경 세계에는 완전히 눈뜬 소경이 되면서 다른 이들의 설익은 통찰에 매달리기 시작한다. 지하철 손잡이를 붙잡고 가는 동안 갑자기 독수리처럼 떠오른 생각으로 청중들이 충격을 받을 수 있음을 알게 되면 참으로 역설적이고 당혹스럽다고 아니할 수 없다.[71]

결론적으로 설교자와 청중 모두는 신앙공동체 안에서 자신의 진정한 인간성과 기독교적인 체험을 살릴 수 있도록 노력해야 한다. 지옥이란 소외의 세계이며 이 세상에서나 저 세상에서 한결같이 하나님으로부터 철저히 분리된 곳이다. 설교자의 임무는 자신과 청중 모두를 신앙공동체의 환경 속에 그리고 과거와 현재, 미래를 모두 포함하는 우주적인 교회의 환경 속에 올바로 위치시키는 것이다. 그래서 내가 전하는 메시지는 우리 모두의 메시지와 분리될 수 없으며, 나의 이야기도 그렇다. 나의 이야기와 우리 모두의 이야기는 하나님께서 우리 안에서 우리와 함께 그리고 우리를 통하여 어떻게 일하고 계시는지에 관한 그분의 이야기로부터 도전을 받으며 그 이야기에 의하여 교정되고 계속적으로 변화한다. 그분은 신앙공동체를 창조하신 하나님이시며, 하나님께서 그 백성에게 말씀하실 때 사용하시는 전령인 설교자는 공동체로부터 선택받은 사람으로서, 그 공동체와 함께, 그 공동체를 위하여, 그 공동체에게 말씀을 전한다. 결국 우리의 설교와 우리의 역할은 목회 전반에 크나큰 영향을 준다.*

각주

1. Philips Brooks, *Lectures on Preaching*, The Yale Lectures on Preaching, 1877 (Grand Rapids: Baker Book House, 1969), 8.
2. Ibid.
3. Christopher Lasch, *The Culture of Narcissism* (New York: W. W. Norton and Company, 1978).
4. Charles L. Bartow, *The Preaching Moment* (Nashville: Abingdon, 1989), 62.
5. William H. Willimon, "A Funny Thing hapened to Me on the Way to the Pulpit," *The Christian Ministry* (January 1982):7.
6. Brooks, *Lectures on Preaching*, 21.
7. J. Randall Nichols, *Building the Word* (San Francisco: Harper and Row Publishers, 1980), 31.

* 7장의 내용은 마이클 더듀잇(Michael Duduit)이 편집한 「현대 설교 핸드북」(*Handbook of Contemporary Preaching*)에 실린 "목회에서의 설교의 역할"(The Role of Preaching in Ministry)을 일부 수정한 것이다. Michael Duduit, ed. (Nashville: Broadman Press, 1992).

*해돈 로빈슨(Haddon W. Robinson, Ph. D)

  엄청난 인기를 모은 교과서인 「성경적 설교」(*Biblical Preaching*)의 저자이기도 한 그는 다양한 저술활동과 이제는 신학교에서 설교학을 강의하는 자신의 여러 제자들을 통해서 수많은 복음주의 설교자들에게 지대한 영향을 미쳤다. 뉴욕 시 토박이인 로빈슨 박사는 달라스 신학대학원(Th. M)과 서던 메써디스트 대학교(Southern Methodist University, M. A.), 그리고 일리노이스 대학교(Ph. D)에서 대학원 과정의 공부를 마쳤다.

  달라스신학대학원의 설교학 교수직과 덴버신학교의 학장직을 지낸 그는 1991년에 고든콘웰신학대학원의 명예 석학 교수로 부임했다. 그는 현재 이 학교에서 목회학 박사 프로그램의 감독직도 맡고 있다. 1996년 베일러 대학교의 조사 결과 영어권에서 활동하는 12명의 가장 영향력 있는 설교자들 중의 한 사람으로 지명되기도 했다. 그는 또 전 세계의 여러 방송국에서 매일 600회 이상 방송되는 매일 라디오 방송인, "Discover the Word" 의 사회자 중의 한 사람으로도 활동하고 있으며, <*Preaching*> 잡지의 자문위원이며 <*Christianity Today*>의 논설위원이기도 하다. 그가 저술한 「성경적 설교」는 현재 전 세계 120여개 이상의 신학교에서 설교학 분야의 교과서로 사용되고 있다.

제8장

강해설교란 무엇인가

해돈 로빈슨

　오늘날 21세기의 교회는 성경적인 설교를 절실히 필요로 하고 있다. 하지만 모든 사람들이 이 입장에 동의하는 것은 아니다. 일부 진영에서는 이제 설교는 폐기되어야 한다고까지 주장하는 경우도 있다. 교회 사역의 중심축이 뒤바뀌었으며, 이제 좀 더 효과적이고 현대화된 다른 사역들과 다른 방법들을 추구해야 한다는 주장들도 심심찮게 들려오고 있다.

　왜 이렇게 설교의 명성이 실추되었는지를 알기 위해 오늘날 우리의 일상적인 삶의 여러 영역들을 조금 심층적으로 살펴보자. 예를 들어 설교자의 이미지도 예전에 비해 많이 바뀌었다. 오늘날 설교자들은 더 이상 지역 공동체에서 지성과 영성 부분의 지도자로 인정받지 못하는 형편이다. 설교자는 어떤 존재인지 한 번 성도들에게 질문해보라. 아마도 그들의 대답은 그렇게 찬사로 가득 차 있지만은 않을 것이다. 케일 하젤든(Kyle Haselden)은 혹시 사람들이 생각하는 설교자의 이미지가 "성도들을 위해 보이스카우트처럼 늘 도와줄 준비가 되어 있고, 붙임성 있고 유익한 친구의 이미지에, 젊은 사람들을 위한 자상한 아버지 같고, 외로운 사람들을 위한 동반자 같으며, 때로는 다과회나 점심식사에서 까다롭지 않고 즐거움을 안겨다 주는 손님의 이미지를 모두 합한 합성사진"은 아닌지 걱정하고 있다.[1]

또한 하루에도 수만 가지 메시지가 융단폭격처럼 쏟아지는 커뮤니케이션 과잉 사회 속에 사는 우리에게 설교가 전해지기 때문에 설교의 중요성을 부각시키는 토대가 그만큼 빈약해졌다. 오늘날 텔레비전과 라디오는 복음전도자다운 신실함까지 겸비하고서 광고 후원자들의 메시지를 쏟아내는 열정적인 행상인들의 모습이다. 이러한 상황에서 설교자들은 러스킨의 말처럼 "삶과 죽음에 관한 교리를 가지고 무대 위에서 재주를 부리는" 또 다른 판매원처럼 보일 수밖에 없다.

이런 원인들 외에도 자유주의가 강단에 선 설교자에게서 권위 있는 메시지를 빼앗아버린 점도 지적할 만하다. 또 요즘 사람들에게는 진리 자체보다는 의사소통이 더 중요해 졌다. 오늘날 우리에게 익숙한 멀티미디어와 영화, 비디오, 조명등, 그리고 현대 음악과 같은 요소들은 긍정적일 수도 있고 부정적일수도 있는 조짐들이다. 분명 현대적인 매체나 방법들은 의사소통을 촉진시킬 수 있다. 하지만 이런 것들은 때로는 전할 메시지가 없기 때문에 사용되는 경우도 있다. 즉 공허함을 가리기 위해서 무언가 색다른 것이 동원되는 것이다.

우리에게 호소력을 발휘하는 것은 말하기나 경청보다는 행동 그 자체이다. '나에게 이제 그만 설교하라' 는 말은 설교에 대해 사람들이 평상시 어떻게 생각하는지 보여준다. 일부 교회에서 설교는 그리스도인들이 서로 친해지기 위해 꼭 필요한 수단 정도로 인식되고 있다. 이러한 태도를 가진 사람들은 "우리가 하나님의 말씀을 제쳐 놓고 접대[또는 재정 출납]를 일삼는 것이 마땅하지 아니하다"(행 6:2)고 다짐했던 사도들과는 정반대로 다음과 같은 결론을 내리려 할지도 모른다. "우리가 접대를 제쳐 놓고 하나님의 말씀을 일삼는 것이 마땅치 아니하다."

성경을 주의 깊게 다루기

하지만 성경을 주의 깊게 다루는 사람이라면 그 누구도 설교를 무시할 수 없다. 사도 바울은 작가였다. 신약성경의 여러 영감어린 서신들이 바로 그의 펜으로부터 쏟아져 나왔다. 그리고 여러 서신 중에 최고 걸작은 로마서이다. 인류 역사에 끼친 파급효과를 고려한다면 이 편지에 필적할만한 것은 거의 없다. 하지만 사도 바울이 로마에 있는 성도들을 위해 이 편지를 기록할 때 그는 이렇게 고백하고 있다. "내가 너희 보기를 간절히 원하는 것은 어떤 신령한 은사를 너희에게 나누어 주어 너희를 견고하게 하려 함이니 이는 곧 내가 너희 가운데서 너희와 나의 믿음으로 말미암아 피차 안위함을 얻으려 함이라"(롬 1:11-12). 상당수의 목회 사역들이 얼굴을 직접 대면하지 않고서는 진척될 수 없는 것들이다. 심지어 이러한 영감어린 서신서마저도 차선책에 불과하다. 그러므로 바울은 이렇게 말했다. "나는 할 수 있는 대로 로마에 있는 너희에게도 복음 전하기를 원하노라"(롬 1:15). 복음의 능력은 기록된 말로는 결코 대신할 수 없는 선포된 말 속에 존재한다.

　신약성경 저자들의 마음속에 자리하고 있던 설교는 바로 역사하시는 하나님의 말씀 그 자체였다. 예를 들어 베드로는 자신의 편지를 읽는 독자들에게 그들이 "너희가 거듭난 것은 썩어질 씨로 된 것이 아니요 썩지 아니할 씨로 된 것이니 살아 있고 항상 있는 하나님의 말씀으로 되었느니라"(벧전 1:23)고 상기시킨다. 그렇다면 이 말씀은 어떻게 이들의 삶 속에서 역사하게 되었을까? 베드로는 계속해서 설명하기를 이 말씀은 다름 아닌 "너희에게 설교했던(preached) 복음"이라고 한다(벧전 1:25). 다시 말해서 이들은 설교를 통해서 구원을 받았다.

　데살로니가전서에서 사도 바울은 데살로니가 교회 성도들이 "우상을 버리고 하나님께로 돌아와서 살아 계시고 참되신 하나님을 섬기는지와 또 죽은 자들 가운데서 다시 살리신 그의 아들이 하늘로부터 강림하실 것을" 기다린다고 한다(살전 1:9-10). 그런데 계속되는 사도 바울의 설명에 의하면 이런 결과는 그들이 "우리에게 들은 바 하나님의 말씀을 받을 때에 사람의 말로 받지 아니하고 하나님의 말씀으로" 받았기 때문에 나타난 결과이며 이제 "이 말씀이 또한 너희 믿는 자 속에서 역사"한다고 확증하고 있다(살전 2:13). 설교는 그저 하나님에 관하여 말하는 것이 아니다. 참된 설교란 그들을 하나님께로 인도하는 설교자의 인격과 메시지를 통해 사람들에게 역사하시는 하나님 능력의 통로이다.

　이러한 사실은 디모데후서 4장 2절에서 사도 바울이 왜 젊은 동역자인 디모데에게 "말씀을 설교하라"(또는 말씀을 전파하라)고 힘껏 권면했는지 그 이유를 설명해준다. 여기에서 '설교하다'는 단어는 포고하거나 부르짖다, 또는 간곡히 호소하다는 뜻을 담고 있다. 마치 불과 같은 열정과 열망 속에서 쏟아지는 설교 메시지는 사람들에게 큰 감동을 준다. 하지만 강단에서 쏟아내는 열정이 모두 영적인 것은 아니다. 설교자는 열정적이기에 앞서, 무엇보다 말씀을 선포해야 한다. 그렇지 않는 설교는 참된 설교로 인정될 수 없다.

설교자들은 성경이 아니라 다른 메시지들, 예를 들자면 정치 체제나 경제 이론들, 또는 새로운 종교 사상 같은 것들을 제시하려는 유혹을 받는다. 하지만 이런 메시지가 제 아무리 권위에 찬 어조로 전해지더라도 성경을 설교하지 않는 설교자는 자신의 영적 권위를 포기한 셈이며, 하나님의 말씀을 들고 사람들 앞에 선 것이 아니라 그저 유익한 인간의 말을 전한 것뿐이다.

하나님께서는 모든 시대 속에서 모든 사람들에게 성경을 통하여 말씀하신다. 성경은 오늘 우리와는 다른 시대 다른 장소에서 하나님께서 무엇을 행하셨는지에 관한 옛날이야기도 아니며, 하나님에 관한 견해들을 영감에 따라서 오류가 없이 기록한 어떤 진술문도 아니다. 성경은 하나님께서 오늘 자신의 백성들에게 말씀하시는 의사소통의 수단이다. 하나님은 성경을 통해서 우리를 구원으로 인도하시며(딤후 3:15), 그리스도인다운 성품이 더욱 성장하고 더욱 풍요로워지도록 도우시기 때문이다(16-17절).

강해설교의 정의

성경을 가장 효과적으로 전달해 사람들로 하여금 성경의 진리 앞에 서게 하는 설교가 바로 강해설교이다. 강해설교란 "성경 본문의 본래 맥락에서 역사적, 문법적 및 문학적인 연구를 통하여 얻어지고 전수된 성경적인 진리(a biblical concept)를 성령 하나님께서 먼저는 설교자 자신의 삶에 적용시키고 그 다음에는 그 설교자를 통하여 청중에게 적용시키는 의사소통"을 의미한다.

설교에 대한 이 정의에는 몇 가지 사항들이 들어 있다. 첫째 강해설교의 요점은 성경에서 도출되어야 한다는 것이다. 강해설교가는 성경이 비록 다른 책과는 전혀 비교할 수 없는 책이지만 이 역시 여전히 책이라는 점을 직시해야 한다. 「강해설교」(Expository Preaching)에서 R. A. 몽고메리는 이렇게 적는다.

> 최근에 일부 작가들이 베스트셀러 작품들을 쏟아놓는 것처럼 설교자도 성경의 특정한 책을 사람들에게 제시하는 임무를 맡고 있다. 그는 하나님의 말씀 중에 특정한 부분의 메시지를 성도들에게 제시하려고 노력한다. 이 과정에서 설교자는 마치 저자의 마음속에 들어가 있기라도 하듯이 그 책에 실린 메시지에서 핵심 주제나 중요한 부분을 찾아낸다. … 그는 본문의 단어와 구절, 문장, 여러 문단들을 세심하게 다루어야 하는데, 그러한 요소 각각을 통해 말하는 바가 있을 뿐만 아니라, 책을 쓸 때 저자가 전하려는 핵심 주제 및 목적과도 긴밀히 연결되기 때문이다.[2]

그래서 좀 더 넓은 맥락에서 볼 때 강해설교는 설교의 한 가지 방법이 아니라 근본 철학이다. 강해설교는 "설교자는 과연 자신의 생각을 성경에 복종시켜야 하는가, 그는 성경을 자신의 생각에 복종시키고 있는 것은 아닌가?"라는 근원적인 질문에 대한 해답이라고도

할 수 있다. 당신의 설교에서 성경 구절은 마치 애국가와 같은 취급을 받지는 않는가? 축구경기 시작 전에 울리며 전체 행사가 시작되도록 하지만 그 이후로는 전혀 다시 들리지 않는 것처럼 말이다. 과연 성경 본문이 사람들에게 전달되는 설교의 핵심으로 자리매김되고 있는가?

성경 구절을 설명하지도 않으면서 정통 교리를 설교하는 일도 가능하지만, 무엇보다도 성경의 메시지를 제시하는 데 집중하면 이교적인 가르침으로부터 설교자의 사상을 보호할 수 있다. 그리고 이 일을 정규적으로 반복하다보면 성경에서 다루고 있는 삶의 여러 가지 문제점들을 — 그렇지 않았더라면 쉽게 간과해버리고 말았을 — 그대로 설교에서도 다루게 된다. 성경에 집중하는 설교를 통해 설교자는 무엇보다도 자신의 것이 아닌 하나님의 권위로 설교할 수 있으며, 듣는 청중들 역시 하나님께서 자신에게 직접 말씀하시는 더 좋은 기회를 누릴 수 있다.

강해 설교에 관한 이상의 정의에 포함된 두 번째 중요한 부분은 성경의 메시지가 청중에게 의사소통되는 수단에 관한 것이다. 설교자는 자신이 먼저 메시지를 받았던 것과 동일한 기초에 근거하여 그 메시지를 청중에게 전달한다. 연구 과정에서 설교자는 본문의 문법과 역사적 배경과 정황들을 조사하면서 하나님의 말씀을 들었다. 이와 마찬가지로 강단에서 설교자 역시 본문의 언어와 문법, 역사적 배경, 그리고 정황들을 충분히 다뤄서 주의 깊은 청중도 성경 본문으로부터 핵심 메시지를 들을 수 있도록 안내해야 한다.

그래서 효과적인 강해 설교는 대체적으로 성경 본문의 설명이 상당한 비중을 차지하게 된다. 또 양질의 강해 설교라면 그 본문의 중심 메시지뿐만 아니라 그 메시지가 발전되어가는 과정과 어법, 그리고 목적도 충분히 반영하는 설교일 것이다. 이러한 일이 발생할 때 사람들은 그 설교를 통해 성경을 배우게 될 뿐만 아니라 자신이 직접 성경을 공부하고픈 도전을 받게 된다.

성경과 강해 설교

강해 설교는 설교자에게도 크나큰 유익을 가져다준다. 첫째로 이 설교는 설교자에게 마땅히 설교할 진리를 제시한다. 상당수의 목회자들은 주중에 새롭게 설교 준비를 하느라 시간을 낭비한다. 오직 소수의 천재들만이 매 설교마다 호기심 많은 청중들을 계속 붙잡아 두기에 충분한, 신선하고 고무적인 내용들을 생각해 낼 수 있다. 설교꺼리를 자신만의 생각이나 경험에서 끄집어내려는 설교자는 얕은 웅덩이에서 철벅거리며 노는 것과 다름없다. 반면에 성경을 직접 강해하는 설교자는 깊은 바다 속으로 나아가는 것이다.

강해 설교는 설교자에게 다양한 설교 유형을 제공한다. 때로는 한 구절만을 가지고도 강해 설교를 할 수 있다(알렉산더 맥라렌, Alexander McLaren, 이 분야의 대표적인 인물이다). 또 한 문장을 강해할 수도 있는데 이 경우가 일반적으로 강해설교로 간주된다. 이 외에도 설교자는 특정 주제나 교리를 추적하는 강해 설교도 시도할 수 있다. 이를 위해 설교자는 그 주제나 교리가 논의되는 성경의 여러 구절들을 참고해야 한다. 해당 주제나 교리가 특정 구절에서 도출되기도 하지만 보통은 여기에 국한되지 않고 성경의 다른 구절과 연결되어 있기 때문이다. 인물 설교도 강해 설교 형태로 진행할 수 있다. 성경의 많은 부분들이 역사나 전기의 형태로 주어져 있음을 유의하라. 예를 들자면 창세기에서만도 여섯 명 정도의 인물을 정해 강해 설교를 할 수 있다.

앞에서 내린 강해 설교의 정의 속에는 이 설교를 통해 설교자도 성숙한 그리스도인으로 성장한다는 사상이 들어 있다. 설교자가 성경을 연구할 때 성령께서는 설교자의 삶을 면밀히 조사하신다. 설교자가 성경적 설교를 준비할 때 성령 하나님 역시 그 설교자를 준비시키는 것이다. 알렉산더 맥라렌은 자신의 됨됨이 모든 것은 매일 계속해서 성경을 연구한 덕분이었다고 고백했다. 설교자가 성경 구절에 정통하다보면, 성령 하나님의 손 안에 있는 그 구절의 진리가 어느덧 자신을 다듬어 놓았음을 발견하게 될 것이다. P. T. 포시드(Forsyth)는 "성경은 설교자들을 위한 가장 탁월한 설교자이다"[3] 라고 적었다.

강해 설교의 목적

마지막으로 강해 설교의 근본적인 목적은 성경이 전제하고 있는 근본 목적과 같다. 강해 설교와 성경의 근본적인 목적은 성령께서 이를 사용하셔서 사람들의 삶과 운명을 변화시키는 것이다. 물론 하나님께서 자신의 백성을 다듬어 가시는 수단에는 설교와 가르침만 있는 것은 아니다. 그러나 이것은 결정적으로 중요한 수단이다. 하나님께서는 오늘날의 사람들이 성경을 마치 역사나 고고학 교과서인 것처럼 대하기를 원치 않으신다. 유능한 강해 설교자라면 이 사실을 깊이 이해한다. 성령 하나님은 오늘날의 남자들과 여자들에게 성경을 통해 말씀하신다. 강대상에 올라 선 사람이나 청중석에 앉은 사람들은 유다나 다윗, 베드로, 또는 솔로몬에 관하여 무슨 판정을 내리려는 것이 아니다. 성경의 가르침 속에서 이들은 각자 스스로를 판정해보아야 한다.

이러한 목적을 달성하기 위해 강해 설교가는 성경 메시지뿐만 아니라 그것을 듣는 사람들에 대해서도 잘 알아야 한다. 즉 강해 설교가는 성경과 청중 모두를 주해해야 한다. 고린도 교회로 발송하는 바울의 서신이 중간에 잘못 전해져서 그만 빌립보 교회에 도착하게 되었다고 상상해 보라. 빌립보에 사는 성도들은 바울의 서신을 받아보고 나서 상당히 난감했을 것이다. 빌립보 교회 성도들은 고린도 교회 성도들과는 전혀 다른 상황에서 살고 있었기 때문이다. 구약의 예언서들과 마찬가지로 신약의 서신서들 역시 특정한 상황 속에 살고 있는 특정한 사람들을 염두에 두고 기록되었다.

"교리는 실천적으로 설교해야 하며 실천적인 의무들은 교리적으로 설교해야 한다"는 표어는 우리 개신교 선조들이 고수해왔던 입장이었다. 아마도 이것이 오늘날 전해지는 강해 설교의 가장 심각한 문제일 것이다. 강해 설교의 미명 아래, 마치 하나님께서 "옛날 옛적에"만 계셨던 것처럼 "그때 그곳"을 강의하면서도, 정작 "지금 이곳에서" 살아가는 사람들의 태도와 행동을 과녁으로 삼고 영원한 진리를 끌어와서 적용시키는 데는 많이 실패하기 때문이다. 적용은 효과적인 강해 설교에 부차적으로 따라오는 요소가 아니라 필수불가결한 부분이다.

그러나 성경을 오늘날 청중의 경험과 서로 연결시킬 때, 사람들의 삶에 맞추려고 성경을 무리하게 변형시키려 해서는 안 된다. 그보다 설교자는 성경이 제시하는 표준에 자신을 스스로 복종하도록 이들을 소환해야 한다. 그렇게 해서 그리스도인들은 이 악한 세대가 아닌 장차 임할 세대를 따라 살아갈 수 있게 해야 한다. 적용도 양 방향으로 진행되는 것이 바람직하다. 즉 성경적 진리가 오늘날 사람들의 삶과 관련을 맺어야 하겠지만 또 다른 한편으로 사람들의 삶도 성경적 진리에 부합하게끔 변화되어야 한다.

결론

탁월한 강해 설교가였던 F. B. 메이어(Meyer)는 자신의 임무를 성실히 감당하는 성경적인 설교자의 영광과 두려움을 잘 이해하고 있었다. "그 설교자는 면면히 흐르는 위대한 전통의 연장선상에 서 있다. 종교개혁자들과 대륙의 청교도들, 미국으로 건너온 청교도 목회자들 모두는 한결같이 강해설교자들이었다. 이들은 사적인 견해나 의심스러운 해석의 여지를 남기는 자기들만의 견해를 선포하지 않았다. 그것보다 이들은 성경 위에 자신의 입장을 굳게 세우고 '주께서 말씀하시기를'이라는 저항할 수 없는 권위로 당당하게 메시지를 선포했다."[4]

오늘날 우리 사회의 중요한 문제는 궁극적으로 영적인 문제이다. 남자와 여자들 모두가 절망적일 정도로 하나님을 필요로 하고 있다. "그런즉 그들이 믿지 아니하는 이를 어찌 부르리요 듣지도 못한 이를 어찌 믿으리요 전파하는 자가 없이 어찌 들으리요 보내심을 받지 아니하였으면 어찌 전파하리요 기록된 바 아름답도다 좋은 소식을 전하는 자들의 발이여 함과 같으니라 … 그러므로 믿음은 들음에서

나며 들음은 그리스도의 말씀으로 말미암았느니라"(롬 10:14-17).*

각주

1. Kyle Haselden, *The Urgency of Preaching* (New York: Harper and Row, 1963), 89.
2. R. A. Montgomery, *Expository Preaching* (New York: Revell, 1939), 42.
3. P. T. Forsyth, *Positive Preaching and the Modern Mind* (London and New York: Independent, 1907), 11.
4. F. B. Meyer, *Expository Preaching Plans and Methods* (1910; Grand rapids: Zondervan, 1954), 58.

추천도서

Forsyth, P. T. *Positive Preaching and the Modern Mind*. London and New York: Independent, 1907.

Haselden, Kyle, *The Urgency of Preaching*. New York: Harper and Row, 1963.

Meyer, F. B. *Expository Preaching Plans and Methods*, 1910; Grand Rapids: Zondervan, 1954.

Montogemery, R. A. *Expository Preaching*. New York: Fleming H. Revell, 1939.

Stott, John R. W. *Between Two Worlds: The Art of Preaching in the Twentieth Century*, Grand Rapids: Eerdmans, 1982.

---

* 이 장은 저자의 허락아래 Bibliotheca Sacra 131:521(Jan-March 1974): 55-60에서 발췌한 것이다. "강해설교란 무엇인가?"(What is Expository Preaching)는 스콧 깁슨이 편집한 「차별화된 설교」를 통해서도 다시 소개되었다. Haddon W. Robinson, *Making a Difference in Preaching*, Scott M. Gibson ed. (Grand Rapids: Baker Books, 1999), 61-68.

*윌리엄 윌리몬(William Willimon, S.T.D)

    1984년부터 노스캐롤라이나의 덜함에 있는 듀크 대학교에서 예배당의 수석 사제와 기독교 목회분야 교수로 사역해 오고 있다. 이 외에도 그는 조지아와 사우스캐롤라이나에 있는 교회에서 목회자로도 활동하고 있다. 1996년에 베일러 대학이 주관한 조사에서 윌리몬 박사는 영어권에서 가장 유능한 설교자 12명 중의 한 사람으로 뽑히기도 했다. 또 그는 50권의 책을 저술하였으며, 그의 소논문들은 <The Christian Ministry>와 <Worship>, 그리고 <Christianity Today>와 같은 여러 잡지에 계속 기고되고 있다. 그가 관여하는 <Pulpit Resource>라는 잡지는 매주 미국과 캐나다, 그리고 호주에 사는 8천 명의 목회자들에게 배포된다. 또 <The Christian Century>와 <The Christian Ministry>, <Pulpit Digest>, <Preaching>, <The Wittenburg Door>, 그리고 <Leadership>과 같은 잡지의 편집위원으로도 활동하고 있으며, 미국과 캐나다, 유럽, 그리고 아시아 지역의 여러 신학교와 대학교, 목회자 학교에서 강의하면서 여러 과정들을 지도했다. 그는 패트리샤 파커와 결혼했으며 이들 사이에는 두 자녀 윌리엄 파커와 해리엇 패트리샤가 있다.

제9장

예배로서의 설교

윌리엄 윌리몬

성도들이 헌금과 기도, 떡과 포도주, 희망과 두려움, 그리고 의심과 찬양을 주께 봉헌할 때, 그들은 목회자가 설교를 봉헌할 것을 요구한다. 설교는 설교자가 해야 할 봉사이며 때로는 선물이기도 하다. 사람들을 치유하고 붙들며 안내하고 격려하는 선물이 바로 설교이다. 하지만 이 설교가 때로는 짐이 되기도 한다. 진실을 증거하고 선지자처럼 진리를 선포하고 듣기에 그리 유쾌하지 않은 것을 말해야만 하는 부담이 있기 때문이다.

그러나 그 설교가 부담으로 느껴지든 아니면 축복으로 느껴지든 상관없이, 설교는 항상 예배 행위이다. 존 낙스는 다음과 같이 말했다.

만일 설교가 그 자체로 예배의 행위라는 점을 이해하지 못한다면, 우리는 설교에서 무엇이 가장 본질적인 것인지, 그리고 종교적이든 세속적이든 관계없이 다른 모든 종류의 가르침과 설교가 근본적으로 무엇이 다른지를 놓치는 셈이다. 여기서의 관건은 설교가 우연히 예배의 정황 속에 위치한다거나 또는 설교가 예배라는 배경을 확보할 때 가장 효과적이라는 데에 있지 않다. 오히려 중요한 점은 예배의 정황을 배제하고서는 그 설교는 참된 설교일 수 없다는 사실이다. 만일 예배의 배경이 마련되어 있지 않다면 진정한 설교가 그것을 만들어내기 마련이다. 그래서 설교가 예배라는 매체를 제공하고 여기에 기여해야 하며, 그렇지 않다면 그것은 결코 참된 설교일 수 없다.

낙스는 설교의 예배적인 특성은 설교 준비 단계에서 가장 분명하게 나타난다고 생각했다. 그는 설교는 일종의 예배 행위로 즉 설교자의 봉헌인 기도 가운데에서 준비되어야 한다고 말한다.

> 설교는 하나님께 드리는 봉헌이다. 즉 설교자가 자신을 하나님께 드리는 예물이 바로 설교이다. 그래서 설교 준비 과정은 일종의 헌신이라는 훈련된 행위이기도 하다. 설교하는 것은 사실 다른 사람과 함께 하나님께 기도하는 것이고 기도 가운데 다른 사람들을 인도하는 것이다. 그래서 설교를 준비하는 것은 한 가지 중요한 측면에서 볼 때, 다른 사람들을 위해 기도하는 것이며 또 다른 사람들의 유익을 목적으로 자신을 위해 기도하는 것이기도 하다.[1]

설교를 예배 행위로 이해하는 것에는 예배의 본질과 관련해서 중요한 의미가 담겨 있다. 기독교 예배는 하나님에 대한 찬양과 경배에 초점을 맞추고 있다. 그 밖의 모든 다른 행위는 사랑스러운 창조주 하나님에 대한 우리의 반응으로 이차적일 뿐이다. 예배는 하나님을 선포하며 찬양하고 경배하는 것 이상의 어떤 다른 목적이 있을 수 없다. 예배가 이 밖의 다른 목적을 위해 사용될 때, 그것이 아무리 가치 있는 것이라고 해도, 그 예배는 악용될 수밖에 없다. 예배의 초점은 우리가 아니라 하나님이다. 우리가 사람들을 교육하고 흥을 돋우며 위로하거나 진정시키거나 분노를 일으키며 지시하거나 판단하거나 또는 다른 것을 행할 때, 예배의 근본 초점이 하나님으로부터 인간에게 옮겨가게 된다. 공리주의, 즉 인간의 실익에 기초하여 모든 경험과 느낌, 그리고 사상을 평가하는 인간 중심적인 관점은 기독교 예배와는 매우 대조적이다. 예배의 중심은 인간이 아니라 하나님이다.

그렇다고 해서 기독교 예배가 인간의 중요성을 전혀 인정하지 않는다는 뜻은 아니다. 하나님을 경배하면서 우리는 종종 어떤 일이 일어나는 것을 느낀다. 예배를 통해 우리는 때로 가르침을 얻고, 흥이 돋워지며, 위로나 징계를 받기도 하며 지시받거나 또는 죄의 각성을 경험하기도 한다. 하지만 이 모든 것들은 우리의 애정을 하나님께 드린 결과 즉 하나님을 예배함으로 말미암은 은혜로운 부산물인 것이다. 예배를 통해 우리에게 일어나는 일들은 무엇보다 하나님께로 이끌어주기 위한 것이다.

예배에서 청중의 마음을 얼마나 효과적으로 감동시킬 것인가를 주로 골몰하며 예배를 기획하고 준비한다면 스스로에게 이런 질문을 던져보아야 한다. 우리가 궁극적으로 예배하는 대상은 누구인가? 우리 인간이 예배의 중심부를 차지하게 되면 언제든지 그 예배의 최종 목적지는 하나님을 예배하는 것보다는 무언가 다른 일에 있는 것이다.

이런 사실이 의미하는 바가 무엇이겠는가? 나는 다양한 형태의 설교가 예배 행위로 인정될 수 있다고 생각한다. 예를 들어 설교는 영광송이 되기도 한다. 그 설교가 찬양으로 불려진다면 가장 잘 설교될 수 있는 진리를 담고 있다면 말이다. 또 어떤 설교에는 기도도 포함된다. 설교자는 설교 중에 자신의 필요뿐만 아니라 설교를 듣는 우리 모두의 필요도 언급하기 때문이다. 또 어떤 설교는 성만찬과도 같다. 왜냐하면 설교자는 자기 역시 굶주린 한 사람으로서 다른 굶주린 사람들에게 어디에서 먹을 것을 발견할 수 있는지를 말해주기 때문이다. 어떤 설교는 우리가 붙잡고 있으며 그와 동시에 우리를 붙들고 있는 진리를 단호하게 주장하는 순수한 교리이기도 하다. 그리고 무엇보다도 모든 설교는 하나님께 드리는 봉헌이다. 즉 우리가 가진 것을 바칠 때 그것을 받으시고 여기에 축복하시며 굶주린 군중들을 먹이도록 이를 다시 우리에게 베푸시는 하나님께 올려 드리는 봉헌이다.

설교가 예배의 한 '행위'라는 말 속에는 몇 가지 실제적인 의미가 있다. 첫째로 설교를 예배 '행위'로 이해할 때 우리는 설교가 무언가를 말하는 것일 뿐만 아니라 무언가를 행하는 것이라는 사실을 깨달을 수 있다. 오늘날 진행되는 예배 갱신에서는 예배가 일련의 말이라기보다는 오히려 어떠한 행위라는 사실에 주목하고 있다. 종교개혁 이래로 수세기 동안 많은 교회들은 대부분이 말에 집중하는 예배 형태를 고집해 왔다. 그래서 예배 시간에 목회자의 임무는 대체적으로 무언가를 말하는 것이고 회중의 임무는 주로 무언가를 듣는 것으로 생각했다. 구텐베르크의 인쇄술 발명을 계기로 쏟아져 나온

기도서와 소책자들, 그리고 찬송가들 모두 예배에서 행위보다는 말이 더 중요하다는 개념을 더욱 심화시켰다.

하지만 오늘날 우리는 시각적 상징의 위력과 시각 매체의 효과에 대해서도 충분히 알고 있다. 또 일상생활의 평범함 속에서 묻어나는 즐거움과 아울러 그런 평범한 것들—예를 들어 빵과 포도주, 물, 그리고 악수와 같은—을 통해 자신을 알리시는 하나님을 발견한다. 그래서 오늘날 다수의 예배 지도자들은 이제 예전의 관습을 수정해야만 하게 되었다. 예배를 인도하려면 몸짓 언어, 즉 우리의 행동을 통해 말하는 것에 대해서도 세심한 주의를 기울여야 한다.

신학교에서 설교를 가르치는 교수로서, 나는 학생들에게 설교 속에 있는 시각적인 경험에 대해 이해시키기가 상당히 어렵다고 말하곤 한다. 우리는 설교를 준비할 때, 강단에서 무엇을 말할 것인가 뿐만 아니라 그것을 어떻게 말할 것인가에 대해서도 동일한 관심을 기울이면서 준비해야 한다. 이를 위해서는 성구 사전과 주석서만큼이나 자신의 모습을 점검하기 위한 거울과 비디오 레코더도 필요하다. 또 우리가 어떻게 설교를 진행하는지에 대해 세밀하게 관찰하고 자기가 본 것을 우리에게 말해 줄 수 있는 정직한 관찰자들도 큰 도움이 된다. 강단에서 은혜에 대해 선포하면서도, 예배가 끝나고 인사한 후에는 전혀 은혜롭지 못하게 비춰진다면 그 설교와 예배는 참으로 무익할 뿐이다.

요즈음 설교학 교수들은 예전의 웅변적이고 수사적인 설교 스타일에 문제가 많다고 지적한다. 과장된 웅변은 대부분의 기독교적인 의사소통과는 어울리지 않기 때문이다. 하지만 예전의 많은 설교자들은 공중 연설의 시각적인 요소들에 대해서 매우 민감했었다는 점을 주목할 필요가 있다.

스펄전의 「목회자 후보생들에게」(Lectures to My Students)에는 그가 몸짓 동작에 관해 자세히 얘기하는 부분이 나온다. 스피커에 대고 시시한 말이나 흘러 보내거나, 강단 뒤에서 분명치 않는 말들을 우물거리고 혹은 성찬상 앞에 구부정하게 서 있는 목회자는 자신의 메시지의 가치를 스스로 떨어뜨리고 있다. 우리는 호주머니에 손을 넣은 채로 무언가 중요한 말을 하지는 않는다. 또 공적인 자리에서 사람들을 위로할 때 고래고래 소리를 치거나 팔을 휘두르지도 않는다. 어떤 여성도는 자기 교회의 목회자에 대해 이런 불평을 늘어놓았다. "목사님은 경우를 모르는 것 같아요. 그의 설교는 성경 본문에 관계없이 또 계절이나 시기에 관계없이 항상 미소를 지으며 부드러운 음성으로 말씀하시는데 마치 난롯가의 잡담처럼 미지근해요. 이런 설교는 매번 우리한테 마구 소리를 지르는 설교만큼이나 매우 부적절한 것 같아요." 설교에서 우리의 몸짓과 움직임, 자세, 그리고 얼굴 표정은 설교 내용과 서로 어울려야 한다. 설교자로서 이 점을 인정한다는 것이 나에게는 나름대로 고통스럽기는 하지만, 사실 행동은 말보다 훨씬 웅변적이다.

의도적이고 확고하며 확신에 찬 모습은 청중을 편안하게 하는 데 도움이 된다. 그런 모습을 통해 청중은 자신을 잘 인도해 줄 것 같은 사람이 설교한다고 생각하기 때문이다. 또 매력적이고 단정하며 다채로운 의상도 집회의 분위기를 조성하는 데 도움이 된다.

하지만 청중에게 메시지를 전달하고 그들을 인도함에 있어 가장 중요한 수단은 무엇보다 설교자의 시선이다. 따라서 성가대가 찬양할 때 목회자의 시선은 이들 성가대에게 머물러 있어야 한다. 또 어떤 평신도 지도자가 성경을 낭독할 때도 설교자의 시선은 그 사람을 바라보아야 한다. 성찬식을 베풀 때에도 목회자는 성찬에 참여하는 성도와 시선을 마주치고 떡을 건네받는 사람의 손에 성찬이 놓여질 때까지 시선을 놓치지 말아야 한다. 침묵의 시간이라면, 목회자는 편안하면서도 너무 구부정하지 않은 자세로 눈을 지그시 감으면서 실제적인 묵상을 위해 침묵을 지킴으로써 성도들 역시 내면의 성찰에 집중할 수 있도록 유도할 수 있다(이는 우리 예배에서 찾아보기 힘든 부분이다). 이 모든 동작들은 우리가 어떤 메시지를 선포하든 관계없이 복음을 더욱 생생하면서도 분명하게 선포하는 데 도움이 된다. 이렇게 설교는 분명 예배 행위이다.

우리는 예배를 준비하듯 설교를 준비함으로써 여러 가지 설교적인 실수를 피할 수 있다. 언젠가 내 친구 하나는 "모든 설교는 반드시 반응을 이끌어내야 한다"고 말한 적이 있었다. 그러나 만일 모든 설교가 항상 구체적인 인간의 반응을 이끌어내려고만 한다면 (그리고 '반응'이란 단어의 의미를 너무도 포괄적으로 정한 나머지 이 단어의 정확한 의미가 불분명하다면) 그런 설교를 가리켜 성경적인 설교라고 말하기는 어렵다. 성경에는 인간의 반응을 요구하지 않는 구절도 많이 있다. 예를 들어, 다음과 같은 구절은 어떤 반응을 요구하고 있는가? "깊도다 하나님의 지혜와 지식의 풍성함이여, 그의 판단은 헤아리지 못할 것이며 그의 길은 찾지 못할 것이로다"(롬 11:33).

상당수의 성경 진리들은 우리가 구체적으로 어떻게 행동하기 보다는 그저 진리로 확신하며 그대로 귀하게 받아들이라고 권면한다. 또 성경의 진리 상당수는 우리가 무엇을 해야 하기보다는 하나님이 누구이신지에 관하여 언급하고 있다. 그 진리는 예배에서의 다른 여러 행위들과 마찬가지로 찬양으로 노래하며 외치고 경배하거나 또는 고요히 묵상해야 할 진리이다. 이런 종류의 진리를 설교할 때 설교자는 하나님께서 무엇을 행하셨고 또 지금도 무엇을 행하고 계신지 그저 있는 그대로의 진리를 선포할 뿐이다.

물론 이러한 진리에도 분명히 윤리적인 교훈이 들어 있다. 찬양과 시편, 얼마간의 고요한 묵상, 장래에 관한 비전, 그리고 심지어는 설교자 개인의 인격적 영향력도 청중의 삶을 변화시키며 용기 있는 행동이나 영웅적인 헌신을 이끌어낼 수 있다. 하지만 그러한 결과는 선포된 진리에 대한 반응으로, 또 하나님께서 지금도 역사하고 계신 이 세상을 우리가 어떻게 인식하고 바라보는지에 따라 자연스럽게 나타나는 법이다.

예배에서 가장 어려운 것 중의 하나는 예배 인도자가 예배 진행을 방해하지 않으면서 청중의 예배를 잘 인도하는 일이다. 과거의 비인간적이고 로봇과 같은 권위적인 리더십에 대항하다보니 우리 중 일부는 다른 극단에 빠진 경우도 있다. 또 어떤 이들은 예배를 목회자가 모든 것을 주관하는 시간으로 바꾸기도 한다. 이런 예배는 주로 목회자 개인의 성격과 신학적인 성향에 의해 좌지우지되기 때문에 청중은 그저 목회자 내면의 생각이나 열망을 따라가거나, 농담이나 따뜻한 분위기, 또는 선지자적 광란을 만날 뿐이다. 그래서 어떤 이들은 예배 중에 목회자 때문에 전혀 하나님을 볼 수 없다고 불평하기도 한다.

설교나 예배를 인도하는 과정에서 우리는 회중에게 영적인 민감함과 따스함, 그리고 위로를 전달하면서도 동시에 예배 참가자들이 우리를 통해 하나님을 바라볼 수 있도록 환경을 제공해야 한다. 이런 임무는 정말 어려운 것이다. 우리가 예배의 중심을 지키면서 청중 중심의 예배로 전락하지 않게 하려면 세밀한 지침이 필요하다. 때로는 언제 그러한 기준을 위반했는지도 잘 모른다. 그래서 가끔은 주변의 솔직한 친구에게 우리의 공식적인 예배 인도 스타일을 평가해 달라고 도움을 요청하는 것이 필요하다.

예배 인도와 관련해서 사회자에 관한 비유를 하나 소개하고 싶다. 훌륭한 사회자는 모임을 움켜쥐며 진행을 방해하는 일을 하지 않는다. 그는 참석자 모두의 목적을 향해 그들을 잘 안내하는 일을 담당한다. 사회자의 중요한 역할은 모임 참가자들의 관심을 서로가 함께 해결해야 할 문제에 집중시키고 그들로 하여금 그 문제 자체를 잘 들을 수 있도록 도와주며, 결국 그 회의가 결론에 도달할 수 있도록 하는 것이다. 그런데 예를 들어 우리가 "아무개 목사의 삶과 고난"에 집중한다면 우리는 그 설교를 (하나님께 드리는 봉헌보다는) 일종의 쇼로 변질시키게 된다. 역사적으로 볼 때 인간들은 예배를 '성도들이 지켜보고 감동해야 하는 연극'으로 변질시키려고 했으며, 이에 대한 경고의 소리가 늘 존재했다. 신앙이란 그저 '좋은 구경거리'가 아니라 항상 실행으로 나아가야 하는 것이다. 사람들에게 이것저것을 하도록 이끄는 수단으로 설교를 사용한다면, 그것이 성도들과 교회에 얼마나 많은 유익을 주는지에 관계없이, 그 설교는 청중의 심리 조작으로 변질되고, 하나님께 드리는 예배는 그저 사람들을 즐겁게 하려는 기교로 전락될 뿐이다. 그리고 그런 설교는 하나님의 은혜에 참여하는 설교가 아니라 자명하고 진부하며 교훈적인 연설에 머무르고 만다. 그런 설교는 또 인도주의적인 상투어구나 인간의 곤경에 대한 피상적인 해결책으로 전락할 뿐이며, 그 결과 지루함은 필연적이다.

역사하시는 하나님의 말씀을 신뢰하고, 또 그 말씀을 듣고 인간이 각자 나름대로 적절하게 반응하게 되리라 기대하는 것은 하나님 말씀과 인간 모두를 존중하는 자세인 것이다. 사려 깊은 설교는 하나님과의 과감한 만남으로 초청한다. 우리가 임의로 그 만남을 강요할 수는 없다. 또 그런 만남의 결과를 미리 결정할 수도 없다. 우리는 그저 사람들을 그 만남으로 초청할 뿐이며, 그들의 관심을 여기에 집중시키도록 도우며 환경을 조성하고 성령 하나님의 인도를 따르도록 사람들을 격려할 뿐이다. 이것이 바로 설교와 예배를 계획하고 준비할 때 염두에 두어야 할 목표이다.

설교를 위한 배경으로서의 예배

우리는 앞에서 설교도 예배 행위이며, 복음은 말과 행위 모두를 통해 선포된다는 점을 확인했다. 과거에 우리 개신교도들은 '설교'만이 진정한 예배 행위이며, 그 밖의 다른 요소들은 설교를 위한 준비에 불과하다고 생각했다. 하지만 이제는 주일 아침 시간을 어떻게 보내야 할지 새롭게 이해하게 되었으며, 이러한 입장에 있어 더 나은 균형이 이루어졌다. 즉 교회의 역사를 살펴보니 말씀과 성만찬 모두에 동일한 관심을 기울여 왔던 것이다.

나는 설교와 성만찬의 상관관계를 이렇게 이해하고 있다. 성도들에게 성만찬은 기본적으로 종말론적이고 환상적인 체험이며, 시간을 초월하는 기회이기도 하다. 성만찬의 식사는 다가올 하나님 나라의 연회를 미리 맛보는 것이다. 그리스도와 함께 먹고 마시는 이 시간에 우리는 복음의 눈이 열려, 수많은 굶주린 영혼들이 나아와 배불리 먹는 모습과 복음의 만찬을 기뻐하는 죄인들의 모습을 보고, 낯선 이방인들도 그리스도 안에서 한 형제와 자매로 환영하는 용기를 갖게 된다. 부활하신 그리스도의 임재가 사실로 확인되며, 주께서 약속하신 새 하늘과 새 땅의 모습을 어렴풋하게나마 바라보게 된다(계 21:1).

이 모든 일은 우리가 성만찬을 거행할 때 일어날 수 있으며, 실제로 종종 일어나고 있다. 그래서 성만찬은 즐거운 것이며 영혼의 치유가 일어나는 부활의 사건이기도 하다. 하지만 이렇게 그리스도 안에서 승리하신 하나님으로 인해 기뻐하고 감사하면서도 설교는 거기서 더 나아간다. "예 그렇습니다. 그러나 아직도 남아 있는 것이 있습니다."

설교는 우리가 이 세상에서 지금 누리는 영생과, 아직 이뤄지지 않은 저 세상의 하나님의 완전한 구원 사이에 이중의 시간대를 살아가고 있음을 계속해서 상기시킨다. 결정적인 승리를 거두고 대세의 주도권을 쥐었지만 아직도 싸워야 할 많은 전투가 남아 있다. 설교는 때로 이러한 전투에 관해 말하면서, 아직도 구원을 기다리며 고통 가운데 신음하는 피조계의 실상을 지적해야 한다. 이런 의미에서 설교는 또 한 주간을 시작해야 하는 부담 때문에 야기되는 월요병에 대해, 불치병 암에 대해, 불행한 결혼생활에 대해, 지금도 계속되고 있는 고난에 대해, 심지어 아침 식사 때 먹는 콘플레이크에 대해서도 말해야 한다. 미래의 구원에 대한 달콤한 성만찬의 기억과 이를 미리 맛보는 기쁨과 함께, 설교는 오늘의 실상에 관해 통렬하고 날카로우며 구체적으로 다룬다. 그 설교는 우리가 그리스도 안에서 한 형제와 자매이지만 그러나 아직은 그렇지 않음을 상기시켜 준다. 우리 모두는 구원받았지만 그러나 아직 구원이 남아 있다. 하나님께서 온 세상을 통치하시지만 그러나 아직은 아니다. 굶주린 자들이 선한 것들로 배불리 먹으며 기뻐하지만 그러나 아직은 아니다.

그래서 몸에 좋으면서도 쓰디쓴 정량의 설교 말씀이 없으면, 우리의 주일 예배는 진실과 정직하게 대면하지 못하고, 하나님의 진리로부터 벗어나면서 삶과 무관한 환상 여행이 되고 말 것이다. 사도 바울은 고린도교회 성도들에게 사랑의 결핍이 결국은 예배를 조롱거리로 만들었다고 지적한다(고전 11-12장). 사도 바울의 현실적인 설교는 모여든 성도들에게 너무 조급하게 하나님 나라의 도래만을 선포하는 교회에게 필요한 아주 적절한 처방이다.

반면에 종말론적인 기쁨을 미리 맛보는 예배와 분리된 설교는 하나님의 승리를 기뻐하지 않고 그저 인간의 실패만을 지적하고 나열함으로써 청중을 협박하고 짓누르기만 한다. 성만찬의 기쁨과 감격이 없고 종말론적인 승리의 비전이 없는 설교는 항상 "아니에요. 아직 아닙니다"만을 되풀이한다. 이런 설교에서는 무언가가 선포되지만 아무 것도 실행되지 않는다. 때로는 생생한 언어로 비전이 펼쳐지기도 하지만, 그 비전은 성만찬의 떡과 포도주와는 아무런 관련이 없다. 때로는 부활하신 그리스도의 임재도 언급되지만 그 임재가 성도들에게 아무런 영향을 미치지 못한다.

성만찬이 배제된 채로 선지자적이고 심판을 강조하는 설교가 진행된다면 성도들로 하여금 하나님의 은혜로 임재하신 분을 송축하기 보다는 비본질적인 것의 늪에 빠져 허우적거리게 할 뿐이다. 위로하고 격려하는 설교 역시 마음에 무언가를 느끼더라도 청중은 이를 실제로 이뤄낼 능력이 없기 때문에 오히려 절망하게 만든다. 만찬으로 초청을 받았지만 그 만찬을 실제로 먹지는 못하고 여전히 굶주린 셈이다.

복음주의 전통의 상속자라는 우리가 "설교는 복음의 향연으로의 초청"임을 어떻게 망각할 수 있는지, 이것이 교회 역사에서 가장 이해하기 어려운 아이러니 가운데 하나일 것이다. 그런데 자유 교회(free church, 획일적이고 엄격한 예전 형식을 거부하고 신약성경에 등장하는 성령의 인도 아래서의 자유롭고 즉흥적인 예배 형식을 선호하는 교파로서 예배 전체에서 설교가 차지하는 비중이 높다 – 옮긴이)의 영향을 받은 나는 주일 아침 예배의 중심에는 설교가 자리한다는 점을 여전히 확신하고 있다. 이런 예배에서는 클라이막스라 부를 수 있는 부분이 별도로 없다. 어쨌든 예배의 첫 번째 순서가 시작되고 그 다음 순서가 뒤따르면서 점진적으로 고조되는 중심부에는 하나님의 말씀의 낭독과 설교가 자리해야 한다.

이러한 설교의 중심성은 주로 예배의 구조와 관련된 문제이다. 예배 순서를 계획할 때 우리는 이런 질문을 던져보아야 한다. 사람들에게 하나님의 말씀을 들려주려면 우리는 무엇을 해야 하는가? 또한 모두가 함께 모인 시간을 어떻게 보낼 것인지를 진지하게 고려해야 한다. 공식적 · 비공식적인 인사 시간, 방문자 환영 순서, 광고, 새로운 찬송 연습하기 등은 전체 모임에 어울리는 순서들이다. 전체가 모인 다음 찬송과 기도, 성경 봉독과 설교 전의 응답송은 설교를 듣기 위한 준비과정이다. 이러한 전체 모임과 준비 과정은 하나님의 말씀을 듣도록 청중 개개인의 마음과 심령을 적절히 준비해야 할 필요가 있음을 전제하고 있다.

이와 마찬가지로 성경 낭독과 설교 이후에 뒤따라오는 순서들도 하나님의 말씀에 대한 반응으로 이해할 수 있다. 이 말은 설교 이후에도 다양한 예배 행위들이 마련되어야 한다는 뜻이다. 사도신경과 봉헌시간, 감사기도와 중보기도, 세례, 그리고 성찬 역시 하나님의 말씀에 대한 성도의 반응으로 이해하는 것이 마땅하다. 앞에서 살펴본 바와 같이 오늘날 우리가 드리는 대부분의 예배는 하나님의 말씀에 대해 청중이 다양하게 반응할 기회를 충분히 마련해 주지 못하고 있다. 그러다보니 말씀이 청각장애인들에게 선포된 것 같다. 설교자가 말씀을 선포했지만 아무것도 일어나지 않는다.

하지만 말씀이 선포된 다음에는 자리에서 일어나 진심으로 신앙을 고백하며, 세례와 만찬을 받기 위해 주 앞으로 나아가는 것, 그리고 세상의 필요를 위해 함께 기도하는 것이 예배를 드린 후에 가장 바람직한 반응일 것이다. 우리의 예배는 교회 안과 밖에서 우리가 그리스도인의 삶을 경험하는 하나의 상징이 된다. 즉 하나님의 말씀을 듣고 그 진리를 받아들이며, 그 다음에는 말과 행동으로 계시에 반응하는 그리스도인의 삶이 예배라는 상징을 통해 극명하게 표출되는 것이다. 이런 일이 발생할 때 예배는 실제 삶 그 자체이며, 설교 말씀은 우리 삶 속에서 육신이 되고, 신앙의 핵심이랄 수 있는 말씀과 행위의 통합이 일어난다.

당신은 강단에 올라가서 성경책을 편 다음 본문을 읽기 시작한다. 이 본문에서 흘러나오는 말씀을 통해 자신의 설교에 무슨 일이 일어날지 궁금해하며 본문을 읽어간다. 내 말이 성도들에게 어떤 도움이 될까? 오히려 해가 되지는 않을까? 내 말이 누구에게 영향을 미칠까? 말씀을 듣는 성도들의 마음자세가 느슨해지면 사탄은 어떻게 그들을 유혹할까? 이 말씀 때문에 나에게는 그리고 내 안에는 어떤 일이 일어날까?

지금 단계에서 당신에게 남은 것은 설교하는 것뿐이다. 그리고 많은 질문을 했지만 늘 해답을 얻지 못했어도, 또한 불안과 의심이 아직도 남아 있음에도 불구하고, 당신은 계속 설교해야 한다. 매 주마다 당신은 이 모든 느낌, 의심과 질문, 혼동과 무지, 그로 말미암은 답답한 심정, 그리고 믿음을 짊어지고 강단으로 올라가 하나님과 그 앞에 모인 사람들 앞에 이 모든 것을 내려놓는다. 당신은 오늘 설교가 최상의 설교가 아니라는 점을 잘 알고 있다. 또한 당신은 설교할 수 있다 해서 모든 것을 다 말할 수는 없다는 점도 잘 안다. 하지만 당신은 오늘 여기에서 하나님께서 당신만을 통해 전할 수 있는 유일한 설교를 해야 한다. 또 그것이 최고는 아닐지라도 최소한 교회 회중들을 위한 최선의 설교라는 사실을 잊지 마라.

그래서 당신은 설교를 시작한다. 당신은 자신이 설교할 자격이 없다고 생각한다. 하지만 지금 설교할 용기가 난다는 사실에 그저 놀라워 할 따름이다. 당신은 결코 할 수 없을 것이라고 생각했는데, 이 사역을 어떻게 감당하고 있는지 어안이 벙벙할 뿐이다. 하지만 당신의 양떼들을 보라. 그들은 먼저 자신을 하나님께 봉헌했다. 자기들이 갖고 있던 것을 주께 드렸다. 이제는 당신 차례다. 당신이 가진 것을 하나님께 봉헌할 차례다. 당신은 감히 봉헌물을 그들 앞에 올려놓는다. 그리고 당신이 그렇게 하기 때문에 말씀은 자유를 얻으며 성령이 그들 가운데 역사하기 시작하며, 어떤 운명을 가져오든 결국 복음의 잔치가 또 다시 시작되는 것이다. 우리의 이야기가 이렇게 수 만 번이고 계속되는 가운데 하나님의 백성들은 그의 말씀을 들으며 또 다시 배불리 먹게 되는 것이다.*

각주

1. John Knox, *The Integrity of Preaching* (Nashville: Abingdon Press, 1957), 76. 예배 활동으로서의 설교에 대한 좀 더 자세한 논의를 위해서는 다음을 보라. William Skudlarek, *The Word in Worship: Preaching in a Liturgical Context* (Nashville: Abingdon, 1981).

---

* 이 장은 윌리엄 윌리몬의 「통합적인 설교: 중앙에 위치한 설교단」의 6장을 수정한 것이다. William H. Willimon, *Integrative Preaching: the Pulpit at the Center* (Nashville: Abingdon, 1981).

제4부
어떻게 전할 것인가

*마르바 던(Marva J. Dawn)

　많은 작품을 쏟아내는 작가이자 기독교 내의 영향력 있는 강사이다. 또 신학자이자 교회 음악가이기도 한 그녀는 네 개의 석사 학위 외에 기독교 윤리와 성경 연구로 노틀담 대학교에서 박사 학위를 받았다. 현재 그녀는 미국 워싱턴 주 밴쿠버에서 <Christians Equipped for Ministry>를 섬기고 있으며, 캐나다 브리티쉬 콜럼비아의 밴쿠버에 있는 리젠트 칼리지에서는 영성신학 강사로 활동하고 있다. 그녀는 미국과 호주, 중국, 영국, 홍콩, 일본, 마다가스카르, 뉴질랜드, 노르웨이, 폴란드, 스코틀랜드, 그리고 싱가포르 등지에서 목회자들과 신학생들을 상대로 사역을 감당해 왔다. 마르바가 저술한 최근 도서들 중에는 「껍데기 목회자는 가라」(*The Unnecessary Pastor: Rediscovering the Call*, 유진 피터슨과 공저), 「풀려난 희망: 풍족한 사회 속에서 신실한 삶으로의 초대」(*Unfettered Hope: A Call to Faithful Living in an Affluent Society*)와, 「연약함 속의 즐거움: 계시록에서 발견하는 희망의 은사」(*Joy in Our Weakness; A Gift of Hope from the Book of Revelation*), 「권세들, 연약함, 그리고 하나님의 장막」(*Powers, Weakness, and the Tabernacling of God*), 그리고 「고귀한 시간 낭비」(*A Royal Waste of Time*, 그녀의 사례 설교문들이 실려 있음)가 있다.

제10장

하나님의 모든 성품을 설교하기

마르바 던

변증법적 긴장으로 야기되는 문제들이 우리네 인생을 끊임없이 괴롭힌다. 어린이들은 양육해줄 부모들이 필요하지만 결국은 자기 힘으로 스스로 나는 법을 배워야 한다. 이민자들은 새로 정착하는 나라에 적응하려고 몸부림을 치면서도 또 한편으로는 여전히 고국의 관습과 언어, 그리고 정체성을 마음 한켠에 간직하고 있다. 교회 지도자들은 마음속에 품은 비전을 실현해가는 과정에서 그릇된 자만심이나 잘못된 비굴함에 빠지지 않더라도 계속하여 여러 도전을 경험하게 된다.

설교자들 역시 각자의 개인적인 삶에서나 설교 사역에서, 그리고 설교하는 주제와 관련해서도 이러한 변증법적인 긴장을 적절히 유지해야 한다. 오늘날처럼 말에 대해 별로 신뢰하지 않고 시각적인 마술과 현란한 장면들이 득세하는 시대에 이러한 설교 사역은 참으로 힘든 일이다.[1] 그럼에도 불구하고 설교는 문제와 혼란 속에 빠진 세상을 위해 결정적인 행운의 선물로 사용될 수 있다. 그렇다면 우리는 설교 사역 속에서 어떻게 이런 긴장을 적절히 유지하면서 그 본래의 역할을 계속 잘 감당할 수 있을까?

만일 하나님의 전체 속성을 변증법적인 상호 긴장의 관점에서 더욱 철저하게 파악하고 이를 그대로 선포한다면, 우리는 각자의 삶과 설교 사역 속에서 이런 이중적 긴장에 대한 균형을 더욱 잘 유지할 수 있을 것이다. 하나님의 속성 중에서 어느 영역이든 무시하려들지 않고 오히려 서로 모순된 부분들을 질서정연하게 파악하고자 노력하다보면, 우리는 모순적으로 보이는 부분들에 대해 회중들의 이해력을 높이는 데 더욱 준비될 수 있으며, 그럴 때 비로소 우리는 삶의 모든 영역들에 대한 합당한 신앙의 언어를 배울 수 있다.

신앙의 언어

신앙이란 기독교에 대한 두 가지 극단적인 입장을 피하는 언어라고 말할 수 있다.[2] 그 한 극단은 신앙을 단지 교리적인 명제들에 대한 지성적인 동의로 간주하는 것으로, 대체적으로 신앙을 엄격하고 편협하며 배타적이고 실제 현장에 적용되지 않은 것으로 여기는 보수 집단들이 주로 여기에 속한다. 교리적인 진리는 매우 중요하다. 하지만 이는 그리스도의 몸에서 뼈와 골격일 뿐이다. 교리적인 진리들은 추상적으로 사고되어야 할 뿐만 아니라 그대로 삶으로도 구현되어야 한다. 또 다른 극단은 신앙을 단순히 공통적인 종교적 감정이나 충동을 표현하는 것 정도로 격하하는 것이다. 자유주의 진영이나 특히 기독교는 다른 종교들, 예를 들자면 이슬람교나 불교와 별다른 차이가 없다고 주장하는 사람들이 주로 이러한 입장을 취하고 있다.

하지만 기독교 신앙은 나사렛 예수라는 인물의 역사적 독특성에 그 뿌리를 내리고 있다. 삼위 하나님 중 한 위격인 그리스도의 선재하심과 성육신, 가르침, 고난으로 점철된 지상 사역들, 십자가 상의 죽음, 부활, 그리고 승천에 관한 진리들은 기독교 신앙의 언어를 구성하는 핵심 문법이며 하나님에 관한 좀 더 분명한 이해를 가능하게 하는 수단이다. 게다가 이러한 교리적인 요체들은 교회의 삶 속에서도 그대로 구현되어야 한다.[3] 왜냐하면 그리스도를 따르는 성도들 역시 각자 자신의 십자가를 지고 매일 자기에 대해 죽음으로써 성부 하나님에 의하여 그리고 성령의 능력으로 말미암아 아들과 함께 새로운 생명으로 부활하기 때문이다.

참된 신앙은 삼위 하나님의 총체적인 성품의 여러 측면들을 새롭게 접한 성도들에 의해 그 신앙의 세계를 담아내는 용어들을 끊임없이 계발하면서 생생한 언어활동으로 표현된다. 우리는 듣고 말하고 읽고 쓰는 가운데 언어를 배우는데, 특히 중요한 점은 그러한 언어를 사용하고 거기 생활하는 문화권 속으로 흡수되면서 언어를 배운다는 사실이다. 이런 이유 때문에 성도들에게는 예배와 신앙공동체의 삶이 참으로 중요하다.

지속적인 언어활동이 일어나고 있는 교회의 총체적인 중심부에선 설교자는 신앙의 언어와 신앙의 삶 모두를 위한 모델을 빚어낸다. 실제로 설교자들은 성도들 앞에 서서(살전 5:12에 등장하는 헬라어 분사형 *proistamenous*에 대한 문자적인 의미이다) 연구과정에서 배운 새로운 언어를 청중에게 들려주어 교회로 하여금 하나님의 왕국에 대한 새로운 전망을 희미하게나마 볼 수 있도록 한다. 덕분에 성도들은 자신들이 바라본 전망 속에 거하면서 주중에는 세상 속에서 그 나라의 대사로서 합당한 삶을 꾸려갈 수 있는 것이다.

오늘날의 비변증법적이고 비트 단위의 데이터로 이뤄진 세상

21세기는 한 마디로 기독교의 언어가 설교되기 어려운 시대이다. 오늘날 대부분의 사람들은 우리가 앞으로 살펴보게 될 기독교의 변증법적 긴장구조를 그대로 인정하려고 하지 않기 때문에 대부분이 기독교 신앙에 대해 배타적일 수밖에 없다. 그리스도인들 역시 기독교적 신앙의 긴장을 유지하면서 예수를 온전히 믿고 따르는 데 상당한 어려움을 느낀다.

예를 들어 현재 이스라엘과 팔레스타인 간에 계속해서, 심지어는 점점 악화되는 긴장과 폭력의 문제에 대해 그리스도인들은 어떻게 반응해야 하는가? 우리는 한편으로 고통을 가하는 사람들을 고발하면서, 또 다른 한편으로는 굶주림과 안식처 없는 문제로 인해 자살 공격의 대열에 뛰어드는 사람들을 향해 연민을 느낄 적절한 용어들을 찾느라 고심하고 있다. 어떻게 한편으로는 압제자들에게 의로운 심판을 가져다주면서, 또 다른 한편으로 압제당하는 사람들을 위한 진정한 공의를 함께 발전시킬 수 있을까?

이렇게 두 가지 문제를 변증법적으로 생각하지 못하는 우리의 무능력은 사회 전체가 컴퓨터에 전폭적으로 의지해가면서 더욱 악화되고 있다. 알다시피 컴퓨터는 점등과 소등 가운데 한 가지 방법으로만 가동되는 비트로 구성돼 있다. 이와 마찬가지로 정치적인 수사학(다른 나라들은 좋거나 나쁘거나 둘 중 하나일 뿐이다)도 "이것이 아니면 저것이다"라는 독선적이고 이분법적인 사고방식을 조장한다. "이것과 저것 모두"를 함께 생각하려면 더 많은 노력을 기울이고 미묘한 차이를 세심하게 이해해야 한다.

이런 이유로 오늘날 대다수의 사람들은 분명한 사고 방식, 특히 하나님과 결부지어 생각하는 것을 무시한다. 예를 들어 기독교가 주장하는 바와 같이 하나님께서 비교할 수 없을 정도로 전지전능하시다면 왜 하나님은 테러분자들의 파괴적인 활동으로 인해 계속되는 비극을 그대로 허용하시며, 굶주림과 안식처가 없거나 개인적이고 전 세계적인 고난으로 말미암은 비극들이 일어나는 것을 방관만 하고 계시는가? 이런 문제가 쉽게 해결되지 않기 때문에 사람들은 좀 더 간편하고 덜 실망스러운 방법으로, 하나님에 대한 신앙 자체를 포기해 버린다.

오늘날 설교하기 가장 힘든 성경 구절은 하나님의 진노에 관해 언급하는 구절들이다. 오늘날에는 이런 구절들보다는 오히려 우리의 마음을 편안하게 하는 아늑한 하나님이 더 좋아 보인다. 복음의 좋은 소식이 때로는 이렇게 나쁜 소식처럼 보이는 이유는 무엇일까? 우리가 삼위 하나님의 전체적인 성품 모두를 변증법적으로 고려하지 않으면, 대부분의 사람들은 그런 하나님을 더욱 믿기 어려워하게 될 것이고 결국은 덜 혼란스러워 보이는 다른 신에게로 돌아서고 말 것이다.

"두 팔이 떨어지지 않게 하세요!"

하나님의 모든 성품을 잘 이해함으로써 성도들이 절망에 빠지지 않도록 설교하는 데 도움이 될 만한 이미지 하나를 당신에게 소개하겠다. 두 손의 모든 손가락의 두 번째 관절을 전부 갈고리처럼 구부린 다음, 두 손의 손가락을 서로 마주 걸어서 붙잡아 보라. 그 다음에는 양쪽 팔뚝이 바닥과 수평을 이루면서 왼쪽 팔꿈치는 왼쪽 바깥을 오른쪽 팔꿈치는 오른쪽 바깥을 서로 가리킬 때까지 두 팔꿈치를 들어 올리라. 그 상태에서 두 팔을 바깥으로 서로 당겨보라. 하지만 두 손가락이 서로 걸려 있어서 팔이 서로 떨어지지 않도록 해야 한다. 그렇게 서로 당기다보면 어깨에 힘이 들어가는 것이 느껴지지 않는가? 계속 당겨보라!

여기에서 두 팔꿈치는 서로 모순되어 보이는 두 가지 진리를 가리킨다. 당신이 두 팔을 똑같이 잡아당기면서도 두 손의 손가락들은 서로 튼튼히 걸려 있어야만 비로소 반대 방향으로 빠져나가려는 두 진리가 변증법적인 균형을 잘 유지할 수 있다. 만일 손가락들이 서로를 단단히 붙잡지 않거나 또는 두 팔에 똑같은 힘이 가해지지 않는다면 두 팔꿈치가 표시하는 진리는 어느 한 쪽으로 쏠리거나 두 팔의 연결은 곧 끊어지고 만다. 하지만 두 팔을 강하게 잡아당기면서도 여전히 두 손을 굳게 잡은 상태를 잘 유지하면, 이 팔꿈치가 나타내는 변증법적인 진리는 그대로 균형을 유지할 수 있다. 이렇게 반대방향으로 뻗어가려는 두 팔을 서로 붙잡아두는 것은 건강한 근육을 위해서도 아주 유익한 것처럼, 변증법적인 진리들에 대해 적절한 균형을 유지하는 것 역시 탄탄한 신학적 기반을 쌓는 데도 매우 유익하다.

기독교 역사를 살펴보면 서로 대조적인 것처럼 보이는 일련의 진리들이 서로 균형을 유지하지 못하고 어느 한쪽을 과도하게 또는 과소하게 강조한 사례들이 적지 않았다. 예를 들어 예수께서 참된 하나님인 동시에 참된 인간임을 동시에 인정하지 못할 때 주요한 이단 운동들이 등장했다. 그리스도의 참된 성육신을 부인하거나 또는 그의 신성을 부인하는 변종 이단들이 오늘날에도 그 모습을 드러내고 있다. 그래서 설교자들은 성도들이 예수를 이해함에 있어서 양쪽 모두를 견지하도록 도움이 될 강력한 신학적 근육이 필요하다.

기독교 역사 속에서 이러한 교리적인 발전은 그 자체로 매우 중요하다. 만일 예수를 참 하나님인 동시에 참 사람으로 인정하지 않는다면 그의 구원사역이 무엇인지도 올바로 이해할 수 없을 것이다. 예수가 누구셨고 누구이시며, 또 어떤 분으로 재림하실 것인지에 관하여 성경이 우리에게 말해주고 있는 모든 내용들을 액면 그대로 신실하게 받아들이지 않으면 우리는 그가 우리에게 베푸시는 영원한 생명 속에 담긴 충만함도 누리지 못할 것이다.

예수의 변증법적 진리

우리는 예수를 통해 하나님의 모든 성품 전체를 자세히 알아갈 수 있다. 그 이유는 하나님께서 메시아를 통해 자신이 누구인지를 가장 온전히 계시하셨기 때문이다. 초대교회 성도들은 그 동안 눈으로 직접 목격했던 사건들이 어떤 의미인지를 숙고하는 가운데 예수께서는 참 하나님이시며, 성령의 은사를 통하여 성부 하나님과 함께 누렸던 친교 속으로 우리를 인도하시기 때문에 결국 하나님은 삼위일체로 계시다는 것을 깨닫게 되었다.

하지만 예수 그리스도는 그렇게 간단히 이해될 수 있는 분이 아니다. 교회의 신앙이 더욱 자라고 성숙하기를 원한다면 예수에 관한 변증법적 진리를 설교하는 일을 결코 포기해서는 안 된다.

예수에 관한 역설적인 진리는 먼저 그의 수태에서부터 시작된다. 즉 우주의 주권자이신 하나님이 시골뜨기 처녀에게서 태어나시면서 가난과 압제에까지 자신을 낮추셔야만 했다. 그래서 이러한 변증법적인 진리를 좀 더 온전히 설교하려면 예전과 동일한 형태의 가난과 압제 속에서 복음을 계속 성육신시키시는 예수님을 따라가지 못하게 하는, 다분히 낭만적인 성탄절은 이제 그만 두어야 할 것이다.

또 이러한 변증법적 진리를 온전히 설교하려면 마리아의 찬가(눅 1:53)에서 언급하고 있듯이, 먼저 우리가 아무것도 얻지 못하고 빈손으로 버림받을 부자라는 사실을 인정하고 스스로 회개해야 할 것이다. 이와 함께 이 어린 예수께서 우리처럼 아무런 희망을 찾아볼 수 없는 죄인들을 위해 이 땅에 오셨음을 기억하면서 소망 중에 참으로 기뻐해야 한다. "긍휼하심이 두려워하는 자에게 대대로 이르는도다"(눅 1:50).

이 변증법적 진리와 관련해서 우리는 양쪽 팔꿈치가 필요하다. 부자들의 빈손에 관해서만 설교하면 성도들은 절망에 빠질 수밖에 없다. 또 다른 극단에서 하나님의 은혜만을 선포하면 성도들은 그것을 누릴 자격이 있다고 오해할 것이다.

율법과 복음

마틴 루터는 이렇게 결정적으로 중요한 변증법적 진리를 율법과 복음이란 용어로 간결하게 요약했다. 즉 율법 안에서 우리는 하나님의 자비를 누릴 자격이 없지만 복음 안에서 그리스도께서 그 자비를 우리에게 가져오셨다는 것이다. 여기서 '율법'은 특정한 법률이나 규칙을 의미하지 않고, 하나님에 대한 우리의 반역과 오해, 태만, 그리고 악행으로 인하여 하나님으로부터 철저하게 소외된 모든 것을 가리킨다. 짧게 말해 인간의 본질적인 속성은 자신을 하나님으로 섬기려는 죄인된 속성을 갖고 있어서 결국 우리 모두는 율법 아래 있다는 것이다. 반면에 복음은 그리스도 안에서 하나님께서 죄인을 자신과 화해시키고, 이들의 구체적인 죄를 용서하실 뿐만 아니라 우리를 삼위 하나님의 충만한 은혜 안에서 성령의 능력으로 새롭게 재창조하여 성도가 되게 하셨다는 복된 소식이다.

루터의 이러한 통찰은 이 시대에 일부 수정이 필요하지만 설교를 위해서는 여전히 중요하다. 리차드 리스쳐(Richard Lischer)는 설교자들이 성도들을 율법으로 방망이질하지 말고, "자각과 회개, 새로운 전망, 그리고 공동체의 삶에 대한 적극적인 참여를 목적으로 하는 자발적이고 체험적인 발견의 과정 속으로" 성도들을 이끌어 들이라고 촉구한다.[4]

그리스도의 속죄에 관한 진리도 우리에게 이것이 절실히 필요하다는 점을 깨닫지 못하면 아무런 소용이 없다. (리스쳐가 제안하는 설교 과정에서 볼 때) 인간에게 책임을 부과하시며 죄를 추궁하시는 하나님의 임재 안으로 성도들을 이끌어 들이기 위해 설교자가 설교

초두에 율법을 설교할 수는 있다. 하지만 그 다음에는 복음을 선포하여 성도들로 하여금 사랑이 많으사 우리를 구원하시고 화해하시며 재창조하시고 새롭게 하시는 하나님과 대면할 수 있도록 해야 한다.

율법과 복음이라는 두 팔꿈치는 적절한 긴장과 균형을 유지해야 한다. 율법으로 성도들에게 융단폭격만 가하면 성도들은 반감으로 경직되거나 절망에 빠질 수밖에 없다. 그렇다고 율법을 아예 무시해서도 안 된다. 긍정적으로 볼 때, 죄와 사망에 관한 율법의 모든 요소들을 좀 더 자세히 이해함으로써 성도들은 자신의 삶 속에서 매일 발견하며 또 타락한 세상 속에서 다른 사람들을 통해 접하는 모든 악과 고통, 분열과 죄악을 더욱 잘 이해할 수 있는 도구를 가지게 되고, 자신들의 죄를 빨리 회개할 수 있도록 격려를 받으며 그리하여 구세주 앞으로 나아갈 길을 더욱 잘 마련할 수 있다.

율법과 적절한 균형을 유지하지 못하고 그만 복음의 팔꿈치 쪽으로 너무 휩쓸리다보면, "나는 죄짓기 좋아하고 하나님은 용서해주시기 좋아한다. 이 얼마나 멋진 조화인가!"라고 말하는 율법폐기론자들의 극단에 빠지거나, 자신이 하나님의 은혜를 누릴 자격이 충분하다고 착각하는 오만의 늪에 빠지고 만다. 복음만을 강조하는 이러한 극단은 그리스도의 속죄사역을 싸구려로 전락시킬 우려가 있고, 또 율법만을 강조하는 다른 극단은 이를 아예 무시해 버린다.

율법과 적절한 균형을 유지하면서 복음을 설교하면 성도들은 우리를 위한 은혜의 대가를 기꺼이 지불하시는 하나님의 놀라운 사랑과, 율법의 멍에에서 자유케 하시며 동시에 하나님의 새 율법에 기꺼이 순종하도록 우리에게 자유를 주신 그분의 은혜가 얼마나 풍성한 것인지를 잘 이해하게 된다.

거룩함과 사랑

율법과 복음의 변증법적인 진리가 선포되어야 하는 이유는 하나님은 거룩하신 동시에 사랑이시기 때문이다. 하나님의 거룩은 우리의 죄악을 묵인할 수 없다. 반면에 그분의 사랑은 이 죄악이 용서될 방법을 마련하신다. 또 하나님의 거룩은 이 사랑이 그저 단순한 감상주의로 전락되는 것을 막는다. 그리고 그분의 사랑은 이 거룩이 비인간적인 속성으로 변질되는 것을 막아준다. 그래서 설교에서 하나님의 사랑과 거룩은 함께 균형을 이루어야 하며, 하나님을 올바로 만나도록 성도들을 안내하려면 어느 한쪽이 지나치게 부각되지 않도록 해야 한다.

하나님의 거룩만을 지나치게 강조하면 은혜의 관문을 통과함으로써 거룩해지려는 성도들의 자유가 파괴된다. 하나님께서는 오직 사랑 안에서 우리 안에 내주하실 수 있고, 그 사랑만이 우리를 재창조하며 의인으로 인정된 성인으로 변화시킬 수 있으며 그리스도의 구원 사역에 합당한 거룩한 삶을 꾸려가도록 할 수 있다.

반대로 하나님의 사랑만을 지나치게 강조하는 설교는 이 세상의 악을 심판하시는 절대자 하나님을 배척하는 것이나 다름없다. 거룩함은 우리로 하여금 죄에 대해 의롭게 분노할 수 있도록 하며(비록 세속적인 관점에서 볼 때 그리 성공적이지는 못할지라도) 불의에 대항하려는 열정에 소홀히 하지 않도록 하며, 세상의 정사와 권세들에 단호히 대항할 수 있도록 해 준다.

성부 하나님을 아브라함에게 사랑하는 외아들을 제물로 바칠 것을 요구했던 무시무시한 독재자로 간주하면서, 삼위 하나님 사이에 있는 거룩함과 사랑을 분리시켜서는 안 된다. 성경은 "하나님께서 그리스도 안에서 세상을 자기와 화목하게 하셨다"고 분명히 진술하고 있다(고후 5:19). 그래서 우리는 세상을 이처럼 사랑하사 자신을 스스로 내어주시는 가운데 특별히 그 독생자를 우리에게 주신 성부 하나님의 사랑을 잠시라도 잊어서는 안 된다.

이와 마찬가지로 성자 하나님에게서는 거룩함을 놓치지 말아야 한다. 예전에 나는 주님의 사역에 대해 "예수께서는 당신을 사랑하시며 현재의 모습 그대로 당신을 용납하셨습니다" 정도로 축소시키는 설교를 자주 듣곤 했다. 그들은 우리가 결코 하나님의 사랑을 누릴 자격도 없고 그분의 거룩은 너무나도 사랑스럽고 또 고결하여 우리를 멋대로 버려둘 수 없다는 점은 전혀 언급하지 않았다.[5]

그리스도의 거룩과 사랑의 완벽한 조화는, 당신께서 비록 하나님이시지만 사랑 안에서 성부 하나님의 뜻에 완벽하게 순종하신 그리스도의 놀라운 삶으로 가장 분명하게 드러났다. 우리가 설교할 때 자신과 성도들 앞에 분명하게 드러내야 할 가장 중요한 복음의 신비가 바로 이것이다.

그리스도의 거룩하고도 사랑스러운 순종에는 우리의 신앙에서 핵심적인 위치를 차지하면서 누가복음 19장의 사건을 통해 생생하게 묘사되는 또 다른 변증법적 진리가 숨어 있다. 누가복음 9장 28-36절의 변화산 사건 이전에는 예수님을 하나님의 그리스도로 알아본 베드로에게 당신의 고난과 죽음을 예언하면서 동일한 고난의 현장에서 자기를 부인하며 자기 십자가를 지고 따를 것을 명하는 내용이 기록되어 있다(21-26).

다시 말해서 그리스도의 초월적인 능력은 우리를 대신하여 감당하는 속죄 사역이 선행되지 않고서는 결코 우리에게 아무런 유익이 되지 못한다. 그리스도께서 겸비하심으로 세상에 참된 빛이 되고자 낮아지셨기 때문에(요 1:9-11), 비로소 그분은 우리에게 하나님의 자녀가 되는 권세를 주실 수 있으셨다(12절).

변증법적인 구도로 볼 때, 그리스도께서 자신의 신성을 증거하며 영광을 보이지 않으셨다면 십자가를 지고 그를 따르는 데에 어떠한 소망도 품을 수 없다. 믿음의 주요 또 온전케 하시는 분이신 예수 역시 "그 앞에 있는 기쁨을 위하여 십자가를 참으사 부끄러움을 개의치 아니하[셨다]"(히 12:2). 그는 또 겟세마네 동산에서 제자들에게 그와 함께 깨어있으라고 요청함으로써 교제에 대한 인간적인 필요를 보이셨다. 장차 예루살렘에서 완수하실 별세에 관하여 예수와 함께 이야기를 나누었던 모세와 엘리야도 예수님께 이러한 종말론적인 기쁨을 상기시켜 주지 않았을까? 이렇게 고난과 영광, 초월과 내재, 그리고 인간성과 신성에 관한 변증법적인 결합 때문에 여러 가지 복음의 신비한 문제들이 파생된다.

교회력을 보면 그리스도의 속성과 그가 우리를 위해 행하신 모든 것들에 대한 좀 더 온전한 그림이 제공된다. 과연 우리의 설교는 성도들에게 자신의 구원에 관한 풍성한 이해를 가꾸어주는, 변증법적으로 온전한 진리를 계속 제시하고 있는가?

성령의 거룩과 사랑

당신은 성령 하나님의 성품에 관하여 많이 생각해 보았는가? 성부 하나님의 성품은 예수님 안에서 어느 정도 찾아볼 수 있지만, 성령에 대해서는 그것을 찾기가 쉽지 않다. 그러나 하나님께서 진정 삼위일체 하나님이시며, 이단들의 왜곡된 주장과는 달리 서로가 구별된 방식으로 일하시는 개별적인 존재가 아니라면, 거룩과 사랑을 함께 똑같이 공유하신다. 하지만 성경은 성령의 내주하심에 따른 결과를 제외하고서는 성령에 관하여 그리 많은 것들을 말하고 있지 않다. 다만 우리는 우리 삶 속에서 일어나고 있는 사역을 통해 성령의 일하심을 알 수 있다.

우리가 회개하고 뉘우치는 것은 결국 성령 하나님의 거룩하심 때문이 아닌가? 우리를 신앙 속으로 인도하시며 삼위 하나님의 헤아릴 수 없는 은혜에 대한 감격으로 우리를 충만케 하는 것은 결국 성령 하나님의 사랑 때문이 아닌가? 그분의 교통하신 결과가 아닌가? 그래서 우리로 하여금 성부 하나님과 성자 하나님을 더욱 분명하게 바라보며 그 앞에 합당하게 반응할 수 있도록 하는 것은 결국 성령 하나님의 이러한 변증법적인 성품 때문이다.

두려움과 사랑

마틴 루터는 하나님의 거룩과 사랑이라는 변증법적인 진리에 대한 인간의 반응 역시 두려움과 사랑의 결합을 통해 변증법적으로 나타나야 한다고 지혜롭게 생각했다. 그런데 여기에서 두려움이란 공포의식이나 단순한 존경, 또는 관심이 아니다. 하나님을 향한 경외에 대한 성경적인 의미는, 우리 자신의 힘으로는 결코 하나님을 기쁘시게 할 수 없으며, 악한 권세들의 방해와 사회적인 유혹의 물결이 끊임없이 밀려오는 상황에서 우리 스스로 하나님의 자리에 오르고자 하는 타락한 본성과 계속 투쟁해야 한다는 사실들을 깊고 통절하게 인식하는 것과 관련된다. 루터는 이러한 문제점들을 악마와 세상, 그리고 우리의 육신으로 압축했다. 이러한 문제점들에 대한 건전한 두려움은 우리로 하여금 더욱 부단히 그리고 의도적으로 하나님의 은혜만을 의지하도록 하며 하나님의 구원에 대해 더욱 철저히 감사하게 한다. 존 뉴튼은 이런 사실을 다음과 같은 시구로 압축하여 표현했다. "내 마음에 두려움을 가르쳐 준 것이 바로 주의 은혜요. 그 두려움에서 날 건진 것이 바로 주의 은혜로다."

성경적인 경외감과 적절한 균형을 유지할 때 하나님을 향한 우리의 사랑은 더욱 깊어진다. 왜냐하면 하나님의 사랑은 항상 찬란히 빛을 발하는 보물이며 영광스러운 선물이고 온전한 자유를 가져다주기 때문이다. 인간의 타락의 깊이와 그 정도를 두려워하는 마음으로 올바로 직시한다면 우리는 하나님의 은혜를 결코 당연한 것으로 생각하지는 않을 것이다. 그리고 그 은혜에 대한 당연한 반응으로 우리의 사랑을 더욱 증폭시켜주는 깊은 감사와 순종으로 이어질 것이다.

성도들에게 신앙의 원리를 가르치는 루터의 교리문답 교육에서는 십계명을 경외감과 사랑의 관점에서 다루고 있다. 성도들로 하여금 참된 자유 안에서 하나님께 좀 더 온전히 순종할 수 있도록 하는 것은 바로 그분의 온전하심에 대한 이러한 변증법적인 반응이라고 여겼기 때문이다. 그래서 예를 들어 루터는 살인하지 말라는 계명과 관련해서 다음과 같이 가르친다. "우리는 참으로 하나님을 경외하고 사랑하여 우리 이웃을 해롭게 하거나 그 몸을 상하게 하지 말아야 하고 모든 일상적인 필요와 관련해서 그를 돕고 그들의 친구가 되어야 한다."[6] 또 도적질하지 말라는 계명과 관련해서는 이렇게 교훈하고 있다. "우리는 참으로 하나님을 경외하고 사랑하여 우리 이웃의 돈이나 재산을 취하지도 말고 불의한 방식으로 차지하지도 말아야 하며, 그들의 재산과 삶을 꾸려갈 수단들을 보호하고 이를 더욱 풍성히 증식시킬 수 있도록 도와야 한다."[71]

설교자는 설교를 통해 이 세상을 위한 성도들의 다양한 반응들—친절과 환대, 화해, 중재, 공의 세우기 등과 같은—을 제시할 수 있지만, 이런 순종을 기대하시는 하나님의 변증법적인 성품을 좀 더 온전히 선포하면 그런 반응들 역시 더욱 강력한 추진력을 얻을 수 있다.

하나님의 진노

그러면 우리는 하나님의 진노에 관한 성경 구절을 어떻게 설교해야 하는가? 상당수의 설교자들은 오늘날의 사람들이 듣고 싶어 하는 메시지가 아니라는 이유로 이런 구절들을 설교에서 아주 빼버리기도 한다. 하지만 하나님의 진노하심을 묵살하면 불의에 대항하여 투쟁할 추진력도 약해지고 만다. 그리고 하나님의 진노를 잘못 가르치다보면 결국 우리는 세상 속에 자리하는 악을 더욱 지지하고 마는 셈이다. 2001년 9월 11일의 테러사건에 대해 오사마 빈 라덴은 세상을 향한 하나님의 진노를 정당하게 집행하는 것이라고 주장했다.

그렇다면 그 날의 참사를 경험한 이 세상에서 우리의 설교가 적절한 의미를 갖게 하려면 하나님의 모든 성품들에 대한 이해 속에서 진노를 어떻게 자리매김해야 하는가? 그 사건 이후 어떤 설교자들은 미국은 선한 쪽에 있으며 그래서 미국은 악한 나라들을 향한 하나님의 진노와 심판을 집행하는 도구로 쓰임받을 수 있음을 암시하기도 한다. 하지만 그처럼 상당히 왜곡된 관점은 거룩과 사랑의 변증법적 구도 안에서 하나님의 진노를 주로 거룩 쪽에 편중시킨 것이다.

구약신학자인 테렌스 프레다임(Terence Fretheim)의 설명에 따르면 하나님은 분노하시는 동기를 정기적으로 밝히시며 그렇게 함으로써 진노 그 자체는 (사랑과 진노의 영원한 이원론을 동반하는) 하나님의 성품이 아님을 분명히 보여준다고 한다. (죄로 오염된 인간의 분노와 대조적인) 하나님의 분노는 항상 생명에 대한 봉사 가운데 나타나고, 항상 관계적이며, 특히 하나님의 비통함을 함께 절감하는 선지자들과 긴밀한 관계가 있다. 그래서 진노는 하나님의 사랑에 대한 또 다른 표현이다.

성경은 하나님의 진노에 대한 동기와 원인으로 대략 절반 정도를 인간의 사악함에서 찾는다. 그 중에 4분의 3정도는 하나님에 대한 인간의 불신앙이 주요 원인이다. 진노 그 자체는 도덕적으로 하나님의 기분을 상하게 했거나 하나님을 '보호'하기 위한 것도 아니다. 〔그래서 하나님의 진노는 그의 거룩을 집행하는 비정한 원리 같은 것이 결코 아니다〕. 오히려 하나님의 진노는 그의 구원하시는 목적의 일부분이다. 그 목적 중의 하나는 압제에 대한 인류의 무관심을 종결시키는 것이고 그렇게 함으로써 아무런 희망을 찾아볼 수 없는 사람들에게 미래에 대한 소망을 일깨워주려는 것이다.[8]

하나님의 진노와 심판을 거룩과 사랑이라는 변증법적 구도 안에서 특별히 사랑에서 비롯되는 것으로 이해할 때, 그리고 최소한 두 요소의 상호작용으로부터 파생된 것으로 이해할 때, 하나님의 진노를 언급하는 성경 구절에 대한 우리의 설교는 상당부분 달라질 수밖에 없을 것이다. 그리고 이 세상의 모든 사람들을 향한 사랑의 마음에서 표출된다면, 이 세상 안에서 악에 적절히 대항할 수 있는 우리의 능력도 더욱 성숙해질 것이다.

하나이자 셋

설교자들이 염두에 두어야 할 기독교의 변증법적 진리에 대한 우리의 논의는 삼위일체의 단일성과 삼위 사이의 변증법적 긴장으로 계속 이어진다. 사실 삼위일체는 가장 커다란 신비이기도 하다. 어떻게 하나님은 한 분인 동시에 삼위로 존재할 수 있을까? 어떻게 하나님은 세 위격인 동시에 한 분 하나님으로 존재할 수 있을까?

우리가 할 수 있는 것이라고는 그저 이를 믿고 선포하는 것뿐임에도 불구하고 이를 논리적으로 설명하려고 하다보면 실수하기 십상이다. 하지만 삼위일체에 관한 교리의 역사적인 발전 과정을 살펴보면 교회가 나사렛 예수의 사건으로부터 어떻게 삼위일체 교리를 붙잡게 되었는지를 어느 정도 이해할 수 있다.[9]

참으로 한 인간으로 알았던 예수가 (요한복음 1장과 2장에서 묘사하고 있는 것처럼) 사도들에게는 또 하나님과 동등한 메시아로 계시되면서부터 삼위일체에 대한 신학 작업이 시작되었다. 그 이후 역사가 진행되면서 그리고 이단의 모순적인 가르침에 대항하는 과정에서 교회는 성부 하나님과 성자 예수 그리스도, 그리고 성령 하나님 사이의 관계를 서로 구분이 되지만 결코 나뉘지 않는 것으로 이해했다. 유대교적 배경을 가진 기독교로부터 발전된 강력한 단일신론적인 토대와 아울러 그리스 로마의 다신교에 대항하는 입장에서

니케아에 모였던 초기 그리스도인들은 하나님은 한 분이시지만 (*ousia*) 삼위로(*hypostatis*) 존재하심을 강력히 주장했다. 그런데 서방의 그리스도인들이 하나님의 삼위를 설명할 때 세 개의 서로 다른 인격체를 암시하면서 결국 삼위가 서로 별개로 나뉜 존재로 오해케 할 소지가 있는 라틴어의 *persona*를 사용하면서 많은 문제점들이 발생했다. 그래서 삼위일체의 조화로운 친교(또는 상호 순환)를 의미하는 '페리코레시스'(*perichoresis*)라는 단어가 삼위와 일체간의 균형을 더욱 적절하게 설명해 주는 것 같다.

삼위와 일체간의 이러한 변증법적 긴장은 실천적인 맥락에서 엄청난 파급효과를 지니고 있기 때문에 우리는 둘 중에 어느 하나를 포기하지 말고 양자를 일관되게 선포해야 한다. 만일 어느 하나를 포기하면 예수는 그저 인간에 불과하다거나 성부 하나님의 내재성을 잊어버리고 그를 하늘 저편에 존재하는 영원한 존재 정도로 생각하는 여러 가지 혼란이 발생할 것이다.

오늘날 일부 단어에 발생한 의미의 변화는 삼위일체 교리에도 상당히 부정적인 영향을 미쳤다. 예를 들어 '하나님 아버지'이라는 표현 속에는 어떤 성별의 구분에 대한 암시보다는 친밀함을 암시함에도 불구하고 요즈음 어떤 설교자들은 (그릇된 가부장적인 문화에 대한 반발로) 하나님을 아버지로 부르는 것을 거부하기도 한다. 하지만 하나님을 아버지 대신에 어머니로 부르면 그리스도의 양성교리에 오해가 발생한다. 예수는 마리아(데오토코스[*theotokos*] 또는 하나님을 낳은 자[God-bearer])를 어머니로 모셨던 참 인간이셨다. 또 우리가 하나님을 아버지로 부르는 이유는 예수께서 그렇게 가르치셨으며 하늘 성소의 대제사장으로서 그의 아빠와 나누고 있는 거룩한 친교 안으

로 우리를 인도하시기 때문이다.[10]

어떤 설교자들은 삼위일체 하나님의 이름 대신에 "창조주나 구세주, 또는 섭리주"라는 표현을 사용하여 하나님을 아버지로 부르기를 거부하는 경우도 있다. 하지만 이러한 대체적인 이름은 삼위일체 하나님의 모든 위격들이 어떻게 창조하시고 구속하시며 섭리하고 계시는지를 온전히 이해하는 데 한계가 있다.

그러므로 삼위일체의 진리 속에는 하나님을 남녀의 성을 가진 인간의 차원으로 왜곡시키지 않고 그대로 하나님을 아버지로 알아야 하는 참으로 어려운 변증법적 긴장의 문제가 들어 있다. 그렇더라도 우리는 성경에 계시된 그대로의 진리를 계속해서 선포해야 한다. 우리가 이해할 수 없는 것들을 그대로 인정하면서 그리고 그것들이 어떻게 논리적으로 가능한지를 당장 완벽하게 설명할 수 없지만 그러나 결국 하나님은 이 모든 것들을 완전히 계시하셔서 모든 것들을 알게 될 날이 올 것을 믿으면서 성경이 선포하고 있는 진리를 계속해서 확증할 때, 비로소 우리는 하나님의 성품의 신비로운 측면들을 제대로 설교할 수 있다.

우리 설교자들은 하나님께서 어떻게 한 분인 동시에 세 분인지를 논리적으로 설명할 수 없다. 하지만 하나님은 분명 그 두 가지이심을 선포해야 한다. 이에 대한 한 가지 모델로서 아타나시우스 신조는 이런 진리들을 아주 당당하게 선포하고 있다.

우리는 삼위 안에 일체시고
일체 가운데 삼위이신
유일하신 하나님을 믿습니다.

삼위의 각 위가 혼돈되거나

신성한 본질을 서로 나누어 갖지도 않으십니다.

성부도 한 분이시며,

성자도 한 분이시고,

성령도 한 분이시기 때문입니다.

그러나 성부 성자 성령의 신성도 하나이시며,

그 영광도 동일하며,

그 위엄도 영원토록 동일하십니다.

성부께서 계신 것 같이, 성자도 계시며, 성령도 계십니다. …

성부도 전능하시고, 성자도 전능하시고, 성령도 전능하십니다.

그러나 세 전능자가 아니라,

한 분의 전능자이십니다. …

삼위일체 안에서는

앞서거나 뒤에 서는 위도 없으시며

위대하거나 열등한 위도 없으십니다.

모든 삼위 하나님은 스스로 존재하시며

영원토록 함께 계시며, 영원토록 동등하십니다.

그러므로 우리는 일체 가운데 삼위이신 하나님,

삼위 안에서 한 분이신 하나님께 경배해야 합니다.[111]

(내가 어렸을 때 교회에서는 삼위일체 주일 때마다 이 신조를 정기적으로 따라 고백했었는데) 이런 신조를 정기적으로 읽는 것은 삼위와 일체 간의 변증법적 진리를 온전히 믿고 따를 수 있는 좋은 방법이기도 하다.

하나님의 절대주권과 인간의 자유의지

또 한 가지 변증법적인 긴장을 유지하는 데 어려움을 느끼는 부분은 만유를 다스리시는 하나님의 주권이라는 속성을 인간의 자유의지와 서로 조화시키는 것이다. 이 문제에 대해 조화로운 균형을 유지하지 못하면 우리는 그만 세상의 악에 적절히 반응하지 못하고 말 것이다.

일부 신학자들은 하나님은 악을 통제하기에 충분할 정도의 강력한 존재로 발전해가는 과정에 있기 때문에 이 세상에 여전히 악이 존재하는 것이라고 말한다. 하지만 하나님을 그렇게 이해한다면 과연 그는 정말 하나님인가? 또 이원론적인 종교들은 한 쪽은 선한 하나님과 다른 한 쪽은 악마라는 두 개의 강력한 영적 존재를 대립시켜서 악의 문제를 이해한다. 하지만 오늘 주도권을 차지한 쪽은 어느 쪽인지를 전혀 알지 못한 상태라면 우리는 어떻게 이 세상을 살아갈 수 있을까?

우리가 균형을 유지해야 할 변증법적인 긴장은 선한 하나님과 악마 사이가 아니라 하나님과 인간 사이의 긴장이다. 하나님께서는 인간에게 참으로 엄청난 자유의지를 주셔서 그분을 사랑하고 순종하거나 반대로 그렇지 않을 우리의 자유로운 선택을 임의로 침해하지 않으신다. 그래서 설교자들이 하나님의 주권과 인간의 자유의지 사이의 변증법적 균형을 잘 유지하려면 강력한 신학적 토대가 필요하다. 그렇지 않고 하나님의 절대주권을 지나치게 많이 강조하다보면 인간은 하나님의 계획에 전혀 저항할 수 없는 로봇과 같은 존재로 전락되고 하나님께서 요구하시고 통제하시는 것이라면 무엇이든 해야만 하는 숙명에 빠지고 만다.

반대로 인간의 자유의지를 지나치게 강조하다보면 인류는 혼돈과 허무주의에 빠지고 만다. 만일 하나님께서 이 우주를 자신의 뜻에 맞게 다스리시는 것이 아니라면 지옥의 모든 울타리는 무너져버리고 말 것이다. 그리고 고난 중에 있는 자들이 붙잡을 희망의 원천은 그 어디에도 없을 것이다.

하나님은 우주를 다스리는 절대주권을 갖고 계시지만, 또 하나님은 우리가 억지가 아닌 자유의지 안에서 그분을 사랑하기를 바라시기 때문에 인간 역시 로봇으로 창조하지 않으셨다. 그런데 참으로 비극적인 일이지만 우리는 그를 전혀 사랑하지 않는 쪽을 택하여 임의대로 행하면서 그 결과 이 세상의 고통을 더욱 가중시키고 있다. 그리고 하나님의 선한 뜻에 대항하는 우리의 모든 선택들은 비극적인 반역과 결과만을 초래할 뿐이며 이를 더욱 악화시킬 뿐이다.

하지만 하나님의 절대 주권과 그분의 능력은 참으로 선하셔서 인간의 비극적인 선택으로부터 다시 선한 결과를 만들어내실 수 있으며, 비록 이 결과가 즉시로 나타나지는 않을지라도 결국은 그렇게 하실 것이다. 그래서 변증법적인 진리에 대해서는 오랜 시간을 두고 반복적으로 양쪽의 긴장을 지속적으로 선포하고 확인할 때 비로소 그 균형이 적절히 유지될 수 있다.

악한 시대 속에서의 하나님의 주권과 인간의 자유의지

오늘날처럼 불의와 폭력이 난무하며 악화되어가는 세상에서 마지막 언급했던 변증법적 진리가 확보되지 않으면, 그리스도인들은 수

동적인 입장에서 지나치게 하나님의 주권적인 처벌만 의지하거나 또는 전혀 거룩하거나 사랑이 담기지도 않은 인간적인 복수에만 호소할 것이다. 그렇다면 성도들로 하여금 인간의 죄악의 깊이와 아울러 회개의 절대적인 필요성을 결코 잊지 않으면서 오직 하나님의 직접적인 복수만을 기다리도록 하려면 우리는 어떻게 설교해야 하는가?

항상 우리는 먼저 하나님을 좀 더 온전히 알아야만 한다. 그래서 그의 성품에 대한 풍부한 이해에 기초할 때 비로소 우리의 설교는 성도들의 심령에 겸손과 회개, 경외감, 순종, 찬양, 경배, 복종, 그리고 남을 위해 기꺼이 고난당하려는 적극성을 뿌리 내리고 자라게 할 것이다.

인간의 논리적인 이해를 초월하는 이러한 변증법적 진리를 온전히 설교하려면, 먼저 우리 자신에 대해 죽어야만 한다. 어떤 저자는 다음과 같은 주장을 했다. "주일 아침에 나는 내 입에서 내가 살아 움직일지 아니면 진리가 살아 움직일지 잘 안다. 내 입에서 살아 선포되는 것은 오직 하나뿐이다."[12] 당신이 강단에 설 때 당신의 입에서 살아 움직이는 것은 무엇인가?

설교자와 신앙공동체

삼위일체의 변증법적 진리는 우리 힘으로는 결코 설교를 잘 할 수 없다는 중요한 통찰을 보여준다. 우리에게는 기독교 공동체 안에서 살아 역사하시는 삼위일체 하나님의 페리코레시스(*perichoresis*, 삼위일체의 상호적 순환과 친교)가 필요하다. 비록 교회에 속한 성도들 하나하나는 서로 다른 특성을 지니고 있지만 우리 모두는 그리스도 안에서 한 몸을 이루고 있으며, 그렇게 결속된 공동체의 풍성함 때문에 우리는 성령께서 교회에 하시는 말씀을 그대로 설교할 수 있다.

오늘날 많은 설교자들이 설교에 대한 저조한 의욕으로 힘들어하는 이유는, 아마도 앞에서 다룬 여러 가지 상호 모순적이고 변증법적인 진리들을 다함께 붙들기에 충분한 신학적 토대를 신앙공동체 안에서 찾아보기 어렵기 때문일 것이다. 신앙공동체의 일원이라면 누구나 하나님의 속성을 좀 더 온전히 알아야 하며 변증법적인 진리의 어느 한쪽을 과도하게 강조하지 않고 그래서 이런 진리들에 변증법적으로 적절히 반응할 수 있도록 안내받아야 한다.

교회들은 너무도 자주 이러한 다양한 변증법적 진리들을 두 개의 구별된 진영으로 구분한 다음에 그 어느 한쪽만을 과도하게 강조하는 데 만족한다. 그래서 예를 들어 예배와 같은 경우, 세상을 위한 다양한 종류의 교회 음악을 인정하려 하지 않고 전통 예배와 현대 예배를 구분하려고만 한다. 또 어떤 경우에는 복음전도와 사회봉사가 변증법적으로 서로 긴밀하게 관련을 맺고 있음을 인정하지 않고 그저 이 둘 중 어느 하나에만 집중하기도 한다. 하지만 주님의 몸된 교회라면 모두가 다 두 가지 대립되어 보이는 변증법적 진리를 고수하는 데 자신들의 영적 활력을 바쳐야 하며 그래서 온 세상을 향하여 말과 행위로 복음을 전하는 교회의 사명을 왜곡시키지 말아야 한다.

하나님의 모든 성품을 설교하여 온전한 성도를 세워가기

무한히 풍성하신 하나님의 성품은 종종 상호 모순적인 것처럼 느껴진다. 그러다보니 하나님의 충만하신 모습에 관한 우리의 설교에는 초월과 내재, 또는 하나님의 자비와 책망과 같은 상호 대조적인 짝의 균형이 계속 등장하기 마련이다. 그리고 그런 하나님에 대한 인간의 반응과 관련해서도 개인적인 신앙과 공동체의 영성, 혹은 하나님과 이웃에 대한 사랑 사이의 긴장과 균형처럼 다양한 변증법적 반응을 요구한다.

본인이 이 장에서 설명했던 하나님에 관한 변증법적 진리들이, 당신의 설교 사역 속에서는 혹시 어느 쪽 팔꿈치가 한쪽으로 치우치지는 않았는지, 그래서 상당히 중요한 진리가 부적절하게 가르쳐지고 있지는 않은지, 또 변증법적 구도에서 반대편에 위치한 개념들을 오해하고 있지는 않은지 이를 점검하고 반성하는 데 도움이 되길 바란다. 이 외에도 하나님이나 인간의 행동이나 속성과 관련해서 좀 더 균형을 유지해야 할 측면은 어떤 것이 있을까?

결국 하나님의 모든 성품은 우리가 예수의 고난과 종말론적인 영광 안에서 바라보고 있는 비전, 다시 말해 고난을 거쳐 영광에 이르신 그리스도의 초월성에 관한 비전으로 우리를 안내한다. 그리스도의 부활과 승천, 그리고 오순절의 성령강림을 계기로 우리는 희망을 발견했기 때문에, 이제 우리 자신의 십자가를 짊어지고 그리스도를 따르려는 열망과 의지 안에서 조금씩 주의 사람으로 빚어져간다. 그리스도께서 당하셨던 고통은 우리 마음에 자리한 종말론적 희망이 단순한 승리주의에 빠지지 않도록 해 준다. 이와 마찬가지로 그리스도께서 누리고 계시는 영광은 지금 우리가 당하는 고난이 그저 가학적인 고통으로 전락하지 않도록 해 준다.

세상을 변화시키기 위해 먼저 성도들을 완전히 새로운 사람으로 변화시키시는 하나님을 선포하려면 이러한 진리가 필요하다.

각주

1. 매스 미디어와 정치적인 수사학은 여러 단어들에서 예전에 실려 있었던 의미들을 박탈해버렸다. Jacques Ellul, *The Humiliation of the Word*, trans. Joyce Main Hanks (Grand Rapids: William B. Eerdmans Publishing Company, 1985).

2. George Lindback, *The Nature of Doctrine: Religion and Theology in a Postliberal Age* (Philadelphia: Westminster Press, 1984).

3. 나는 교회는 그리스도의 몸이라는 이상적인 의미를 강조하기 위하여 대문자로 시작하는 Church를 사용했으며, 타락한 죄인이지만 다시 신실한 성도로 살아가려는, 그리고 그 교회의 의미를 실제로 구현하는 구체적인 회중을 가리키는 뜻에서 소문자로 시작하는 church나 churches를 사용했다.

4. Richard Lischer, "Repeat Performance: Making Preaching Come Alive," *Christian Century*, 119, 18 (August 28-September 10, 2002), 24. 이 소논문은 리차드 리스쳐가 편집한 「설교자의 친구: 어거스틴으로부터 현재까지의 설교에 관한 지혜」(*The Company of Preachers; Wisdom on Preaching, Augustine to the Present*, [Grand Rapids: William B. Eerdmans Publishing Company, 2002])에서 발췌한 것이다.

5. Miroslav. Volf, *Exclusion and Embrace: A Theological Exploration of Identity, Otherness, and Reconciliation* (Nashville; Abingdon Press, 1996), esp. 57-98. and Luke Timothy Johnson, *The Real Jesus; The Misguided Quest for the Historical Jesus and the Truth of the Traditional Gospels* (San Franscisco; HarperSanFrancisco, 1996).

6. Martin Luther, *Small Catechism: A Handbook of Christian Doctrine* (St. Louis: Concordia Publishing House, 1943), 6.

7. *The Small Catechism by Martin Luther in Contemporary English: A Handbook of Basic Christian Instruction for the Family and the Congregation*, ref. ed. (St. Louis; Concordia Publishing House, 1968), 4.

8. 이런 설명은 2001년 11월 18일 덴버에서 열렸던 the American Academy of Religion/Society of Biblical Literature의 연례모임에서 테렌스 프레다임 박사(Dr. Terence Fretheim)가 "구약에 등장하는 하나님의 진노에 관한 탐구"(Reflections on the Wrath of God in the Old Testament)라는 제목으로 전했던 강연에서 들었던 내용이다. 그의 논문은 약간 개정된 형태로 Horizons in Biblical Theology 24 (2002)를 통해서 출판되었다.

9. 그 전체 발전 과정에 대한 개요를 여기에 모두 소개하는 것은 적절치 않으며, 이에 관한 매우 유용한 개관을 위해서는 다음을 보라. John Howard Yoder, *Preface to Theology: Christology and Theological Method* (Grand Rapids: Brazos Press, 2002).

10. 좀 더 자세한 내용을 위해서는 다음을 보라. Marva J. Dawn, *Corrupted Words Reclaimed* (Grand Rapids; Brazos Press, 근간예정).

11. *Lutheran Books of Worship* (Minneapolis: Augsburg Publishing House, 1978), 54.

12. Ben Campbell Johnson and Glenn McDonald, *Imagining a Church in the Spirit: A Task for Mainline Congregations* (Grand Rapids; William B. Eerdmans Publishing Company, 1999), 102.

추천도서

Capon, Robert Farrar, *The Foolishness of Preaching: Proclaiming the Gospel Against the Wisdom of the Word*. Grand Rapids: William B. Eerdmans Publishing Company, 1998.

Clark, Erskine, ed. *Exilic Preaching; Testimony for Christian Exiles in an Increasingly Hostile Culture*. Harrisburg, Pa.: Trinity Press International, 1998.

Dawn, Marva. *Powers, Weakness, and the Tabernacling of God*. Grand Rapids: William B. Eerdmans Publishing Company, 2001.

---------. *Reaching Out Without Dumbing Down: A Theology of Worship for This Urgent Time*. Grand Rapids: William B. Eerdmans Publishing Company, 1995.

---------. *A Royal Waste of Time: The Splendor of Worshiping God and Being Church for the World*. Grand Rapids; William B. Eerdmans Publishing Company, 1999.

---------. *Unfettered Hope: A Call for Faithful Living in an Affluent Society*. Louisville: Westminster John Knox Press, 2003.

Horton, Michael. *A Better Way: Rediscovering the Drama of God-Centered Worship*. Grand Rapids: Baker Books, 2002.

Lischer, Richard, ed. *The Company of Preachers; Wisdom on Preaching, Augustine to the Present*. Grand Rapids: William B. Eerdmans Publishing Company. 2002.

Lischer, Richard. *Open Secrets: A Spiritual Journey Through a Country Church*. New York; Doubleday, 2001.

Willimon, William H. and Richard Lischer, eds. *Concise Encyclopedia of Preaching*. Louisville: Westminster John Knox Press, 1995.

*예나 차일더스(Jana Childers, Ph. D)

    샌프란시스코 신학대학원의 학장이자 설교학과 스피치 커뮤니케이션 과목을 가르치는 교수인 그녀는 이 신학교에 오기 전 캔자스와 뉴저지 주에서 교회를 섬기기도 했던 장로교 소속 목사이다.
    예술과 영성, 그리고 예배에도 관심이 많지만 가장 많은 애착을 갖고 관심을 기울이는 분야는 역시 설교이다. 그녀의 모습은 미국 전역의 여러 교회와 컨퍼런스에서 혼자 등장하여 연기했던 〈붉은 열매들〉(Berries Red, 1987-97)을 통해 볼 수 있었으며, 이 뮤지컬은 다시 최근에 연합신학대학원에서 「하늘을 향해 밀어 올리라」(Push Up the Sky, 1997-99)는 제목으로 재공연되었다. 그녀는 현재 에이미 셈플 맥퍼슨(Aimee Semple McPherson)의 일생을 담은 연극 〈에이미〉를 무대에 올리기 위해 준비 중이다. 저서로는 「말씀을 공연하기: 연극으로서의 설교」(Performing the Word: Preaching as Theatre, Abingdon Press, 1998)가 있다.

제11장

성육신적 행위로서의 설교

예나 차일더스

비구어적인 메시지가 구어적인 메시지보다 더 강력하다. 주일날에도 온 종일 비구어적인 의사소통으로 이야기가 전달된다. 스탠퍼드 대학교의 유명한 심리학자인 알버트 메라비안(Albert Mehrabian)이 조사한 바에 따르면, 정면으로 얼굴을 마주한 상황에서 진행된 의사소통에서 얻은 의미 중에서 55퍼센트는 청중의 눈에 들어오는 연사의 몸짓 행위를 통해 전달된 것이며, 38퍼센트는 음성으로, 그리고 언어를 통해 전달된 의미는 겨우 7퍼센트 밖에 되지 않는다고 한다.[1] 이 수치는 참으로 충격적이다. 메라비안이 제시한 공식은 최소한 우리의 상식을 거스르는 것이다. 하지만 오늘날 다수의 학자들은 그의 주장을 지지할 뿐만 아니라, 오늘날의 비구어적인 의사소통 분야의 여러 부분들이 그의 주장을 토대로 진행되고 있다.

사실 의사소통을 연구하는 학자들은 탁월한 설교자들이 예전부터 알고 있었던 사실들을 우리에게 다시 말해줄 뿐이다. 즉 구어적인 메시지와 비구어적인 메시지가 서로 충돌할 때 청중은 비구어적인 메시지를 진짜로 받아들인다는 것이다. 청중이 설교자가 전한 메시지의 내용에만 관심을 기울이길 원한다면 설교자는 그저 강대상 뒤에 서 있어야 한다. 그러나 설교자는 청중에게 전할 강력한 메시지와 아울러 그것을 효과적으로 전달할 수 있는 강력한 방법을 모두 확보해야 한다. 예전부터 이미 설교자들은 신체가 매우 중요하다는 점을 잘 알고 있었다. 하지만 그 신체로 구체적으로 무엇을 어떻게 해야 하는지에 대해서는 잘 몰랐다. 전체 의사소통의 90퍼센트가 주로 신체를 통해 일어난다는 점을 중시하게 되면, 어느 분야든 인기 있는 연사들은 체조 프로그램이나 요가 강좌, 그리고 발레 연습실에 몰려다니며 육체를 단련하게 되지는 않을까 하는 생각이 든다. 하지만 당연히 그렇지는 않다. 오늘날 비구어적인 기술을 향상시켜줄 다양한 자원을 확보하고 강단에 오르는 설교자들은 그리 많지 않으며, 또 설교 전달을 향상시키는 신체적인 훈련을 참으로 불쾌하게 생각하는 경우도 종종 있다.

이 글의 논지는 설교에서 신체가 감당하는 역할을 새로운 관점에서 적절히 강조하면 현재 우리의 설교 사역에 새로운 활력을 불어넣을 수 있다는 것이다. 다행히도 강력한 비구어적 의사소통과 관련하여 필요한 여러 기술과 습관들은 상당부분 학습이 가능하다. 설교에서 신체를 활용하는 방법을 배우는 일은 춤을 추거나 골프공을 치는 것을 배우는 것처럼 그렇게 어렵지는 않다. 몇 가지 기교들은 비교적 빨리 배울 수 있으며, 설교자라면 누구나 매주 그리고 매년 점차적으로 발전시키고 교정하며 연마할 수 있는 평생의 훈련과 같은 것들이다. 설교 메시지의 93퍼센트를 더욱 극대화시켜줄 성육신적인 설교는 충분히 실행 가능하며 또 마땅히 그럴 가치가 있다.

만일 우리와 같은 기독교 설교자들이 성육신에 관하여 믿는다고 말하는 내용을 정말로 확신한다면, 설교는 생각만큼 그렇게 어렵지는 않을 것이다. 우리는 하나님의 말씀이 이 세상에 내려와 인간의 형태를 취했음을 믿는다고 말한다. 또 인간의 육체를 취함으로써 예수 그리스도는 인간의 육신을 구원하시고 거룩하게 하셨다고 믿는다. 어떤 설교자들은 그 과정이나 패턴에 있어서 설교는 성육신에 필적하는 것이라고 주장하기도 한다. 즉 하나님의 말씀이 설교에서 구현되는 방식은 예전에 나사렛의 예수 안에서 구현되었던 방식에 필적한다는 것이다.[2] 하지만 이런 믿음은 우리 대부분이 실제 설교하는 방법과 거리가 멀다. 우리는 하나님께서 마치 논리적으로 증명 가능한 공리(公理)로 성육신하신 것처럼 설교한다.

우리 중 일부는 흡사 내 친구가 "머리 속에 책만 가득 채운" 사람이라고 비판했던 설교자와 같다. 또 어떤 사람은 좋은 문장을 구사하는 일에 너무도 집중한 나머지 그 밖의 다른 것에는 신경 쓸 겨를조차 없다. 상당수의 설교자들은 설교원고에서 눈을 떼는 데 아주 힘들어한다. 또 성도들은 그런 기대를 갖고 있음에도 불구하고 설교단에서 내려와 강단의 넓게 개방된 공간을 자유롭게 이동하는 것을 금기시하는 설교자들도 많다. 분명 우리 모두는 의사소통을 시도하고 있지만, 기독교 설교가 당연히 인간의 신체와 긴밀한 관련을 맺고 있다는 점을 배제한다면 설교를 통해 우리가 얻을 수 있는 효과는 여전히 미흡할 수밖에 없다.

설령 메라비안의 견해가 틀렸고 또 연사의 신체가 아무 역할도 하지 못하는 형태의 의사소통도 있겠지만, 기독교 설교에서만큼은 결코 그럴 수 없다. 기독교의 설교는 직접 손으로 만질 수 있고 눈으로 볼 수 있는 육체로 세상에 오셔서 말씀하셨던 하나님의 말씀을 선포한다. 세상의 다른 종교들은 자신들이 중요시하는 메시지가 기독교와는 전혀 다른 종류의 근원에서, 예를 들자면 신탁의 비전이나 천사의 방문, 꿈에 보았던 이미지들, 신비로운 존재가 불러준 내용을 기록한 서신, 황홀경 속에서 기록한 원고에서 비롯된 것으로 이해하기도 한다. 하지만 기독교 설교자들은 우리에게 찾아오사 우리 가운데에서 말씀하시고 걸으시며 함께 생활하셨던 그 말씀을 설교한다. 그분은 이야기를 전하려고, 우리에게 잔치를 베풀어 주려고, 그리고 어린아이들을 꼭 껴안아주려고 이 세상에 오셨다. 어떤 사람들은 그분에게 불쾌한 대상이었고, 상처를 주거나 낙심시키기도 했다. 그는 아버지의 메시지를 전달하러 오셨을 뿐 아니라 그분 자신이 바로 메시지였다. 하나님의 말씀을 인간의 형체로 구현하는 설교자로 이 세상에 오신 것이다. 그래서 이 말씀의 생명력이 무엇보다도 인간 설교자를 통해 계속 유지되는 것은 전적으로 당연한 일이다.

그래서 어느 때건 신체로 구현되지 않거나 가현설적인 설교가 효력을 발휘한다는 것은 전혀 상상할 수 없다. 그리고 설교에서 신체의 중요성을 경시하려든다면 그때는 기독교에게 최악의 순간이라고 할 수 있다. 21세기 초두를 살아가는 우리에게 메라비안이 제시한 수치는 참으로 놀랍지만 시의적절한 교훈을 던져준다. 이 시대의 설교자들은 자신의 신체를 최대한 활용할 필요가 있다. 더 나아가 오늘날 설교를 위한 설교자의 가장 중요한 자원이 바로 신체라고 주장할 만도 하다. 시각 중심의 스크린과 청각 중심의 설교단이 경쟁을

벌이는 상황에서 우리가 내놓을 수 있는 비장의 무기가 바로 이것이다. 그럼에도 불구하고 두 손으로 이것을 내던져버리는 이유는 무엇인가? 눈과 눈을 마주하며 호흡을 함께 나누면서 진행되는 의사소통의 위력은 2차원의 평면 스크린이 품어내는 모든 플래시 영상이나 이미지들보다 훨씬 설득력이 강하고 그 효과도 크고 더 오래 지속된다. 인간적인 눈맞춤의 친근함 속에서 복음을 만끽할 수 있는데도 이를 마다하고 굳이 차갑고 거리감 있는 기술문명의 여과장치로 체험하는 쪽을 선호할 사람이 누가 있겠는가? 또 3차원의 신체가 공간 속에서 살아 생생하게 움직일 때 그에 따라 내 몸 안에서 신선한 반응이 일어나는데도 이를 마다하고 과연 누가 눈부신 전광판을 선택하겠는가? 성육신적인 설교는 메시지를 신체로 구현해내는 설교자들이 갖는 유리한 점들, 즉 3차원의 움직임이나 생생한 접촉의 생동감, 그리고 여기에 담긴 모든 능력을 최대한 활용한다.

세상을 진동시키며 죽은 자를 일깨우는 설교

원한다면 설교에서 신체의 역할을 무시할 수는 있겠지만, 그렇게 하는 것은 참으로 경솔한 행동이다. 우리의 몸은 힘의 원천이다. 설교자의 운동 에너지, 집중력, 음성의 패턴, 그리고 신체적인 리듬 등의 모든 것들이 말씀의 봉사를 위해 동원된다면 하늘에서건 땅에서건 그에 따른 효과에 필적할 수 있는 것은 아무 것도 없을 것이다. 그 몸에서 화산과도 같고, 전기적이며 핵폭발과도 같은 영적인 힘이 방출된다. 당신의 설교에 힘과 열정, 확신, 그리고 진실성을 담고 싶은가? 당신의 설교가 설교단 앞에서 뚝뚝 떨어지거나 통로에서 비틀거리다 사라지지 않고 청중의 마음과 심령 속으로 돌격해 들어가기를 원하는가? 그렇다면 당신의 몸으로 직접 말하도록 하라.

"우리 몸은 생각한다." 이 말은 노스웨스튼 대학교의 저명한 학자인 레란드 롤로프(Leland Roloff)가 한 말이다. 그는 화술(또는 구연, oral interpretation)을 배우는 학생들에게 대본 해석에 있어 정신이 알지 못하는 부분을 신체는 알고 있다고 가르친다. 대본이나 본문에 대한 세심한 구술 연습 과정을 거쳐야만 비로소 새로운 사실들이 드러난다. 롤로프 박사는 "표현은 감동을 심화시킨다"고 주장했다.[3] 프린스턴 신학대학원의 스피치 커뮤니케이션 분야의 학과장인 찰스 바토우(Charles Bartow)도 이에 동의한다. 바토우 박사는 이 원리를 잘 보여주는 한 가지 사례로 소리내어 크게 읽어보지 않았던 주해자들이 그 결과로 종종 시편 27편을 오해하는 경우가 있다고 소개한다. 여러 저자들은 "여호와는 나의 빛이요 나의 구원이시니"(1)로 시작한 다음에 "나의 구원의 하나님이시여 나를 버리지 말고 떠나지 마옵소서"(9)로 이동하는 이 익숙한 시편이 원래는 두 개의 서로 다른 시편이었다는 입장을 펼치고 있다. 하지만 바토우 박사에 의하면 설교자가 이 시편을 크게 읽으면서 연구하다보면 이 시편은 전형적인 역전을 담고 있음을 아주 쉽게 발견할 수 있다고 한다.[4] 그래서 이 시편의 전반부의 저변에 깔린 두려움은 후반부에서 수면 위로 부각되어 나타나는가 하면, 전반부를 지배하는 확신은 후반부에서는 다시 수면 아래로 잠행한다는 것이다. 다시 말해 우리 신체는 힘과 능력을 저장하는 창고일 뿐만 아니라 지혜와 통찰의 보고이기도 하다는 말이다.

또 명심할 점은 설교자가 집중하는 능력을 이끌어낼 수 있는 곳도 바로 우리의 신체라는 사실이다. 이 능력은 기도로부터 상상력을 발휘하는 사고에 이르기까지 모든 창조적인 활동을 뒷받침한다. 그런데 신체에 기반을 두는 다른 모든 기술과 마찬가지로 집중력 역시 배울 수 있고 평생에 걸쳐 지속적으로 발전시킬 수 있다. 우리는 영적인 체험을 "하나님께 자신을 개방하기"나 "하나님께 집중하기" 정도로 생각한다. 이런 자질을 설명하는 데는 '관상'(contemplation)이란 단어가 종종 사용된다. 하지만 관상은 여러 가지 다양한 영적 체험의 일부분이며, 예술가들이 예전부터 알고 있었던 것처럼 계속해서 발전시키고 개선시킬 수 있는 기술의 일종이기도 하다.

아마도 20세기에 연기 지도와 관련해서 가장 유명한 교사였던 콘스탄틴 스타니슬라브스키(Constantine Stanislavski)는, 자신이 지도하는 학생들에게 일정한 패턴을 지닌 벽지를 기억하도록 하거나 시끌벅적한 군중 속에서 한 가지 소리를 택해 계속 지르도록 하거나, 또는 어려운 산수 문제를 머리로 풀어보는 과제를 내주었던 것으로 알려져 있다. 설교자들도 집중력의 근육을 단련하기 위해 매일 실행할 수 있는 몇 가지 간단한 훈련들이 있다. 그 중에 대부분은 은행에서 줄을 서서 기다리거나 교통 혼잡으로 차 속에 갇혀 있을 때에도 실천할 수 있다. 몇 가지 예를 들어보자면 다음과 같은 것들이 있다.

성경구절 암송하기
요가 훈련하기
조깅하기
가사를 보지 않고 찬송가를 불러보기
묵상 기도

집중 기도

다른 음악이 연주되는 동안 머릿속으로 한 가지 가락에 집중하기

발레 수업 참석하기

시각적인 경험을 계속 기억해내기

집중하는 능력은 무의식의 세계에 접근하는 능력과 관련되어 있다. 인간의 정신세계에서 성령께서 역사하시며 감동을 주시고 영감 베풀기를 기뻐하시는 영역이 있다면 아마도 그것은 무의식의 세계일 것이다. 또 인간의 경험 세계에서 맛보는 상상력과 활력의 원천이 있다면 그것 역시 무의식의 세계일 것이다. 그 어떤 예술이나 설교나 창의적인 활동도 무의식의 세계와 떨어져서는 일어날 수 없다.

최근까지 사람들은 인간의 창조력이 그저 우연히 발휘되는 것이라고 생각했다. 또 플라톤의 시대 이래로 인간의 창의성은 광기나 신경증과 결부되어 전혀 이해할 수 없는 신비로운 영역이라고 생각했다. 그러다가 거의 1세기 전부터 학자들은 인간의 창의성이 깃든 위치로 무의식적인 마음(the unconscious mind)을 지적하기 시작했다. 그로부터 수십 년이 흐르면서 "무의식의 세계에 접근할 수 있는" 가능성, 다시 말해 상상력을 발휘하며 문제를 해결하는 능력을 발휘하고 이를 통제할 수 있는 가능성을 보여주는 연구들이 속속 시작되었다. 오늘날 인간의 창의성을 연구하는 학자들은 예술가가 최적의 상태에서 자극을 받고 최고도의 집중력을 유지하며 장시간 무의식의 세계에 접근할 수 있는 '몰입'(flow)의 상태에 대해 소개한다. 이러한 활동을 위해서 쉽게 배울 수 있는 몇 가지 원리들을 소개하고자 한다.

1. 무의식의 활동은 훈련이 가능하다. 만일 설교자가 창조적인 작업을 위해 매일 같은 시간에 앉아 있다면 결국 무의식 활동은 적시에 반응하기 시작할 것이다. 나의 멘토였던 스승 한 분은 82세의 나이로 사망하기 직전에 자신은 "매주 화요일 아침 10시를 성령 하나님을 만나는 시간으로 정해 두었다"고 말해 주었다. 그는 그 시간이 되면 결코 자리를 뜨지 않았다고 한다. 또 다른 예술가는 이런 수련 행위를 가리켜서 "자리 정돈하기"라고 부르기도 한다. 그 다음에는 베스트셀러 작가인 앤 라모트가 '소리들'이라고 불렀던 것들을 통하여 정신을 가다듬고 집중을 심화시켜가는 단계로 이어진다.

마음을 진정시키고 가다듬다보면 당신의 마음속에 다른 소리들보다 더 강력하게 들려오는 소리를 들을 수 있을 것이다. 다른 소리들이란 요정이나 술 취한 원숭이들이다. 그 소리들은 근심과 심판, 파멸, 그리고 죄책감의 소리들이다. 물론 심각한 우울증의 소리들도 있다. 레취드 간호원(a Nurse Ratched, 〈뻐꾸기 둥지 위로 날아간 새〉라는 영화에서 정신병동에 입원한 환자들을 억압하는 역할로 등장하는 간호원—옮긴이)처럼 지금 당장 실행해야 할 일 목록이 있을 수도 있다. 냉동고에서는 음식을 당장 꺼내야 하고, 약속은 취소시키거나 아니면 당장 약속장소로 달려가야 하고, 나가려면 머리라도 단장해야 한다. 하지만 호흡을 가다듬고 잠시 의자에 앉아보라.[5]

2. 무의식의 세계에 접근하기 위해서는 의식적인 마음을 고요히 가라앉히라. 가장 훌륭한 생각이 샤워를 하거나 수영장에서 수영하는 도중에 또는 주방에서 그릇을 씻을 때 떠오르는 이유는 무엇일

까? 물에는 무슨 신비한 것이라도 들어있기 때문일까? 전혀 그렇지 않다. 그 때는 주로 큰 근육을 반복적으로 움직일 때이다. 그렇게 하면 의식적인 마음이 다소 진정이 된다. 천천히 걷거나 진공청소기로 방안을 청소하거나 자전거를 타는 것도 마찬가지이다. 규칙적으로 반복되는 움직임으로 긴장감이 풀릴 때 무의식적인 활동이 수면 위로 떠오르거나, 최소한 그런 활동들을 알아채기가 훨씬 쉬워진다.

3. 무의식의 세계에 접근하려면 주의를 산만하게 하는 것들을 제거하라. 운전하거나 조깅하거나 산책할 때 갑자기 어떤 돌파구나 통찰이 생기는 이유는 무엇일까? 포장도로 때문일까? 그렇지 않다. 그 때에는 주의를 산만하게 하는 것이 현저히 줄어들었기 때문이다. 그래서 무의식이라는 창의성의 보고에 접근하려면 먼저 주의를 산만하게 하는 것들을 제거해야 한다. 의식적인 마음으로 계속해서 경계하며 주의를 기울일 때 우리는 주의가 산만하게 된다. 계속 신경을 써오고 있는 문제에 대한 해결책이 갑자기 떠오르는 순간은 복잡한 시내를 운전할 때보다는 장거리 운전을 할 때이다. 혼수와 비슷한 상태로 가까이 가면 갈수록 순간적인 통찰에 그만큼 가까이 다가간 셈이다. 무의식의 세계로 나아가고 싶은가? 그렇다면 주의를 산만하게 하는 것들을 제거하라.

4. 무의식의 세계는 순차적인 흐름에 별로 관심이 없다. 앤 율라노프(Ann Ulanov)가 말한 것처럼, "성령은 순차적으로가 아니라 동시적으로 역사한다."[6] 무의식도 마찬가지이다. 무의식은 원인과 결과라는 기다란 연결고리가 전개되면서 작용하지 않는다. 질서정연한 흐름을 통해 작용하는 것도 아니다. 깊은 통찰과 숙고는 "먼저는 a 이고 그 다음은 b이며 그 다음은 c" 하는 식의 연속적인 흐름 속에서

얻어지는 것이 아니다. 무의식의 세계와 성령은 형태가 뚜렷하지 않고 정돈되지 않은 얼룩 속에 갑자기 어떤 새로운 통찰을 쏟아내는 것을 더 선호하는 것 같다. 여기에 덧붙여 나는 내가 가르치는 신학생들에게 종종 다음과 같이 권면하곤 한다. 설교문을 작성하는 동안에 분명 어떤 영적 체험을 하거나 하나님의 말씀하시는 것을 들었다면, 그런 내용들이 마치 펜에서 흘러나오는 것처럼 종이 위로 무작위적으로 옮겨놔야 하는 것은 아니라는 말이다. (설교문을 쓸 때 성령이 직접 구술하는 내용을 그대로 받아 적는 것으로 믿는 설교자는 거의 없을 것이다. 하지만 설교의 초기 단계에서 느끼는 흥분과 긴장 속에서 실제로 일부 설교자들은 그런 식으로 행동하는 경우도 있다.) "성령은 편집자가 필요하다. 그리고 그것이 바로 여러분이 해야 할 일이다." 이것이 바로 내가 신참 설교자들에게 점잖게 말해주려는 교훈이다. 모든 설교자들은 설교 준비 과정에서 자신들이 접근했었던 것이나 또는 들었던 것을 취할 필요가 있으며 그 다음에는 이를 차례대로 설교문 속에 배열해야 한다. 그리고 이런 설교에 대한 다른 대안은 "의식의 흐름을 따라가는 설교"이다. 하지만 그 설교의 호소력은 제한적인 것으로 알려져 있다.

제스처의 사용: 손가락에 관한 몇 가지 규칙

고대 그리스 로마 시대 이래로 웅변가들과 수사학자들, 화술을 가르치는 교사들, 논쟁법 코치들, 그리고 표현술을 가르쳤던 귀부인들은 모두가 나름대로 의사소통의 지름길을 알고 있었다. 그리고 의사소통 현상을 주의 깊게 관찰한 여러 교사들과 학자들에 의해서 일정하게 틀에 박힌 표현 수단들에 관한 보편적인 원리들이 마련되고, 이런 원리들은 예를 들어 몇 가지 성격 유형에 관한 이해와 함께 계속해서 전승 발전되어 왔다. 하지만 이런 지름길들을 계속해서 학생들에게 가르쳐야 하는지 말아야 하는지에 대해서는 교사들 사이에 계속적으로 논란거리가 되고 있다. 그 이유는 귀납적 방법을 사용하는 교사는 학생들에게 연역적인 정보를 미리 던져주려고 하지 않기 때문이다. 스타니슬라브스키에 의하면, 학생들은 자기 스스로 교훈을 찾고 결론에 도달하는 것이 필수적이라고 한다. 하지만 설교를 가르치는 교사가 이렇게 고대로부터 전승되어오는 규칙들을 미리 학생들에게 제시하는 데는 여러 가지 이유가 있다. 학생들이 끝없는 선택의 바다와 같은 것들을 적절히 통제할 수 있도록 하기 위함이다. 또 그렇게 하는 것이 학생들을 편안한 지역 바깥으로 나오도록 자극하는 데 도움이 되기 때문이다. 그리고 만일 학생들이 이런 지름길 같은 원리들을 요리책처럼 액면 그대로 사용하는 일은 결코 없으리라고 약속한다면, 이런 원리들은 자립적인 발견과 깨달음을 위한 좋은 도구가 될 수 있다. 그렇게 할 때 지름길의 원리들은 더욱 빨리 터득할 수 있으며, 오래 기억될 수 있다.

이러한 지름길들 중에서 가장 유용한 것으로는 릴랜드 파워스에게서 찾아볼 수 있다.[7] 20세기 초엽의 웅변술 학자였던 파워스는 일반적인 지혜들을 함께 묶어 편찬하는 데 탁월한 재능을 가지고 있었다. 그가 제시하는 차트에는 각각의 문학 장르들을 해석상의 기본적인 선택사항들과 서로 연결시켜 놓았다. 다시 말해서 그는 독자나 해석자가 본문을 이해하는 과정에서 자신의 눈과 손, 음성 등을 가지고 무엇을 해야 하는지를 제시하고 있다. 파워스는 각각의 문서는 인간의 머리와 가슴, 그리고 의지 중에서 주로 어느 한 부분을 향하여 호소력을 발휘한다고 믿었다. 어떤 문서 속에는 이상의 세 가지 요소를 모두 다룰 수도 있겠지만 파워스는 결국 그 안에서는 한 가지가 지배적으로 부각된다고 주장했다. 예를 들어 시편은 주로 가슴에 호소하며, 바울서신은 독자의 머리를 향하고 있으며, 세실 드 밀(Cecil B. De Mille, "십계"의 감독)이 그토록 좋아했던 성경의 서사적인 이야기들은 감동과 결단의 차원에 호소하고 있다. 그런데 파워스의 이러한 통찰은 순차적으로 진행되는 성경의 구연과 설교에 매우 유용하다.

각각의 해석자는 지성이나 감성, 또는 의지의 어느 한 부분에 대한 지향성이 있다. 해석자는 지금 읽고 있는 문학작품의 장르에 어울리는 전형적인 표현 수단들을 찾아내서 세밀하게 살펴보고 그렇게 함으로써 본문에 들어 있는 등장인물의 성격과 독자 자신의 성격 사이의 조화점이 어디에서 드러나는지를 찾는다. 각 유형들에 대한 사례를 다음과 같이 분류해 볼 수 있다.

1. 지성 지향적인 사람들(head-oriented people)은 말을 조각조각 잘라내면서 다른 사람들에 비해 좀 더 활기차게 말한다. 또 이들은 특정 단어를 강조하기 위해 음정을 높이기도 한다. 말을 멈출 때는 전하려는 생각 속으로 천천히 들어가려는 것이며, 심지어는 입에서 다른 말이 쏟아지더라도 그 생각을 계속 추적해간다. 이들은 직접적인 시선 접촉을 사용하는 경향이 강하다. 지성 지향적인 사람들이 사용하는 비구어적인 의사소통의 중심부에는 손가락 끝과 눈이 있다는 사실은 참으로 흥미롭다. 이들은 의사소통 과정에서 이 중 하나 또는 둘을 동시에 사용하면서 비구어적인 행동들을 좋아한다. 또 손가

락으로 텐트 모양을 만들거나 손가락을 함께 두드리기, 지시하기, 손가락 끝으로 공기 가르기, 집중하기 위해 눈을 가늘게 뜨는 동안 손가락 끝을 입에 갖다대는 것들은 이들에게서 찾아볼 수 있는 전형적인 행동들이다.

2. 의지 지향적인 사람들(gut-oriented people)은 의사소통 과정에서 다른 사람들에 비해 더 많은 힘을 사용한다. 이들은 핵심적인 단어를 강조하기 위해 (음정은 거의 또는 전혀 바꾸지 않고) 강한 악센트나 힘을 주로 사용한다. 또 말을 멈추는 이유는 지금 묘사하는 것이 자기들 심상의 스크린 위에 그대로 펼쳐지는지를 확인하려고 하기 때문이다. 이런 부류의 사람들은 이야기를 전달할 때 (사람들의 시선으로부터 얼굴을 돌리지 않고 위를 올려보거나 내려보거나 옆을 보면서) 직접 혹은 간접적으로 시선을 접촉한다. 또 비구어적인 의사소통 단계에서 이들은 주로 자신들의 몸통과 팔을 사용하기를 좋아한다. 예를 들어 손을 꽉 쥐고 몸 앞 쪽으로 날쌔게 내리며 "예!" 하는 운동선수의 제스처는 이들에게서 전형적으로 찾아볼 수 있는 행동들이다.

3. 감성 지향적인 사람들(heart-oriented people)은 모음을 연장하는 발성을 다른 사람들에 비해 더 많이 사용한다. 이들은 특별히 강조하고 싶은 단어가 있으면 그 단어의 모음을 길게 늘여 발음한다. "이 아기 저어어엉말로 이에예예쁘다!" 또 이들은 입에서 나오는 말 속에 자신의 감정의 무게가 그대로 실리게 하려고 말을 멈추며 시선 접촉은 다른 사람들에 비해 주로 간접적인 방식을 많이 사용한다. 이들은 비구어적인 의사소통 수단으로 주로 손바닥과 뺨을 사용한다. 축도와 복음성가 찬송, 오순절파의 예배가 모두 손을 들고 진행

되는 것도 결코 우연이 아니다. 이런 방식은 모두가 감성적인 체험에 매우 유리하다. 이와 마찬가지로 감성 지향적인 사람들의 뺨은 항상 무언가를 하고 있다. 즉 보조개를 짓던가, 찡그리거나 삐죽거리거나 하면서 어떤 감정을 발산한다.

　이상의 세 가지 성향 중에서 독자의 성향과 본문의 성향이 상충할 때 문제가 야기된다. 예를 들어 지성 지향적인 설교자가 감성 지향적인 본문을 접하게 되었을 때 문제가 야기될 수 있다. "여호와는 나의 빛이요 구원이시라"(시 27:1)는 참으로 감동적인 구절도 지성 지향적인 설교자에게는 무뚝뚝하게 들릴 수 있다. 또 "내 생명을 내 대적에게 맡기지 마소서 위증자와 악을 토하는 자가 일어나 나를 치려 함이니이다"(12)와 같은 구절도 몇 일을 굶은 사람이 식당에서 빅맥을 빨리 주문하려는 것 이상의 다급함이 베어있지만 그 감정이 제대로 전달될지는 의문이다. 이와 마찬가지로 지성 지향적인 설교자가 "벨사살 왕이 그의 귀족 천 명을 위하여 큰 잔치를 베풀고 그 천 명 앞에서 술을 마시니라"(단 5:1)와 같은 의지 지향적인 구절들을 읽을 때, 큰 주먹을 불끈 쥐는 대신에 분석적인 언어로 본문의 의미만을 설명하고 지나간다면, 그 효과는 그리 바람직하다고 할 수 없다. 의지 지향적인 설교자가 "내가 확신하노니 사망이나 생명이나 천사들이나 권세자들이나…"(롬 8:38)와 같은 바울서신의 미로를 헤집고 지나갈 때도 역시 힘들기는 마찬가지이다.

　대부분의 독자들 내면에는 이상의 세 가지 성향이 골고루 섞여 있다. 파워스가 제시하는 이러한 방법은 본문에 적합한 성품을 발견하고 효과적으로 활용하기 위해 "밖에서 내면으로 진행하는" 방법을 제공해 준다. 먼저는 전형적인 표현 방식들을 직접 시도해 봄으로써 설교자들은 본문에 가장 잘 어울리는 자신만의 고유한 개성을 파악할 수 있다. 이렇게 본문을 직접 크게 소리 내어 읽다보면 그 독자의 마음이 가만히 있지 못하게 하는 것을 발견할 수 있으며, 책상 위로 쏟아지는 빛 웅덩이로 쏠리는 자신을 발견하게 될 것이다. 성경 본문이나 원고를 이런 식으로 다루는 목적은 두 가지이다. 하나는 창의적인 과정을 위한 중요한 통찰을 발견하려는 것이며 또 하나는 결정적인 설교의 순간을 알아챌 수 있도록 운동감각적인 인지능력을 발전시키기 위함이다.

한 가지 주의사항이 있다. 이러한 방법은 설교 준비과정에서 결정적인 통찰을 발견하는 발견적인 도구로, 그리고 설교 연습 시간에 실험적으로 사용되어야 한다는 것이다. 이 방법은 게으른 설교자를 위해 방법을 제공하려는 것이 아니라 성경 본문을 자기 몸으로 사고하는 데 익숙하지 않은 설교자들에게 도움을 주려는 것뿐이다.

움직임의 사용 : 발에 관한 몇 가지 규칙

커다란 강대상 뒤에서 메시지를 전하다보면 자연히 청중의 관심사는 설교자가 말하는 내용에 쏠리기 마련이다. 반대로 설교단 바깥에서 전하는 설교, 즉 강단의 텅 빈 공간에 홀로 서서 전하는 설교는 청중의 관심을 그 메시지의 상호관계적인 부분에 집중시키는 경향이 있다. 그래서 청중은 자연히 그런 메시지를 전하는 설교자에 관하여 어떻게 느끼는지에 대해 더 많이 생각하게 된다. 발의 움직임에 관해 알아두어야 할 이유가 여기에 있다.

1. 강단에서 제스처나 다른 몸짓 동작의 표현을 미리 연습할 때 설교자가 염두에 두어야 할 우선순위는 그 움직임이 내면에서 바깥 방향으로 작용해야 한다는 것이다. (앞에서는 그 반대 방향의 작용에 관하여, 다시 말해서 표면에 나타나는 전형적인 표현을 사용하여 그 내면의 경험 속으로 접근해 들어가는 방법을 살펴보았다. 하지만 그런 방법은 실제가 아닌 연습 단계에서 실험적인 차원에서 제한적으로 사용되어야 한다.) 결국 움직임과 제스처, 얼굴 표정, 음성의 고저장단, 멈추기 등과 같은 모든 부분은 내면의 경험을 불러내고 그것을 밖으로 표출시킬 수 있는 능력에 달려 있다. 배우들은 이러한 훈련을 가리켜서 "내면화"(internalization) 또는 "신실성"(truthfulness)이라고 부른다. 당신도 직접 경험한 것만을 밖으로 표현할 수 있다. 그래서 무엇보다도 이미 당신 내면에 들어 있는 것을 밖으로 표현하는 것이 중요하다. 경험의 범위를 벗어나는 것을 표현하게 되면 이를 듣는 모든 사람들에게 과장된 연기를 하는 것이다. 이 세상에서 가장 난처한 실수를 피하고 싶은가? 당신의 설교에 진실성을 더욱 보강하고 싶은가? 그렇다면 당신의 "내면에 들어 있는 것"을 쏟아내는 데 집중하라.

이 원리를 움직임에 적용시켜보자. 개별적인 움직임은 이런 것들이 표현하는 생각이나 감정의 자극으로부터 시작되어야 하며 그 자극이 끝날 때 그 움직임도 끝나야 한다는 것을 알 수 있다. 예를 들어 설교자가 "이 날은 여호와의 정하신 것이라, 이 날에 우리가 즐거워하고 기뻐하리로다"(시 118:24)고 말하면서 청중을 향하여 다가가려 할 때 그 설교자에게는 몇 가지 선택의 자유가 있다. 설교자의 발은 "이 날은"이란 단어의 발성과 함께 움직이기 시작하다가 "것이라"나 "기뻐하리로다"에서 멈출 수 있다. 아니면 이 내용을 청중이 이해해가는 속도를 고려하여 조금 늦게 "이 날에"에서 발을 움직이기 시작했다가 "기뻐하리로다"에서 멈출 수도 있다. 이때의 목표는 표출하고 싶은 내면의 경험과 말하는 것과 발의 움직임이 서로 조화를 유지하는 것이다.

3. 발은 신체 중에서 가장 정직한 지체이다. 프로이드는 이 원리를 (당시의 성의학자다운 언어로) 다음과 같이 표현했다. "남자는 거짓말을 하지 못한다. 입술로는 거짓말을 하더라도 그의 손가락 끝에서는 계속해서 진실을 쏟아낸다." 웅변술 교사들은 이러한 현상들을 희미하지만 그들 나름대로 성경적인 색조로 설명해왔다. 그리고 우리는 이렇게 말한다. "진실은 드러나기 마련이다. 그리고 그 진실은 바로 당신에 관한 진실이다." 설교자들은 자신의 비구어적인 행동을 통해 자신이 말하는 것을 어떻게 느끼고 있는지를 청중에게 그대로 드러낸다. 우리는 부끄러움을 느끼면 손을 감춘다. 분노감이 느껴지면 허공을 향하여 삿대질을 한다. 또 주저하거나 모호한 느낌으로 답답하면 발을 동동 구른다. 어느 방향으로 가고 싶어하는지 결정을 내리지 못했지만 그렇다고 가만히 있을 수도 없는 신경질적인 발, 그래서 작지만 계속해서 정신없이 움직이는 발은 우리 대부분이 공감하는 이런 고통스러운 감정, 즉 "날 여기서 좀 꺼내줘!"라는 의미를 그대로 전달한다. 이러한 강렬한 움직임을 효과적으로 활용하면서 의도적인 움직임으로 전환시키는 것이 바로 설교자의 임무이다.

4. 시각적인 관심사는 청각적인 관심사만큼이나 중요하며, 청중의 시각적인 관심사는 강단 앞쪽 중심부의 높이와 각도, 그리고 이

공간에 대한 전략적인 활용을 통해 조성된다. 일정한 보폭으로 걷는 행동은 단조로운 음성을 시각적으로 접하는 것과 같다. 이런 행동은 설교자가 자신의 감정을 가라앉히기 위한 것이다. 하지만 메시지를 위해서는 별 도움이 안 된다. 청중에게 시각적인 관심을 유발시키는 것은 바로 3차원적인 실물이다. 즉 삼각형 구도로 움직임으로써 단조로운 움직임에 변화를 줄 수 있다. 또 (시작단계와 최고조, 그리고 결론부와 같이) 중요한 순간을 위해서는 미리 연단의 중심부를 사용하지 말고 아껴둬야 한다.

5. 움직임은 결정적인 순간에 활용되어야 한다. 만일 설교자가 연단에 가만히 서서 부드럽고 조용히 말하며 청중을 자기 손에 가만히 쥐고 있으며 설교자 뒤에 앉은 성가대원들은 가만히 다리를 꼬고 있다면 참으로 절망적이다. 청중의 관심을 사로잡기 위한 움직임의 능력은 결코 과소평가되어서는 안 된다. 좀 더 적극적으로 말하자면 움직임은 설교자의 가장 중요한 도구 중의 하나이다. 긴장감을 불러 일으키는 데 있어 움직임의 능력은 참으로 그 가치를 헤아릴 수 없을 정도이다. 아리스토텔레스 이래로 연사들은 이 원칙에 의존해 왔다. 즉 청중의 관심은 모호함과 긴장감, 그리고 의미상의 불균형에 의해 이끌림을 받으며 계속 그 관심이 유지될 수 있다. 말의 멈춤이나 몇 발자국의 이동, 그리고 잠깐 동안 허공에 고정된 손 등은 청중의 주의를 끌고 이를 고정시키는 움직임을 사용하는 흔한 사례들 중의 일부에 불과하다.

결론

　좋은 설교란 여러 가지 재료가 합성된 결과이다. 거룩한 성경 본문이 설교자와 만났으며, 설교자는 다시 청중에게 선포하며, 성령께서 역사하신 결과로 설교자와 청중 사이에는 열매가 나타난다. 하지만 실제 과정은 이렇게 간단한 문장들이 제시하는 것과는 비교할 수 없을 정도로 복잡하다. 심지어 설교자가 충분히 통제할 수 있는 요소만 고려하더라도 좋은 설교를 즉시로 만들어낼 수 있는 것은 아니다. 결국 영적인 기적과 신비가 설교의 능력의 많은 부분을 설명해 준다. 이런 사실을 그대로 인정하고 또 이를 기뻐하는 것이 바람직하다. 우리가 주의해야 할 점은 "신비"나 "영적인"과 같은 단어들 때문에 설교를 이 세상의 것이 아니거나 실체 없는 무형의 입장에서 생각하려는 경향일 것이다. 분명 설교는 우리의 신체 안에서 일어나는 어떤 것이기 때문이다.

　비구어적인 의사소통의 기술을 존중하고, 신체가 메시지에 반응적이고 표현적인 도구가 되도록 훈련하며 설교에서 신체의 역할을 존중하는 습관을 갖는 것이 21세기에 설교자로 부름 받은 우리가 집중해야 할 유일한 과제는 아니다. 하지만 이런 요소들은 앞으로도 우리의 설교 여정 속에 계속 동행할 것이다.

각주

1. Albert Mehrabian, *Silent Message: Implicit Communication of Emotions and Attitude* (Belmont, Calif.: Wadsworth Press, 1971), 43-44.
2. 나는 이러한 내용을 곧 출간될 다음의 책에서 자세히 소개했다. *The Purpose of Preaching* (St. Louis: Chalice Press).
3. Leland Roloff, *The Perception and Evocation of Literature* (Glenview, Ill.: Scott-Foreman, 1973).
4. Charles L. Bartow, *The Preaching Moment: A Guide to Sermon Delivery* (Nashville: Abingdon, 1980).
5. Anne Lamotte, *Bird by Bird: Some Instructions on Writing and Life* (New York: Pantheon Books, 1994), 7.
6. Ann and Barry Ulanov, *Primary Speech* (Atlanta: John Knox Press, 1982), 104.
7. 파워스의 공헌에 대한 좀 더 자세한 논의를 위해서는 다음을 보라. Jana Childers, *Performing the Word: Preaching as Theatre* (Nashville: Abingdon, 1998), 88-91.

추천도서

Bartow, Charles L. *God's Human Speech: A Practical Theology of Proclamation*. Grand Rapids; Eerdmans, 1997.

Bozarth-Campbell, Alla. *The Word's Body: An Incarnational Aesthetic of Interpretation*. Lanham, Md.; Univ. Press of America, 1997.

Childers, Jana. *Performing the Word: Preaching as Theatre*. Nashville: Abingdon, 1998.

----------. *Birthing the Sermon: Women Preachers on Creative Process*. St. Louis: Chalice Press, 2001.

Lowry, Eugene. *The Homiletical Plot*. Atlanta: John Knox Press, 1980.

Moeller, Pamela. *A Kinesthetic Homiletic*. Minneapolis: Fortress Press, 1993.

Rice, Charles, *The Embodied Word; Preaching as Art and Liturgy*. Minneapolis: Fortress PRess, 1991.

Ward, Richards F. *Speaking of the Holy: The Art of Communication in Preaching*. St. Louis; Chalice Press, 2001.

*데이비드 뷰식(David Busic)

캔자스 레넥사에 있는 나사렛중앙교회의 담임목사이다. 그는 <Preacher's Magazine>의 편집위원이며 미주리의 캔자스 시에 소재한 나사렛 신학대학원의 설교학 겸임교수이다. 아내 크리스티와의 사이에는 세 아이 메간과 벤자민, 메디슨을 두었다.

제12장

연간 설교계획 세우기

데이비드 뷰식

　나는 당신과 같은 목회자이다. 그러다보니 당신처럼 매주 같은 성도들에게 성경적이며 일상의 삶과도 연관성 있는 설교를 해야 하는 부담을 늘 안고 살아간다. 바쁜 목회자에게 설교 사역이란 고속도로의 전신주처럼 정신없이 그리고 매우 빠르게 다가오기 마련이다. 오늘날 여러 가지 막중한 책임을 지고 있는 설교자들에게는 마치 주일이 3일 만에 한 번씩 다가오는 것 같다. 매 월요일 아침에 일어났을 때 머릿속에 떠오른 고민거리도 보통이 아니다. "다음 주일에는 무슨 설교를 해야 할까?" 그렇다면 우리는 다음에 설교할 것을 어떻게 미리 결정할 수 있을까?
　무엇을 설교할 것인지를 결정하는 방법은 보통 무작위적인 방법과 조직적인 방법의 두 가지 중의 하나로 정해진다. 무작위적인 설교 계획은 보통 설교자의 개인적인 직관과 목회 사역에 대한 관찰을 통해 정해진다. 조직적인 설교 계획은 장기간의 설교 계획과 설교 주제에 대한 전략적인 일정표에 의해 정해진다. 장기간의 설교 계획에 대해서는 각각 지지하는 이유와 반대하는 이유가 있다.

설교 계획에 대한 반대

1. 미리 계획된 설교는 청중에게는 자연스럽지 못하다. 한 달 전에 계획했던 설교가 어떻게 오늘의 청중의 문제를 미리 예견하고 그것을 다룰 수 있겠는가? 하지만 이러한 사고방식은 이성적으로나 경험적으로 지지를 받지 못한다. 실제로 장기간의 설교를 계획했던 사람들은 심지어는 한 달 전에 준비했던 설교라도 그 설교의 시의 적절함에 대해 놀라게 될 것이다.

2. 미리 계획한 설교는 현재 청중의 문제와 관련이 없다. 청중의 삶에 극적인 영향을 준 중요한 사건이 갑자기 발생하면 어떻게 할 것인가? 프래드 크래독은 미리 계획된 설교는 하인일 뿐이지 결코 주인이 아니라는 점을 지적했다.[1] 만일에 예전에 미리 예상치 못했던 일이 발생하면 설교자는 항상 설교 계획을 수정할 수 있어야 한다. 1999년의 콜럼바인 고등학교 총기 난동 사고나 9·11테러 사건과 같은 경우는 미리 계획되었던 설교를 수정해야 하는 분명한 사례들이다.

3. 미리 계획된 설교는 하나님께서 말씀하시려고 하는 것을 놓칠 수 있다. 주일날 설교가 선포되기 전에 설교 준비 과정을 안내하실 수 있는 동일한 성령 하나님은 그 전부터 미리 설교자를 안내하실 수 있다. 설교단에 오른 설교자의 입술에 성령의 기름을 부으실 수

있는 하나님은 설교하기 전에 설교자의 상상력에도 동일한 기름을 부으신다. 그러므로 설교 시간뿐만 아니라 설교 준비 과정에서도 성령께서 역사하시도록 주의를 기울여야 한다. 설교자는 필요하면 언제든지 설교 계획에 개입하셔서 이를 바꾸실 수 있는 권한을 성령께 드려야 한다.

설교 계획의 유익

1. 더 나은 설교를 준비할 수 있다. 탁월한 설교란 보통은 오랜 시간 발전하고 숙성된 것들이다. 이런 설교는 "대개가 설교하기 며칠 전 또는 심지어는 몇 시간 전에야 비로소 '끼워 맞춘' 설교보다 설교학적으로나 신학적으로, 그리고 성경적으로 훨씬 더 뛰어나다."[2]

2. 설교에 대한 걱정을 줄일 수 있다. 설교자에게 매주일 설교를 "만들어내야" 하는 압박은 참으로 엄청나다. 특히 설교에 대한 분명한 필요가 부각되지 않는 상황에서 그 압박은 더욱 심해진다. 그런 상태에서 한주간이 흘러가고 주일이 점점 다가오다 보면 설교자는 자신이 가장 편안하게 느끼거나 또는 열정이 되살아나게 하는 본문이나 주제로 다시 되돌아간다. 어떤 경우는 설교 영감을 얻기 위해 주말까지 무작정 설교 작성을 미루는 경우도 있다. 그렇게 되면 우리는 먼저 감동적인 예화 하나를 먼저 찾아낸 다음 그에 맞는 성경 구절을 하나 찾아보려고 애를 쓰게 된다. 하자만 설교를 미리 계획하면 설교자의 생각이 자라는 데 필요한 충분한 시간을 확보할 수 있기 때문에 그러한 부담감이 심화되기 전에 설교의 방향이 점점 더 분명해진다.

3. 좀 더 창의적인 설교를 준비할 수 있다. 상상력이 자라기 위해서는 시간이 필요하다. 창의성의 씨앗이 발아하기 위해서도 시간이 필요하다. 토요일에 씨앗을 심은 농부는 그 다음 날 즉시로 열매가 맺힐 것으로 기대하지 않는다. 추수하기 전에 먼저 씨앗이 자라는 일이 선행되어야 한다. 설교에서의 수확은 농장에서의 수확과 별반 다르지 않다. 설교 준비 과정에서도 초기의 생각을 점점 발전시키고 이를 통일성 있게 구성하며, 그 메시지를 신선한 활력으로 채워서 창의성 있게 의사소통할 방법을 고안하는 데는 충분한 시간이 필요하다. 또 미리 준비된 설교는 설교를 보충하고 향상시키는 방향으로 예배를 기획하고 준비하려는 사람들의 창의성에도 큰 도움이 된다.

어거스틴은 최초의 설교학 교과서를 저술한 설교학자로 널리 알려져 있다.[3] 그는 설교의 세 가지 목적이란 성도들을 가르치고 기쁨을 주며, 감동시키는 것이라고 믿었다. 물론 청중을 감동시키는 것은 하나님께서 하실 일이다. 그러나 설교자의 일차적인 임무는 청중을 잘 가르치고 기쁨을 주는 일이다. 여기에서 가르친다는 것은 성경본문의 진리를 분명하고도 적용 가능한 방식으로 의사소통시킨다는 의미이다. 그리고 기쁨을 준다는 것은 간단히 말해 재미있는 설교를 의미한다. 설교자들은 자신의 설교가 사람들의 마음을 잡아끌며 강력한 흥미를 유발시켜서 사람들이 듣고 싶어 하는 설교가 되기를 원한다. 오직 준비된 설교만이 그러한 영예를 차지할 수 있다.

4. 활용할 수 있는 자료가 더 많아진다. 대부분의 설교자들은 설교에 필요한 자료를 찾는 데 상당한 시간을 소비한다. 흥미로운 이야기와 완벽할 정도로 감동적인 예화, 그리고 현대적인 유비를 찾느라고 여기저기를 기웃거리다보면 훌쩍 많은 시간이 지나가버리기

일쑤다. 그렇게 자료를 찾다가 결국 상당수의 설교자들은 "이 이야기는 서류 보관함에 들어 있었잖아!"라고 말하면서 그토록 귀중한 설교 준비 시간을 찔끔찔끔 낭비해버리곤 한다. 하지만 만일 그렇게 고생해서 찾은 자료를 조금 더 미리 확보할 수 있다면 어떻게 될까? 그렇게 되면 설교자의 머릿속에 설교가 자라갈 시간은 넉넉해지고, 설교자의 평범한 삶은 신선한 아이디어로 가득 찬 설교적인 정원으로 바뀌게 된다.[4]

나는 앞으로 전할 연속설교에 대한 자료를 미리 모아 놓은 파일 서랍을 꾸준히 관리하는 것이 설교자들에게 큰 도움이 된다는 사실을 깨달았다. 파일을 준비해 놓은 다음, 염두에 둔 연속설교와 연관이 있어 보이는 내용들을 읽거나 발견할 때마다, 나는 그 자료를 오리고 복사하거나 간단히 메모를 해서 해당파일 속에 그때그때 넣어둔다. 그렇게 하면 해당 설교를 직접 구체화시키면서 실제로 설교문을 작성해야 할 때가 되면 놀랍게도 내 앞에는 여러 풍성한 자료가 담긴 파일뭉치가 놓여 있다. 그래서 관련되는 자료를 찾느라고 시간을 낭비할 필요가 없이 이제는 불필요하다고 생각되는 자료들을 제거하는 작업을 진행한다.

5. 설교 내용의 균형을 유지할 수 있다. 설교 계획은 설교 주제를 선택하는 과정이 좀 더 건강하고 또 균형 잡힌 과정이 될 수 있도록 도와준다. 미리 시간을 두고 설교 주제를 준비되지 않으면 설교자는 청중을 위한 주일 만찬에 자기가 좋아하는 음식만 내어오기 쉽다. 그러나 설교 주제에 대한 포괄적인 준비를 통해 설교자는 하나님 말씀의 창고에서 치우치지 않고 매 주일 필요한 양식을 골고루 내올 수 있다. 그렇게 하면 설교자는 또 그만큼 자신의 개인적인 독단이

나 주관적인 변덕에서도 훨씬 더 자유롭게 된다. 그렇지 않으면 "교인들의 균형 잡힌 영양 상태를 생각해야 할 목회자의 관심이 '주일의 특별 요리'를 위한 범벅 속에 묻혀 버리고 만다. 그러나 비록 이런 방법에 빠진 목회자라도 요리사가 범벅을 좋아한다고 해서 매일 세 번씩 같은 요리를 제공하는 것이 부당하다는 것 정도는 알고 있을 것이다."[5] 이 점에 대해서는 다음 "성경의 장르"라는 부분에서 더 자세히 다룰 것이다.

6. 임기응변식 설교를 피할 수 있다. 설교에서 민감한 주제를 다루는 경우, 설교 계획은 설교자를 위한 든든한 우군이 되어줄 수 있다. 왜냐하면 청중의 입맛에 씁쓰름하고 자극적인 주제를 다루더라도 그들은 설교자가 현재 교회가 당면한 뜨거운 감자를 직접 다루는 것은 아니라는 것을 알기 때문이다. 그들은 설교자가 이 설교를 오랜 시간을 두고 준비해왔음을 잘 알고 있다. 하지만 "만일 설교자가 계획을 가지고 미리 준비한 것도 없고 또 점점 성숙해가는 과정에 있는 설교도 없다면, 신앙공동체 안에서 아무리 사소한 잡음이 일어나더라도 설교학적으로 텅 빈 귀에는 대포처럼 심각하게 들리기 마련이고, 또 회중 가운데 아무리 작은 동요가 일더라도 미리 준비되지 않으면 목회자의 서재 위의 빈종이 위에는 마치 지진처럼 기록될 수밖에 없다."[6] 그래서 충분한 시간을 두고 내용을 준비하거나 발전시키지 않고 어떤 사안을 너무 빨리 다루는 것은 아주 위험하다. 주중에 충격을 가져온 여러 사안들 중에는 시간을 두고 개인적인 대화를 통해서 다뤄지는 것이 더 나은 경우도 많이 있다.

이상의 내용들이 바로 설교 계획이 가져다주는 분명한 유익들이다. 그렇다면 설교 계획은 실제로 어떻게 수립할 수 있을까?

설교 계획을 발전시키기 위한 한 가지 사례

　현재 사역하고 있는 교회로 청빙을 받았을 때 나는 교회 장로들과 성도들에게 감당해야 할 여러 가지 목회적인 책무들 중에서 설교를 가장 중요한 책무로 간주하고 있다는 입장을 분명히 제시했다. 처음부터 설교의 우선순위를 분명히 정해두자 그들은 감사하게도 장기간의 설교 계획을 위하여 일 년에 두 주간씩 교회를 비우는 문제에 대해 동의해 주었다. 이 기간은 휴가나 직업적인 자기 계발을 위한 시간이 아니라, 포괄적이고도 총체적인 설교 계획을 기도하는 마음으로 그리고 전략적으로 준비하기 위하여 따로 떼어놓아야 할 중요한 시간임을 이해해 주었다.

　나는 연구를 위해 보통 1월과 7월에 보통 5일 정도씩 휴가를 갖는다. 이 때 나는 되도록이면 호텔보다는 수양관에서 지내려고 한다. 가격도 훨씬 저렴할 뿐만 아니라 텔레비전이나 그 밖의 다른 관심사로부터 훨씬 덜 방해를 받기 때문이다. 또 다른 유리한 점으로는 대부분의 수양관이 작은 도서관이나 기도실뿐만 아니라 심지어 편리한 식당까지 갖추고 있기 때문이다. 인터넷에 접근할 수 있는 시설을 갖추고 있다면 더욱 좋겠지만 꼭 필요한 것은 아니다. 몇 권의 스터디 바이블과 노트북 컴퓨터, 저널, 그리고 관련된 서류철과 책들도 함께 가지고 온다. 그리고는 기도와 묵상, 책을 읽고 글을 쓰면서 시간을 보낸다.

　설교 계획에 대한 나의 입장을 다음의 네 가지 범주로 구분하여 제시하고자 한다.

1. 교회력에 따른 설교 계획

장기적인 설교 계획의 첫 번째 범주는 교회력이다. 교회력의 가치는 다음 두 가지이다. 첫째로 교회력은 기독교적인 신앙과 관련된 중요한 사건을 중심으로 우리의 삶을 구성할 수 있도록 안내해 준다. 둘째로 교회력은 전 세계에 흩어진 다른 그리스도인들과 함께 공통의 시간을 축하할 수 있도록 연결시켜 준다.

교회력 안에서 우리는 "케리그마가 선포되며 구원의 계획이 반복되는 교회력의 주기가 재조명되는 것을 발견한다. 교회력은 성도들을 설교자의 일시적인 기분과 습관으로부터 보호해 준다. 또 교회력을 활용함으로써 설교자는 무엇을 설교할 것인지에 대한 선택의 문제가 개인적인 사안으로 전락되는 것을 막을 수 있다."[7]

내 설교의 순서를 안내하는 교회력 상의 중요한 절기는 대림절/성탄절과, 사순절/부활절, 그리고 오순절이다. 나는 주현절은 설교 계획에서 별도로 지정된 절기로 포함시켜 두지 않았다. 그 이유는 복음전도라는 주현절의 핵심 주제는 내가 꾸준히 강조하는 설교 속에 계속 포함되어 있기 때문이다. 다음 내용은 해당 절기별 설교를 위해 가능한 몇 가지 설교 주제와 성경 구절들이다.

• 대림절의 설교 주제와 성경책

주제 : 성육신, 그리스도의 탄생, 하나님의 사랑, 하나님의 때를 기다림, 구원의 계획, 그리고 그리스도의 재림.

성경 : 이사야서, 마태복음, 누가복음, 갈라디아서, 빌립보서, 골로새서, 요한계시록.

- 사순절/부활절의 설교 주제와 성경책

주제 : 그리스도의 사역과 수난, 속죄, 십자가, 은혜, 회개, 제자도, 영성 훈련, 자기 부인, 고난, 부활, 새 생명, 그리고 풍성한 삶.

성경 : 이사야, 예레미야, 호세아, 사복음서, 사도행전, 로마서, 빌립보서, 히브리서.

- 오순절의 설교 주제와 성경책

주제 : 교회와 복음전도, 성령의 인격과 사역, 성령충만한 삶, 성결.

성경 : 에스겔, 요한복음, 사도행전, 바울서신과 공동서신.

- 특별한 날

교회력 상의 여러 절기들 중에는 설교를 통해 특별한 주제를 강조하는 날들이 있다. 그런 날로는 재의 수요일(Ash Wednesday)과 세족목요일(Maundy Thursday), 성금요일(Good Friday), 삼위일체 주일(Trinity Sunday), 그리고 종교개혁 주일(Reformation Sunday)이 있다.

- 세속적인 절기

세속적인 절기보다는 기독교의 교회력이 우선순위를 확보해야 하지만 그렇다고 설교자는 국가적인 차원에서 기념하는 절기나 날짜를 완전히 무시해서는 안 된다.

어버이날이나 국경일, 또는 중요한 기념일 역시 우리의 설교에 중요한 의미와 연관성을 부여해 줄 수 있다.

• 성서일과

교회력을 따라 설교하는 문제와 관련해서 일부 설교자들은 성서일과(lectionary)로부터 큰 도움을 받고 있다. 성서일과는 기독교적인 신앙의 중요한 주제들과 관련되어 지정된 성경 구절 목록을 소개하고 있으며, 일 년 전체 52주에 대해 특정한 주제를 지정하고 그에 해당하는 성경 구절을 3년 주기로 배열해 놓았다.[8] 이런 성경 구절에는 보통 구약 본문과 시편, 서신서, 그리고 복음서가 포함되어 있다. 그래서 성서일과는 예배 시간에 정기적으로 성경을 낭독하려고 하는 경우에도 큰 도움이 된다.

• 시작하기

나의 경우에 설교 주제를 선택할 때 활용하는 기본적인 틀이 바로 교회력이기 때문에 이제 교회력에 따라 연간 설교를 계획해 보도록 하겠다. 이 시점에서 내 앞에는 내년도 달력이 펼쳐져 있으며 빈 칸에는 중요한 절기와 기념일을 하나씩 기입하기 시작한다. 그래서 초기단계의 연간설교 달력은 다음과 같은 모습으로 나타날 것이다.

• 사례 1

1월

2월 : 사순절 (재의 수요일)

3월 : 사순절

4월 : 사순절/부활절 (종려주일, 세족 목요일, 성금요일)

5월 : 부활절 (어버이날)

6월 : 오순절 (삼위일체 주일)

7월

8월

9월

10월 : (종교개혁 주일)

11월 : (추수감사주일)

12월 : 대림절/성탄절

2. 성경의 장르에 따른 설교 계획

내가 활용하는 연간 설교 계획의 두 번째 범주는 성경 장르이다. 우리는 일상생활 속에서 다양한 형식의 의사소통 방법을 접하며 살아간다. 전화와 팩스, 이메일은 몇 가지 사례일 뿐이다. 책 속에도 의사소통을 위한 다양한 형식이 들어 있다. 그러한 문학 형식을 가리켜 장르라고 하는데 각각의 장르는 고유한 목적을 지니고 있다. 예를 들어 백과사전과 시집에는 차이가 있다. 또 전기문학과 짧은 이야기에도 차이가 있다.

이처럼 문학 장르 속에는 "형식 속의 형식"(forms within the forms)이 들어 있기 마련이다. 예를 들어 신문에는 표제와 사설, 십자말풀이, 부고란, 데이터 기록 상자, 조언 등이 실려 있다. 이러한 하위 형식들은 모두가 신문이라는 커다란 형식의 일부분을 차지하는 것들이다. 편지에도 다양한 형식이 있다. 연애편지가 있는가 하면 메모 편지도 있다. 또 사직하는 편지도 있고 추천하는 편지도 있다.

이렇게 다양한 문학 형식은 각각 고유한 의미를 전달한다. (비록 요즈음에는 그 결과가 별반 다르지 않지만) 우리는 주식 시장 소개

기사를 해석하는 방식과 똑같은 식으로 신문에 실린 만화를 해석하지는 않는다. 또 "친애하는 선생님께"로 시작하는 편지를 "사랑하는 할머니께"로 시작하는 편지와 동일한 방식으로 읽어 내리지 않는다. 각각의 편지는 다른 목적을 가지고 있으며, 그래서 다른 의미를 전달한다. 형식이란 메시지를 상대방에게 전달하는 수단이다. 이런 형식은 의사소통이 더욱 효과적으로 진행되도록 도와준다.

성경도 우리에게 의미를 전달할 때 일정한 문학 형식들을 사용한다. 몇 개의 예를 들자면, 하나님께서는 내러티브와 편지, 시, 선지자의 신탁, 잠언, 그리고 묵시록과 같은 다양한 장르를 통하여 자기 백성들과 의사소통하기로 결심하셨다. 문학적인 관심을 갖고 볼 때, 이러한 여러 장르 속에는 "형식 속의 형식"이 있음을 알 수 있다. 예를 들어 시편의 범주 속에는 감사의 시와 탄식시, 창조의 시, 그리고 제왕시 등등이 있다.

그러면 성경에 이렇게 다양한 의사소통 형식이 사용되는 이유는 무엇일까? 그것은 하나님의 구원 계획은 결코 한 가지 방식으로 표현될 수 없기 때문이다. 각각의 성경 장르에는 꼭 달성해야 할 독특한 기능과 목적이 있다. 즉 독자나 청중의 삶 속에서 무언가를 실행하려는 의도를 갖고 있는 것이다. 그래서 설교자의 임무는 그 기능과 목적을 찾아내고 청중의 삶 속에서 그러한 성경의 목적이 다시 실행될 수 있도록 설교를 준비해야 한다.

우리는 기적에 관한 이야기를 설교하는 것과 정확히 동일한 방식으로 탄식의 시편을 설교해서는 안 된다. 왜 그런가? 그 이유는 각각의 장르는 서로 다른 기능을 감당하기 때문이다. 또 디모데전서를 설교하는 방식으로 에스겔서를 설교해서도 안 된다. 예언서의 기능은 목회서신의 기능과 전혀 다르기 때문이다. 또 "두 본문이 말하려는 내용이 다르기 때문만이 아니라, 그 내용을 말하는 방식도 다르기 때문이다."9)

성경의 모든 장르들은 독자로 하여금 행동하도록 감동시키려는 의도를 갖는다. 그래서 성경의 각 구절이 어떤 의도와 기능을 갖고 있는지 이해할 때 비로소 우리는 가장 성경적으로 설교할 수 있다. 설교가 참으로 성경적이려면, 해당되는 성경 구절이 원래 의도했던 기능과 가장 가깝게 선포되고 그렇게 작용해야 한다. 하나님의 모든 메시지를 의사소통시키기 위해서는 다양한 형식이 필요하기 마련이다.

• 성경의 장르에 따라 설교하기

나는 연간 설교 계획에 성경의 다양한 장르에 따른 설교 일정을 포함시킴으로써 성도들에게 성경의 균형 잡힌 식단을 제공하고 있다. 가진 것이라고는 그것뿐이어서 손님에게 크래커를 제공하는 경우와, 등심이랑 초콜릿 케이크도 있지만 무조건 크래커를 제공하는 경우는 분명 다르다. 나는 내가 가장 좋아하는 음식으로 청중을 질리게 하고 싶지 않다. 오히려 하나님의 모든 경륜에 관한 진수성찬으로 그들을 배불리 먹이고 싶다. "저는 3년 내내 에베소서를 설교해오고 있습니다!"라고 자랑하는 목회자들에 대해 몸서리를 치는 이유가 바로 여기에 있다. 그 청중은 분명 영양실조에 걸렸을 뿐만 아니라 에베소서에는 완전히 질렸을 것이다.

나는 성경 각권에 대해 언제 그리고 무슨 주제로 설교했었는지를 보여주는 목록을 만들어 두었다. 그렇게 하니 다른 성경책은 상대적으로 무시하면서 특정한 성경책만을 지나칠 정도로 편중하여 설교하는 경향은 없는지의 여부를 쉽게 추적할 수 있었다. 지난해 내가 설교했던 설교달력을 조사해보니, 마태복음은 27번 설교했던 반면에 소선지서는 전혀 다루지 않았음을 알 수 있었다. 그래서 다음에는 말라기서를 연속설교로 다뤄야 할 필요성을 느꼈다. 최소한 3년 주기로 성경의 중요한 장르를 골고루 설교하는 것이 내 목표이기도 하다.

성경의 다양한 책에서 한 권을 택해서 연속시리즈로 설교하는 것은 성도들에게 균형잡힌 식단을 제공해 줄 수 있는 최상의 방법이다. 나는 이를 위해 구약과 신약을 번갈아가면서 연구한다. 대부분의 시리즈 설교는 7주에서 8주 정도 소요되며, 12주 이상은 거의 드물다. 여름철은 조금 더 길게 연속설교하기 좋은 시기이다. 만일 "다윗의 생애"에 관해 설교한다면 보통 사무엘상을 10주간에 걸쳐 연속 설교하고 잠시 쉰 후 다음 해 여름에는 다시 사무엘하를 이어서 설교한다. 비교적 긴 시리즈 설교의 중간에 전하는 2-3주간의 짧은 시리즈 설교도 성경의 다양한 장르를 제공하는 데 있어 매우 효과적인 방법이다.

성경의 장르를 고려하면서 연간설교 계획을 작성하는 두 번째 단계는 다음과 같다.

- 사례 2
    - 1월 : 장르별 연속 설교
    - 2월 : 사순절 (재의 수요일)
    - 3월 : 사순절
    - 4월 : 사순절/부활절 (종려주일, 세족 목요일, 성금요일)

5월 : (어버이날)

6월 : 오순절 (삼위일체 주일)

7월 : 장르별 연속 설교

8월 : 장르별 연속 설교

9월 :

10월 : 장르별 연속 설교 (종교개혁 주일)

11월 : (추수감사주일)

12월 : 대림절/성탄절

3. 목회의 비전

연간설교계획을 수립할 때 참고하는 세 번째 범주는 목회의 비전이다. 목회 비전이란 하나님께서 내가 목회하는 신앙공동체가 미래를 향하여 어떤 방향으로 나아가기를 원하시는지와 관련이 있다. 하나님께서는 지역 교회인 우리가 무슨 일을 하기를 원하시는가? 그리고 우리의 강단 사역을 통해 성도들에게 전달되어야 할 하나님의 계획과 꿈, 그리고 전략은 무엇인가?

이와 관련된 설교에는 그리스도인의 직분과, 세계 선교를 위한 재정 후원, 특별한 목회 일정에 대한 준비(부흥회나 전교인 수련회 등), 우리 교회의 고유한 가치와 사명 알리기, 그리고 복음전도와 영적 성장에 관해 우리 교회와 어울리는 특별한 방법에 관한 가르침과 같이 정기적이고 지속적인 전략들이 포함된다.

또 이런 설교를 준비하려면 아주 특별한 교회 상황이나 앞으로 있을 새로운 목회 사역에 대해서도 함께 준비해야 한다. 최근에 우리

교회는 교회 시설을 확장하기 위한 기금모금 행사를 가졌다. 이 행사를 준비하는 일환으로 나는 "기회를 포착하라!"는 제목으로 일련의 연속 설교를 했다. 이 때 나는 희생과 헌신, 그리고 기독교인의 청지기 직분에 관한 다섯 편의 설교를 전했다. 또 최근에 교회의 리더십 팀은 전 교회를 상대로 하는 포괄적인 소그룹 사역을 시작했다. 그래서 이 사역을 전체 성도들에게 소개하기 위하여 나는 "하나된 교회"라는 제목으로 4주간의 연속 설교를 전했다. 이 설교를 통해서도 나는 우리 삶 속에서 기독교 공동체와 하나됨의 중요성을 계속 강조했다.

• 구도자를 위한 연속설교

나는 또 정기적인 연간설교 계획 속에 매년 두 차례 "구도자를 위한 연속 설교" 계획을 포함시킨다. 이런 연속 설교는 불신자들을 염두에 두고 준비하는 것이다. 이런 설교는 자연스럽게 사람들의 삶 속에서 자주 느끼는 필요에 대해 흥미롭게 다루려 애쓴다. 이런 설교는 구도자를 염두에 두지만 그렇다고 교회의 기존 성도들이 아무런 유익을 얻을 수 없을 정도는 아니다.

이런 유형의 설교와 관련해서 빌 하이벨스는 다음과 같이 말한다. "여러분들은 불신자들이 자주 교회에 나오도록 하고 싶을 것입니다. 설교를 듣는 것이 그리 고통스런 시간이 아니라, 교육적이며 심지어는 번득이는 영감으로 가득한 시간으로 선물해주고 싶은 마음이 있겠지요. 그들을 향한 설교가 때로는 죄책감을 자극할 수도 있지만 대체적으로는 그들의 잠든 생각을 일깨우는 방식으로 전해지는 것은 이런 이유입니다."[10]

우리는 보통 다가오는 목회 행사를 소개하는 카드를 제작하여, 정기적으로 참석하는 성도들에게 나누어주면서 주변의 친구들을 교회로 초대하라는 격려의 메시지를 전한다. 우리는 1년 중 교회에 참석하지 않는 사람들이 교회 출석을 고려하는 두 차례가 있는데 그때가 바로 여름휴가가 끝날 무렵과 이른 봄철이라는 것을 알았다. 이런 이유로 우리는 불신자들을 상대로 하는 연속 설교를 8/9월 후반기와 부활절 이후에 배치했다.

불신자들을 위한 연속설교로 내가 실제 전했던 내용 중에는 "감정을 다스리는 법: 하나님은 우리의 감정을 통해서 어떻게 역사하시는가"와 "건강한 가정을 위한 하나님의 계획"이 있으며, "의사소통의 고속도로 운전하기" 혹은 "서로의 차이 때문에 축복이 있습니다"와 같은 제목으로 결혼생활에 관해서도 설교했다.

목회의 비전을 고려하면서 연간설교 계획을 작성하는 세 번째 단계는 다음과 같다.

- 사례 3

    1월: 장르별 연속 설교

    2월: 사순절 (재의 수요일)

    3월: 사순절

    4월: 사순절/부활절 (종려주일, 세족 목요일, 성금요일)

    5월: 구도자를 위한 연속 설교 (어버이날)

    6월: 오순절 (삼위일체 주일)

    7월: 장르별 연속 설교 / 목회의 비전에 관한 설교

    8월: 장르별 연속 설교

9월 : 구도자를 위한 연속 설교
10월 : 장르별 연속 설교 (종교개혁 주일)
11월 : (추수감사주일) / 목회의 비전에 관한 설교
12월 : 대림절/성탄절

4. 청중의 소리

연간 설교 계획의 네 번째 범주는 청중의 소리이다. 청중의 소리란 목회적인 설교를 통해 다룰 필요가 있다고 판단되는 청중의 필요들을 가리킨다. 목회 사역 초기부터 나는 목회상담 노트를 비치해 두고는 교구민들을 심방하면서 파악한 모든 중요한 사안들을 기록하고 있다. 이 노트는 끼웠다 뺐다 할 수 있는 바인더로서 노트 한 장에는 모든 교구민들에 대해 가족 단위로 관련된 내용들이 메모로 기록되어 있다. 그래서 전화든 이메일이든 점심약속이나 심방이든 목회적인 차원에서 누군가 중요하게 만날 일이 있으면 그 다음에는 대화 내용을 기록해 둔다. 그 내용은 예를 들자면 다음과 같다.

2002년 11월 20일 – 존과 점심식사를 함. 그는 자신의 인생을 향한 하나님의 뜻을 어떻게 알 수 있는지에 관하여 고민 중이다. 하나님께서 혹시나 자기가 할 수 없는 것을 시키지는 않을지 걱정하고 있다. 하나님은 완수할 수 있는 능력도 주시지도 않고 무조건 감당할 것을 요구하시는 분이 아님을 믿을 것을 권면함.

나는 연간설교 계획을 짜기 위해 휴가를 떠날 때 이 노트도 함께

가지고 간다. 그래서 계획을 짤 때 이런 내용을 다시 읽다보면 세 가지 유익을 얻을 수 있다. (1) 이 노트를 통해 나는 성도들을 위해서 중보 기도할 기회를 갖는다. (2) 지난 해 내가 소홀히 대하거나 중요한 만남의 시간을 갖지 못했던 가족이나 개인은 없었는지 파악하는 데 도움이 된다. (3) 이 노트를 통해 나는 성도들의 삶 속에서 제기되는 공통의 문제나 주제들, 또는 질문거리가 무엇인지를 찾아볼 수 있다. 그래서 만일 그 노트에 상당수의 성도들이 의미 있는 기도생활을 하고자 고민했다는 내용이 기록되어 있으면, 그것은 나는 기도에 관한 설교를 준비해야 한다는 것을 의미한다. 또 상당수의 성도들이 사랑하는 사람들과 이별한 것이 분명하다면, 나는 상실과 슬픔을 다루는 연속 설교를 준비해야 한다는 의미이다.

언젠가 연구 휴가 중에 나는 내가 목회하는 교구민들 중에 상당히 많은 사람들이 중독적인 행동 때문에 고생하고 있음을 발견하고는 깜짝 놀랐던 적이 있었다. 상당수의 성도들이나 그 가족들이 자신들의 삶을 지배하는 무언가에 붙잡혀 고생하고 있었다. 그 점을 간파한 나는 즉시로 "우리를 해치는 습관들: 삶 속에 숨어 있는 중독으로부터 자유로워지는 비결"이란 제목으로 연속 설교를 준비했다. 그리고 이 설교를 통해 알코올 중독과 약물 중독, 의존성, 도박, 그리고 성 중독의 문제를 다루었다. 이 설교로부터 우리 교회의 많은 성도들은 나쁜 습관을 이기는 승리의 비결을 발견할 수 있었고 예전에 알지 못했던 그리스도 안에서의 자유를 만끽하는 전환점이 되었다. 내 설교 계획의 중요한 일부분인 목회상담 노트의 도움이 없었더라면 그러한 발전은 일어나기 어려웠을 것이다.

목회 상담으로서의 설교

내가 목회하는 교회가 수적으로 부흥함에 따라 모든 교구민들에 대해 일대일의 만남을 통해 충분한 상담 기회를 갖기 힘들어졌다. 이런 경우에 대규모의 성도들에게 강력한 목회 상담을 제공할 수 있는 방법이 바로 설교이다. 이 점에 관해 스튜어트 브리스코(Stuart Briscoe)는 이렇게 말한다. "주일날 교회에 앉아 있는 청중은 다양한 필요와 기대, 성숙도, 그리고 지향점을 가진 사람들이다. 이들은 내가 그들을 살찌울 설교 메뉴를 제공하리라 기대하고 있다. 그 말은 내가 의도적으로 성경적인 영양사가 되어야 한다는 의미이다."[11]

청중의 소리를 참고하여 설교할 때 우리는 청중의 기대를 저버리지 않도록 주의해야 한다. 나는 누군가의 허락을 받지 않고는 교회 성도들과 개인적으로 만났던 내용을 설교 예화로 절대 사용하지 않는다. 허락을 받고 사용하는 경우라도 누군가의 경험에서 가장 중요한 세부적인 사실들을 들추어내면서 그 사람을 당황스럽게 하지 않도록 아주 조심해야 한다. 또 이전에 목회했던 교회 성도에 관한 이야기를 들려주더라도 성도들은 나중에 자신들도 그렇게 설교거리로 사람들의 입에 오르내릴 것으로 생각하고는 자신의 개인적인 문제들을 설교자에게 털어놓으려 하지 않을 것이다.

청중의 소리를 고려하면서 연간 설교 계획을 작성하는 네 번째 단계는 다음과 같다.

- 사례 4
    1월 : 장르별 연속 설교

2월 : 사순절 (재의 수요일) / 청중의 소리

3월 : 사순절

4월 : 사순절/부활절 (종려주일, 세족 목요일, 성금요일)

5월 : 구도자를 위한 연속 설교 (어버이날)

6월 : 오순절 (삼위일체 주일)

7월 : 장르별 연속 설교 / 목회의 비전에 관한 설교

8월 : 장르별 연속 설교 / 청중의 소리

9월 : 구도자를 위한 연속 설교

10월 : 장르별 연속 설교 (종교개혁 주일)

11월 : (추수감사주일) / 목회의 비전에 관한 설교

12월 : 대림절/성탄절 / 청중의 소리

뒤섞인 메시지

네 가지 범주의 설교가 서로 중복되는 경우가 있다는 점에 주목하라. 이렇게 서로 중복되어 있지만 성경의 장르별 연속 설교와 청중의 소리를 고려한 설교가 겹치면서 결국은 동일한 목적을 달성하게 된다. 또 목회의 비전에 관한 설교도 교회력의 주제와 꼭 맞는 결과를 가져오기도 한다. 그래서 어느 한 범주의 설교가 다른 범주에 우선하지 않는다.

적용의 문제

해돈 로빈슨은 "모든 설교는 '그래서 어쨌다는거냐?' 의 문제를

다룬다"고 말했다.[12] 다시 말해 사람과 연관된 설교는 결코 정보만을 전달하는 데서 멈춰서는 안 되며, 반드시 변혁적인 결과를 가져와야 한다. 레위기의 복잡한 제사제도를 설명하는 설교는 나름대로 흥미롭겠지만, 그 설교에 오늘 청중의 삶에 대한 실천적인 적용이 빠져 있으면 그것은 설교가 아니다. 이런 이유로 나는 설교의 연관성이 중요하다는 점을 스스로 상기시키고자 설교 달력의 한쪽 모퉁이에 "그래서 어쨌다는거냐?"(So what?)라는 말을 써 둔다. 그리고 내 교구민들 중에 누구도 신학석사 학위를 받지 않았음을 상기하면서 KISS(Keep It Simple, Stupid!, 시시할 정도로 간단히 하라!)라고 축약어를 써 둔다.

당신에게 맞는 설교 계획 수립하기

설교 계획을 수립하는 여러 방법들과 아울러 각각의 설교를 통해 다룰 여러 주제들을 살펴보았다. 여기에 제시한 설교 계획은 완벽한 것도 아니고 유일하지도 않다. 가장 중요한 점은 설교자 각자는 자기만의 설교 계획이 있어야 한다는 점이다. 하나님은 무질서와 혼돈의 하나님이 결코 아니시다. 그분은 질서와 평안의 하나님으로, 미리 계획을 세울 만큼 설교를 중시하는 목회자들을 존중하신다.

• 사례 5 : 연간 주일설교 계획 (2000년을 위한 사례)[13]

1월 2일 : "급진적인 낙관주의자" (요일 2:28-3:3)

1월 9일 : 선교사 초청 설교

* 연속 설교 - 유명한 마지막 말씀들 : 과거와 현재의 교회를 위한

서신들

1월 16일 : 연속설교 ① "첫 사랑" (계 2:1-7)

1월 23일 : 연속설교 ② "죽도록 충성하라" (계 2:8-11)

1월 30일 : 연속설교 ③ "타협은 없다" (계 2:12-17)

2월 6일 : 연속설교 ④ "하나님의 시선" (계 2:18-29)

2월 13일 : 연속설교 ⑤ "잠자는 교회" (계 3:1-6)

2월 20일 : 연속설교 ⑥ "기회의 문" (계 3:7-13)

3월 5일 : "독수리 같은 성도" (사 40:28-31)

* 사순절 시작 / 연속 설교 – 십자가의 시련

3월 12일 : 연속설교 ① "20/20 비전" (막 10:46-52)

3월 19일 : 연속설교 ② "임재가 능사는 아니다" (막 5:21-34)

3월 26일 : 연속설교 ③ "부서진 몸과 흘러난 피" (막 14:1-11)

4월 2일 : 연속설교 ④ "언약의 잔" (막 14:12-31)

4월 9일 : 연속설교 ⑤ "십자가에 못 박힌 우리 하나님" (막 15:16-20)

4월 16일 : 부활절 찬양 예배 (종려 주일)

4월 23일 : 연속설교 ⑥ "깨우기" (막 5:21-24, 35-43, 부활절)

4월 30일 : "그때까지" (눅 15:1-7, 세례식)

5월 7일 : "폭풍 속의 믿음" (히 8:6-13)

5월 14일 : "잊혀진 어머니" (창 21:8-20, 어버이주일)

5월 21일 : "만족" (빌 4:10-13)

5월 28일 : "기억하는가?" (출 12, 현충일)

6월 4일 : 초청 설교자 (휴가 주간)

* 오순절 시작

6월 11일 : 초청 설교자 (휴가 주간)

6월 18일 : 선교사 초청 설교 (선교헌신 주간)

6월 25일 : "다른 형제" (창 4:1-16)

7월 2일 : "이방인" (벧전 1:1-2, 13-21; 2:9-12)

7월 9일 : "하나님의 뜻을 분별하기" (잠 3:5-6)

7월 16일 : "유혹에 빠지지 말라" (약 1:12-16)

7월 23일 : 연례 교회 백서에 관한 설교

7월 30일 : "사자와 어린 양의 공동체" (사 11:1-10)

8월 6일 : "의심하는 용기" (시 44)

* 구도자를 위한 연속 설교 – 감정을 다스리는 법: 하나님은 어떻게 우리의 감정을 통해서 역사하시는가?

8월 13일 : 연속설교 ① "슬픔" (시 102)

8월 20일 : 연속설교 ② "분노" (시 37)

8월 27일 : 연속설교 ③ "두려움" (시 55)

9월 3일 : 연속설교 ④ "우울감" (시 42)

9월 10일 : 연속설교 ⑤ "죄책감" (시 32)

9월 17일 : 연속설교 ⑥ "욕망" (시 51)

9월 24일 : 연속설교 ⑦ "시기" (시 73)

10월 1일 : 복음전도를 위한 우리의 전략

* 성경 장르에 따른 연속 설교 – 아브라함의 삶에서 배울 수 있는 교훈

10월 8일 : 연속설교 ① "아브라함의 축복" (창 12)

10월 15일 : 연속설교 ② "아브라함의 결심" (창 13)

10월 22일 : 부흥회 – 초청 설교자

10월 29일 : 연속설교 ③ "아브라함의 약속" (창 15)

11월 5일 : 연속설교 ④ "아브라함의 소명" (창 17)

11월 12일 : 연속설교 ⑤ "아브라함의 시험" (창 22)

11월 19일 : "감사의 굶주림" (마 5:6, 추수감사주일)

11월 26일 : "쌍방의 결혼" (엡 5:21-33)

* 대림절 시작 / 연속 설교 - 세례 요한의 사역

12월 3일 : 연속설교 ① "길을 예비하라" (눅 3:1-6)

12월 10일 : 연속설교 ② "적은 것이 많을 때" (눅 1:1-15)

12월 17일 : 성탄절 찬양 예배

12월 24일 : 연속설교 ③ "차이가 무엇일까?" (마 11:1-6)

12월 3일 : "하나님 나라를 위한 사업" (막 5:1-20)

각주

1. Fred Craddock, *Preaching* (Nashville: Abingdon Press, 1985), 103.
2. 같은 책, 101.
3. Augustine, *On Christian Teaching* (tr. by R. P. H. Green: Oxford Press, 197).
4. Thomas Long, *The Witness of Preaching* (Nashville: Abingdon press, 1989), 190.
5. Craddock, *Preaching*, 101.
6. 같은 책, 103.
7. George Sweazy, *Preaching the Good News* (Englewood Cliffs, N. J.: Prentice Hall, 1976), 62.
8. Barbara Brown Taylor, *The Seeds of Heaven* (Cincinnati; Forward Movement Publications, 1990), 2.
9. Thomas Long, *Preaching and the Literary Forms of the Bible* (Philadelphia: Fortress Press, 1989), 1.
10. Bill Hybels, *Mastering Contemporary Preaching* (Portland : Multnomah Press, 1989), 34-35.
11. Stuart Briscoe, *Mastering Contemporary Preaching* (Portland : Multnomah Press, 1989), 46.
12. Haddon Robinson, *Mastering Contemporary Preaching* (Portland : Multnomah Press, 1989), 59.
13. David Busic, *Central Church of the Nazarene*, Lenexa, Kansas.

*나오는 말

펜실베이니아 주의 피츠버그에 소재한 제일장로교회의 담임목사인 로버트 레슬리 홈즈(Robert Leslie Holmes)는 오랜 세월 설교 사역을 감당하다 사망한 목회자에 관한 감동적인 이야기 하나를 소개하고 있다.

장례식을 치른 오후에 친지들은 그가 생전에 설교했던 원고가 가지런히 묶여 정돈되어 있는 것을 보았다. 그 원고뭉치 윗면에는 그가 손으로 쓴 질문이 적힌 카드가 끼워져 있었다. "내가 예전에 전했던 이 설교의 영향력은 다 어디로 가버렸는가?" 그리고 그 카드의 뒷면에는 이 질문에 스스로 답한 내용이 다음과 같이 적혀 있었다. "지난해 내내 비쳤던 햇빛은 다 어디로 가버렸으며, 지난 해 쏟아진 빗방울은 다 어디로 가버렸는가? 그것들은 굶주린 사람들을 먹여 살린 열매와 채소, 그리고 곡식 속으로 들어갔다. 대부분은 잊어버렸지만 이 햇빛과 빗방울들은 생명을 살리는 일을 했다. 종종 간과하는 일이지만 이들의 영향력은 지금도 계속 살아 있다. 이와 마찬가지로 내 설교도 사람들을 좀 더 예수를 닮게 만들고 좀 더 하늘의 시민답게

만드는 데 모든 것을 바쳤으며 여기에 그 생명을 아낌없이 쏟아 부었다."[1]

목회자여! 당신의 설교는 그리스도와 그의 나라의 삶을 위한 일종의 투자이다. 그리고 이 삶과 또 장차 누릴 영생의 삶을 바라보면서 결코 헤아릴 수 없는 노력에 모든 것을 바친 당신의 삶은 결국 풍성한 결실을 거둘 것이다.

각주

1. Robert Leslie Holmes, "Restoring Our Passion for Excellence in Preaching," *Preaching*, May/June, 1997. 42.